"十二五"职业教育国家规划教材
经全国职业教育教材审定委员会审定

商务礼仪

第三版

吴新红　主编
王迎新　董洪莲　副主编

化学工业出版社

·北京·

内容简介

本书是根据现代职场人商务活动中所涉及的礼仪活动，按项目任务编写，全书包括：认识礼仪、商务人员形象塑造、商务社交礼仪、商务办公礼仪、商务酬宾礼仪、商务会议礼仪、商务涉外礼仪等七个项目，共有20个任务，每个项目有知识目标、技能目标、实战目标，每个任务包含知识储备、参考案例、特别提示、案例分析、实战演练、思考与练习等内容。

本书坚持以培养学生实践过程中所需的职业素质与职业能力为导向，内容实用，项目实训演练操作性强，案例新颖。

本书有配套的PPT课件和思考与练习答案，请发电子邮件至cipedu@163.com获取，或登录www.cipedu.com.cn免费下载。

本书可作为高等职业教育各专业学生学习礼仪知识的教材，也可作为各类企业员工礼仪培训的创新型教材。

图书在版编目（CIP）数据

商务礼仪/吴新红主编；王迎新，董洪莲副主编.
—3版.—北京：化学工业出版社，2022.8（2024.11重印）
"十二五"职业教育国家规划教材
ISBN 978-7-122-41324-6

Ⅰ.①商… Ⅱ.①吴…②王…③董… Ⅲ.①商务-礼仪-高等职业教育-教材 Ⅳ.①F718

中国版本图书馆CIP数据核字（2022）第074625号

责任编辑：高　钰　　　　　　　　　装帧设计：刘丽华
责任校对：杜杏然

出版发行：化学工业出版社（北京市东城区青年湖南街13号　邮政编码100011）
印　　装：河北延风印务有限公司
787mm×1092mm　1/16　印张15¼　字数310千字　2024年11月北京第3版第3次印刷

购书咨询：010-64518888　　　　　　　售后服务：010-64518899
网　　址：http://www.cip.com.cn
凡购买本书，如有缺损质量问题，本社销售中心负责调换。

定　　价：48.00元　　　　　　　　　　　　　　　　　版权所有　违者必究

前言

作为现代职业人,知礼、懂礼、用礼,是就业、从业过程中的基本技能;作为网络时代未来商务人士,知礼、懂礼、用礼,是成为高素质职业人的基础条件。

本书是在《商务礼仪》第二版基础上,坚持"理论、实务、案例、实训"四位一体思想,强调内容的应用性和可操作性;同时,与时俱进,在理论内容、实训设计、练习设计、案例分析上有较大改进。

《商务礼仪》第三版具有以下特点。

(1)在内容上做了较大调整,删除了第二版中运用较少的知识点,增加了手机礼仪、微信礼仪等内容。

(2)重新设计了实战演练的实训内容,各内容演练题目的操作性更强,以期更好地提高学生的实际操作能力。

(3)为了帮助学生更好地理解理论内容,更换了部分案例,新案例的礼仪导向性更强。

(4)为了让学生有更高的参与度,增加了思考与练习的题目。

本书配有多媒体教学的 PPT 课件及思考与练习答案,如有需要,请发电子邮件至 cipedu@163.com 获取,或登录 www.cipedu.com.cn 免费下载。

本书由吴新红主编,王迎新、董洪莲任副主编,董卫华、李玉荣、龚梦捷参加编写,具体分工如下:项目一、项目七由王迎新编写,项目二、项目四由吴新红编写,项目三由董洪莲编写,项目五由董卫华、龚梦捷编写,项目六由吴新红、李玉荣编写。

本书在编写过程中参阅了大量著作及相关书刊资料,在此一并致谢!

由于作者水平有限,书中疏漏和不妥之处,欢迎广大读者批评指正。

编　者
2022 年 4 月

目录

项目一　认识礼仪

学习任务一　礼仪的含义与发展

一、礼仪的含义 ……………………………………………………… 2
二、礼仪的起源与发展 ……………………………………………… 4
三、中西方礼仪文化差异 …………………………………………… 7

学习任务二　商务礼仪的原则与作用

一、商务礼仪的原则 ………………………………………………… 9
二、商务礼仪的作用 ………………………………………………… 11
三、商务人员应具备的素质 ………………………………………… 12

项目二　商务人员形象塑造

学习任务一　商务人员的仪容礼仪

一、护发与发型选择技巧 …………………………………………… 17
二、肌肤的基础护理与面部化妆 …………………………………… 22

学习任务二　商务人员服饰礼仪

一、男士西装礼仪 …………………………………………………… 38
二、女士职业装礼仪 ………………………………………………… 43

学习任务三　商务人员仪态礼仪　54

一、体姿仪态 ………………………………………………………… 54
二、表情仪态 ………………………………………………………… 59

项目三　商务社交礼仪

学习任务一　商务场合会见礼仪　68
　　一、握手礼 68
　　二、致意礼 71
　　三、介绍礼 72
　　四、名片礼 76

学习任务二　商务沟通礼仪
　　一、称呼礼仪 82
　　二、问候礼仪 85
　　三、赞美的技巧 87

项目四　商务办公礼仪

学习任务一　办公室礼仪
　　一、与同事相处的礼仪 93
　　二、与上级相处的礼仪 95

学习任务二　商务接待礼仪
　　一、接待前的准备 98
　　二、接待座次 102
　　三、接待实施 107
　　四、接待乘车座次礼仪 111

学习任务三　电子通信礼仪
　　一、办公电话礼仪 116
　　二、手机礼仪 122

项目五　商务酬宾礼仪

学习任务一　中餐宴会礼仪

一、设宴及邀请礼仪 130
　　二、中式宴请桌次与座次 132
　　三、中餐上菜及餐具使用礼仪 135
　　四、中餐就餐礼仪 138

学习任务二　西餐宴会礼仪

　　一、西式宴请桌次与座次 144
　　二、西式宴请的礼仪规范 148
　　三、西餐中的饮酒礼仪 152

学习任务三　其他酬宾礼仪

　　一、鸡尾酒会礼仪 160
　　二、自助餐礼仪 162
　　三、茶会礼仪 167
　　四、观看演出礼仪 170

项目六　商务会议礼仪

学习任务一　大型会议礼仪

　　一、大型会议工作流程 175
　　二、大型会议主席台座次 178
　　三、会议与会人员礼仪 180
　　四、会议服务人员礼仪 183

学习任务二　公司会议礼仪

　　一、公司会议座次安排 186
　　二、董事会会议 188

学习任务三　谈判礼仪

　　一、谈判中主客方礼仪 191
　　二、谈判场所布置及座次安排 194
　　三、谈判人员仪容、仪表、仪态礼仪 199

学习任务四　商务签约礼仪

一、签约仪式准备 202
二、签约仪式座次安排 203
三、签约仪式程序 204

项目七　商务涉外礼仪

学习任务一　涉外迎送礼仪
一、涉外礼仪的原则 207
二、外事迎送礼仪 211

学习任务二　涉外会见与会谈礼仪
一、会见 216
二、会谈 218
三、会见与会谈的具体礼仪 222

学习任务三　礼宾次序与国旗悬挂礼仪
一、礼宾次序 224
二、国旗悬挂法 226

参考文献

如果你想做一个知礼、懂礼，有教养、有礼貌，受人欢迎的人，就从这里开始吧！

项目一
认识礼仪

◎ **知识目标**
1. 了解中国古代礼仪的演变阶段。
2. 掌握礼仪的基本概念。
3. 掌握商务礼仪的作用与原则。

◎ **技能目标**
1. 认识礼仪在商务活动中的重要性。
2. 理解商务人员应具备的素质。
3. 感受中西方礼仪的差异。

◎ **实战目标**
1. 让学生认识到礼仪贯穿于商务活动的始终；
2. 通过演练，改善学生的商务形象和接待水平；
3. 让学生在真实的情境中感受商务礼仪将会为组织赢得良好的经济效益和社会效益。

学习任务一　礼仪的含义与发展

【参考案例】

汉文帝刘恒，汉高祖第三子，为薄太后所生。高后八年（前180）即帝位。他以仁孝之名，闻于天下，侍奉母亲从不懈怠。母亲卧病三年，他常常目不交睫，衣不解带；母亲所服的汤药，他亲口尝过后才放心让母亲服用。他在位24年，重德治，兴礼仪，注意发展农业，使西汉社会稳定，人丁兴旺，经济得到恢复和发展，他与汉景帝的统治时期被誉为"文景之治"。

（资料来源：黄海燕，王培英.旅游服务礼仪.天津：南开大学出版社，2006.）

【知识储备】

在欧洲，"礼仪"一词最早见于法语的"etiquette"，原意是"法庭上的通行证"，作为法庭，无论是古代还是在现代，为了展示司法活动的威严性，保证审判活动能够合法有序地进行，总是既要安排得庄严肃穆，又要所有进入法庭的人员必须严格地遵守法庭纪律。为了保证法庭的特有气氛和特殊秩序，开庭之前应由书记员当庭宣读法庭纪律。这些纪律包括：不准大声喧哗，未经审判长许可不准提问，未经法庭许可不准摄影、录像等。古代的法国法庭也有类似的规定，不过它不是当庭宣读，而是将其写在或印在一张长方形的"etiquette"即通行证上，发给进入法庭的每一个人，作为其入庭后必须遵守的规矩或行为准则。由于在社会交往中，人们必须遵守一定的规矩和准则，才能体现人之所以为人的特有风范，才能保证文明社会得以正常维系和发展，所以，当"etiquette"一词进入英文后，便有了"礼仪"的含义，即"人际交往的通行证"。后来，经过不断地演变和发展，"礼仪"一词的含义逐渐变得明确，并独立起来。

（资料来源：李欣.旅游礼仪教程.上海：上海交通大学出版社，2004.）

古代中国素以"礼仪之邦"著称于世，讲"礼"重"仪"是我们的民族世代沿袭的传统，源远流长的礼仪文化是先人留给后人的一笔宝贵财富。礼仪使我们的生活更有秩序，使人际关系更为和谐。随着我国改革开放，经济不断发展，掌握并运用好商务活动中的礼仪规范，正日益成为企业竞争取胜的一个重要法宝。

一、礼仪的含义

礼仪作为一种行为规范或行为模式，在人类社会生活的各个方面都发挥着重要作用。在漫长的人类历史长河中，礼仪的内容和形式一直发生着变化，但它始终是人类社会生活须臾不可或缺的要素之一。

礼仪被公认为协调人际关系的行为准则。没有礼仪，就没有事业的成功。中国的礼仪文化，历史悠久，内容丰富，具体表现为礼貌、礼节、仪式等。要想真正了解礼仪的含义，首先要搞清楚"礼"以及以上这些名词的含义。

1. 礼、礼仪

所谓礼，是表示敬意的通称，是人们在长期的生活实践中，由于风俗习惯而形成的为大家共同遵守的仪式。其本质是"诚"，有敬重、友好、谦恭、关心、体贴别人之意。"礼"，在世界其他民族一般指礼貌、礼节，而在中国是一个独特的概念，有多重含义。首先，礼是最高的自然法则，是自然的总秩序、总规律。其次，礼是"中国文化之总称"，与政治、法律、宗教、哲学、礼仪乃至文学、艺术等结为一个整体，是中国文化的根本特征与标志。礼是这一切的根本。再次，礼还是"法度之通名"，清代纪昀有言："盖礼者理也，其义至大，其所包者至广。"国家的法律，诸如礼仪法甚至行政法都可以通称为礼。礼又分为"本"和"文"两个方面，即所谓"先王之立礼也，有本有文"。"本"指礼的精神和原则，"文"指礼的具体表现形式，也就是礼仪。礼仪作为人类社会活动的行为规范和社交活动中应该遵守的行为准则，实际上包含了3层含义，即：礼节、礼貌、仪式。如迎接外国国家元首或政府首脑的检阅仪仗队和鸣放礼炮，展览会开幕或大桥通车的剪彩，大型工程的奠基仪式等。

礼仪作为一种文化现象，属于上层建筑领域。它随着社会经济的发展而变化、随着人类文明的进步而不断发展和完善。礼仪从属于伦理道德，必须符合伦理道德的准则规范。语言（包括书面和口头的）、行为表情、服饰器物是构成礼仪最基本的三大要素。一般来说，任何重大典礼活动都需要同时具备这三大要素才能够完成。礼仪影响社会风化，社会的文明程度主要是通过礼仪来体现。所以国民是否按礼仪的规范立身处世，直接反映着国家文明程度的高低。

2. 礼貌、礼节、仪式

（1）礼貌

礼貌是指在人际交往中，通过言语、动作向交往对象表示谦虚和恭敬。它体现了时代的风尚与道德水准，体现了人们的文化层次和文明程度。礼貌侧重于表现人的品质和素养。礼貌包括礼貌语言和礼貌行为。

礼貌语言是要求人们说话和气谦虚，言谈得体，多用敬语，不讲粗话和脏话，比如使用："小姐"、"先生"、"老师"、"您好"等敬语；"欢迎光临"、"我能为您做点什么"等谦语；"贵姓"、"请问你们几位"、"令尊、令堂"等雅语。由此看来礼貌语言是一种有声的行动；礼貌行为则是一种无声的语言，如微笑、点头、欠身、鞠躬、握手、拥抱、接吻、鼓掌等。礼貌行为需要通过人们的仪容、仪表、仪态来体现。在人们交往时讲究礼貌，就能使大家相处和谐、愉快，反之，就容易使人产生反感，甚至会引起不必要的冲突。

（2）礼节

礼节是指人们在日常生活和社交场合相互问候、致意、祝愿、慰问以及给予必要协助与照料的惯用形式，是礼貌的具体表现方式，是礼貌在仪表、仪容、仪态及语言、行为等方面的具体要求。如前台的客房预订员接待客人时，要主动微笑问候："小姐，您好，我能为您做点什么？""请问您事先有预订吗？""您打算住几天？"。

礼节的要求是要熟知各国、各民族的礼节；了解各民族的风俗习惯。在国际上，由于各国风俗习惯和文化传统的不同，具体礼节的表达有很大差异，如我国的握手礼、点头礼；日本、韩国的鞠躬礼；欧美国家的拥抱、接吻礼；吻手礼、吻脚礼、拍肚皮礼、碰鼻子礼等，都是礼节的各种表现形式。

（3）仪式

仪式是一种较为正式的礼节形式，是一种重大的礼节。它表示对所含内容的重视程度。在举行仪式时，要遵循严格的规范化、程式化。如古代的帝王上朝、官员出行、祭祀鬼神等仪式。现代的升旗仪式、奠基仪式、举行开业典礼等都是比较隆重的仪式。人们通过仪式可以表达一定的思想、情感或愿望。仪式的内容和形式按目的的不同，分为迎送仪式、签字仪式、开幕式、闭幕式、颁奖仪式等。

> **特别提示**
>
> 鸣放礼炮起源于英国，迎送国家元首鸣放21响，政府首脑鸣放19响，副总理级鸣放17响，目前已成为国际上通用的礼仪。

3. 礼貌、礼节、礼仪的联系与区别

礼貌、礼节、礼仪都有一个"礼"字，是人们在交往中，相互表示敬重和友好，其本质都是尊重人、体贴人。礼节是礼貌的具体表现；礼貌是礼节的规范；礼节与礼貌的相互关系是：没有礼节，就无所谓礼貌；有了礼貌，就必然伴有具体的礼节。礼仪则通过礼貌、礼节得以体现，三者相辅相成，密不可分。其区别在于，礼貌是表示尊重的言行规范；礼节是表示尊重的惯用形式和具体要求；礼仪则是表示敬意而举行的隆重仪式。礼仪规范着每个人的行为。所以，是否懂礼节、讲礼貌直接反映着一个人的综合素养。

二、礼仪的起源与发展

中华民族是人类文明的发祥地之一，中国人遵礼守礼，源远流长。礼仪作为中华民族文化的基础，也有着悠久的历史。礼仪的形成与发展，经历了一个从无到有，从低级到高级，从零散到完整的渐进过程。揭示礼仪的起源及其历史演变，有利于我们深刻地把握礼仪的本质，全方位地了解礼仪文化，并通过对传统礼仪文化的扬弃，更好地指导我们的现代礼仪实践。

1. 礼仪的起源

礼仪起源于人类最原始的两大信仰：一是天地信仰；二是祖先信仰。礼仪是原始

人为祭祀天地神明，保佑风调雨顺；祈祷祖先显灵、拜求降福、免灾而举行的一项敬神拜祖的仪式。综合考古学、民族学的材料可以发现，早在约公元前21世纪的夏朝产生之前的这一时期，我国的原始民族在游牧生活中已经形成了一些对后世颇具影响的礼仪规范。原始的政治礼仪、宗教礼仪、婚姻礼仪等在这一时期均有雏形。据考证，距今约50万年前的北京山顶洞人，就有了礼的观念和实践。山顶洞人缝制衣服以遮羞御寒，把贝壳串起来，挂在脖子上来满足审美的要求。族人死了，要举行宗教仪式，并在死人身上撒赤铁矿粉。这种宗教仪式包括了参与者在活动过程中的交际礼仪。

到了新石器时代晚期，人际交往礼仪已初成规模。根据半坡遗址和姜寨遗址提供的民俗学资料表明，那个时代，人们在交往中已经注重尊卑有序、男女有别了。在房子里，家庭成员按照长幼席地而坐，老人坐上边，小辈坐下边；男人坐左边，女人在右边。他们用两根中柱把主室分为两个半边，右边中柱是女柱，左边中柱是男柱，男女成年时在各自的柱子前举行成人仪式。这种礼仪在今天的纳西族中仍然传承。

炎黄时期，传统礼仪已渐至严密，且逐渐被纳入礼制的范畴。这一时期是我国原始社会后期，是私有制、阶级和国家逐渐形成的时期，因而反映在礼仪上，也是由氏族社会的交际礼仪向阶级社会的交际礼仪逐步过渡的时期。历史上有过"礼理起于大一，礼事起于遂皇，礼名起于黄帝"之说。《商君书·画策》说："神农之世，男耕而食，妇织而衣，刑政不用而治，甲兵不起而王。神农既后，以强胜弱，以众暴寡，故黄帝为君臣上下之义，父子兄弟之礼，夫妇匹配之合，内行刀锯，外用甲兵，故时变也。"足见当时社交礼仪之盛。

尧舜时代，国家已具雏形，同时，民间交际礼仪得到了进一步的发展。延续几千年的重要礼节如拜、揖、拱手等，此时已广泛地运用于社交活动之中。据文献记载，尧舜时代的礼仪已经具有了系统性。《书经·虞书·舜典》说："慎徽五典，五典克从，纳于百揆。"即为官者必须五典完美。所谓"五典"，指父义、母慈、兄友、弟恭、子孝等五常，或说父子有亲，君臣有义，夫妇有别，长幼有序，朋友有信。由以上可见，早在原始社会，礼仪文化已在中华大地上深深地扎下了根。

2. 礼仪的形成与发展

作为意识形态的礼仪，是一个历史的范畴。它世代相传，并随着社会政治、经济状况的变化而不断地发展变化，自夏朝的建立到现在，已经有4000多年的历史。

（1）礼仪的形成

商代的"礼"，主要是用来祭祀祖先和天神，西周时期继承了夏、商代之"礼"，又赋予"礼"新的内容，把"礼"逐渐演化、充实，用以调整人们之间的关系，其礼仪典籍甚多。《仪礼》《周礼》《礼记》就是后世称道的"三礼"著作。《仪礼》中的内容分为冠、婚、丧、祭、射、乡、朝、聘八礼，多为礼俗。

《周礼》就是我国历史上第一部记载"礼"的书籍，为后世儒家的经书。这些典章制度不仅从文字上确立了礼制的历史，而且还从概念上承认了包括交际礼仪在内的礼俗历史。《周礼》中的内容为天官、地官、春官、夏官、秋官之职掌，实则经纬万端，包举万事万物，是一部治国安邦的汇典；《礼记》的主要内容是阐述礼仪的作用和意义。这三部"礼"书对后代施政教化，治国安邦、培育人格、规范行为都起过不可估量的示范作用。但是随着社会的发展，属于政教法制、朝章国典的内容，已不属礼仪范畴了。《周礼》的内容繁杂缛节，属于礼仪范畴的"五礼"及帝王诸侯的车马服饰，饮食起居，宫室道路之制已难为今所用。可是，"五礼"是我国上古礼仪的总汇，内容广泛琐细。所谓"五礼"，就是吉、凶、宾、军、嘉礼的总称。吉礼就是祭祀之礼，祈神赐神，求吉神如意，故曰吉礼。凶礼，就是别人遭受不幸时的哀悯吊唁抚恤之礼。宾礼，就是"以宾礼亲邦国"，以接待宾客之礼，是说天子与诸侯之间的往来之礼。军礼，是讲军旅操演、征讨伐战之礼，是用来"同邦国"的。即用军队使各邦国服从。嘉礼，是融洽人际关系，沟通、联络人们感情的礼仪，反映普通群众的日常生活习俗礼仪。可见周礼的内容无所不包，并且相当系统和完备，以致后来经过儒家孔子从伦理道德上加以阐释，孟子从"四德合一"（即仁、义、礼、智）加以倡导，荀子的"礼"与"义"的论述、演义，使"礼"从祭祀起源，逐渐演化成为人们交往中的礼节，这样礼仪就世代承传。

（2）礼仪的发展

夏、商、西周三代时期，中国社会已进入奴隶社会，生产力比原始社会前进了一大步。奴隶主为了维护本阶级的利益，巩固统治地位，修订了比较完备的国家礼仪制度，提出了许多礼仪概念，确定了崇古重礼的文化传统。

周代后期，礼仪开始分流，礼仪制度成为国礼，交际礼仪所在的礼俗逐渐就成为家礼。春秋时期，三代之礼在许多场合废而不行，一些新兴利益集团开始创造符合自己利益和社会地位的新礼，学术界百家争鸣。以孔子、孟子、荀子等为代表的学者系统地阐述了礼的起源、本质和功能，第一次在理论上全面而深刻地论述了社会等级秩序及划分的意义，以及与之相适应的礼仪规范、道德伦理等，整理了一整套珍贵的礼仪典籍和论说资料。一直延续到秦、汉至清末时期，都是以儒学为基础的封建礼仪，突出的君臣、父子、兄弟、亲疏、尊卑、贵贱关系形成的典制传统。其重要特征是：尊君抑臣、尊夫抑妇、尊父抑子、尊神抑人。在这漫长的历史演变过程中，封建统治阶级运用这一封建礼仪，一方面，它起着调节、整合、润滑人际关系的作用，作为一种无形的力量制约着人们的行为，使劳动人民循规蹈矩地俯首称民，达到国泰民安的目的；另一方面，逐渐成为妨碍人类个性自由发展，阻碍人民平等交往，窒息思想自由的精神枷锁。直到清朝末期，尤其是辛亥革命以后，到了近代资产阶级登上历史舞台，西方文化大量涌入我国，封建文化、传统礼仪制度规范迅速被摈弃，取而代之的是新兴的科学、民主、自由、平等的观念深入人心。礼仪又发展到了一个重要的历史时期。从1840年鸦片战争到1911年的辛亥革命，我国经历了半封建半殖民地社会，"礼仪"形成了封建礼仪加上西方资本主义道德观念的"大杂烩"式的半封建半殖民地礼仪。直到新中国成立以后，新型人际关系和社会关系的确立，我国的礼仪学进入了一个崭新的历史时期。劳动人民成了国家的主人，人民内部的合作关系代替了对抗关系，互助、互利、平等、自由、亲密代替了封建的尔虞我诈的关系，科学精神、民主思想和现代生活基础摆脱了封建落后的不良成分，表现了新的社会关系和时代风貌，并由此建立起新的礼仪风范。

礼仪作为我们中华民族光辉灿烂历史文化的一个重要组成部分，发展到现在新的历史时期，以它的崭新面貌自立于世界民族之林，必将做出自己的卓越贡献。当今我国对国家活动、重要事件的仪式、程序，官方人士与知名人士的位置安排都做了具体规定。20世纪80年代以后，我国恢复了礼炮、国宾护卫队等礼仪形式，1990年6月通过了国旗法，对悬挂国旗、升国旗等细节要求做出了规定。国家的重大活动仪式，日常行政、经济、文化、军事节日等活动中执行的各种公务礼仪不断完善，社交礼仪和各种节庆活动正推陈出新，各种新颖规范的礼仪形式，生动地体现了现代礼仪文化的健康生命力。

三、中西方礼仪文化差异

随着我国改革开放的步伐日益加快，跨国交际日益增多，中西方礼仪文化的差异更是越发显露，这种差异带来的影响也是不容忽视，在中西方礼仪没有得到完美融合之前，我们有必要了解这些礼仪的差异。

1. 交际语言的差异

日常打招呼，中国人大多使用"吃了吗？""上哪呢？"等，这体现了人与人之间的一种亲切感。可对西方人来说，这种打招呼的方式会令对方感到突然、尴尬，甚至不快，因为西方人会把这种问话理解成为一种"盘问"，感到对方在询问他们的私生活。在西方，日常打招呼他们只说一声"Hello"或按时间来分，说声"早上好！"、"下午好！"、"晚上好！"，其中英国人见面会说："今天天气不错啊！"

称谓方面，在汉语里，一般只有彼此熟悉亲密的人之间才可以"直呼其名"。但在西方，"直呼其名"比在汉语里的范围要广得多。在西方，常用"先生"和"夫人"来称呼不知其名的陌生人，对十几或二十几岁的女子可称呼"小姐"，结婚了的女性可称"女士"或"夫人"等。在家庭成员之间，不分长幼尊卑，一般可互称姓名或昵称。在家里，可以直接叫爸爸、妈妈的名字。对所有的男性长辈都可以称"叔叔"，对所有的女性长辈都可以称"阿姨"。这在我们中国是不行的，必须要分清楚辈分、老幼等关系，否则就会被认为不懂礼貌。

中西语言中有多种不同的告别语。如在和病人告别时，中国人常说"多喝点水"、"多穿点衣服"、"早点休息"之类的话，表示对病人的关怀。但西方人绝不会说"多喝水"之类的话，因为这样说会被认为有指手画脚之嫌。比如他们会说"多保重"或"希望你早日康复"等。

2. 餐饮礼仪的差异

中国人有句俗语叫"民以食为天",由此可见饮食在中国人心目中的地位,将吃饭看作头等大事。中国菜注重菜肴色、香、味、形、意俱全,甚至于超过了对营养的注重,既要好吃又要好看,营养反而显得不重要了。西方的饮食比较讲究营养的搭配和吸收,是一种科学的饮食观念。西方人多注重食物的营养而忽略了食物的色、香、味、形、意如何,他们的饮食多是为了生存和健康,似乎不讲究味的享受。

在餐饮氛围方面,中国人在吃饭的时候都喜欢热闹,很多人围在一起吃吃喝喝,说说笑笑,大家在一起营造一种热闹温暖的用餐氛围。除非是在很正式的宴会上,中国人在餐桌上并没有什么很特别的礼仪。而西方人在用餐时,都喜欢幽雅、安静的环境,他们认为在用餐时一定要注意自己的礼仪,不可以失礼,比如在进餐时不能发出很难听的声音。

中西方宴请礼仪也各具特色。在中国,从古至今大多都以左为尊,在宴请客人时,要将地位很尊贵的客人安排在左边的上座,然后依次安排。在西方则是以右为尊,男女间隔而坐,夫妇也分开而坐,女宾客的席位比男宾客的席位稍高,男士要替位于自己右边的女宾客拉开椅子,以示对女士的尊重。另外,西方人用餐时要坐正,认为弯腰,低头,用嘴凑上去吃很不礼貌,但是这恰恰是中国人通常吃饭的方式。吃西餐的时候,主人不提倡大肆的饮酒,中国的餐桌上酒是必备之物,以酒助兴,有时为了表示对对方的尊重,喝酒的时候都是一杯一杯地喝。

3. 服饰礼仪的差异

西方男士在正式社交场合通常穿保守式样的西装,穿白衬衫,打领带。他们喜欢黑色,因此一般穿黑色的皮鞋。西方女士在正式场合要穿礼服套装,外出有戴耳环的习俗。西方国家,尤其是在美国,平时人们喜欢穿着休闲装,如T恤加牛仔裤。

当今中国人穿着打扮日趋西化,传统的中山装、旗袍等穿着渐少。正式场合男女着装已与西方并无二异。但在平时的生活中,会看到不少人穿着背心、短裤、拖鞋等不合礼仪的服饰。

4. 中西方礼仪融合的意义

礼仪是一种文化,是文化就有纵向的传承和横向的借鉴与融合。随着世界全球化不断加快步伐,经济、文化高速碰撞融合的大背景下,西方文化大量涌进中国,中国传统礼仪也不断受到西方礼仪文化的冲击。如何保护中华民族传统礼仪,并去其糟粕,与西方礼仪进行合理有效的融合,成为人们不断思考和探讨的话题。越来越多的人认识到中西礼仪文化必将会互相渗透,不断发展。

人无礼则不立,事无礼则不成,国无礼则不宁。一个礼仪缺乏的社会,往往是不成熟的社会。而一个礼仪标准不太统一甚至互相矛盾的社会,往往是一个不和谐的社会。礼仪,是整个社会文明的基础,是社会文明最直接、最全面的表现方式。创建和谐社会,必须先从礼仪开始。中国今天面临前所未有的挑战,无论是物质、精神、文化各个方面，都急迫的需要一套完整而合理的价值观进行统一。而礼仪文化无疑是这种统一的"先行军"，只有认清中西礼仪文化的差异，将二者合理有效的融合，方能建立适合中国当代社会的礼仪文化体系，达到和谐社会的理想。

案例分析

××公司一行5人到泰国公司去洽谈一笔生意，洽谈中，××公司5人全部着西装打领带，洽谈很顺利。之后，泰方请中方人员去著名的卧佛寺参观游览。在寺院，××公司的小赵看见寺院的小和尚很多，他就友好地上前摸了一位小和尚的头并问候，看见寺院的佛像，他就一直在问翻译有关佛像的相关知识，并请翻译帮忙找一位僧人和他合影。

请问，小赵的做法有什么不妥？

学习任务二 商务礼仪的原则与作用

商务礼仪是在商务活动中体现相互尊重的行为准则。商务礼仪的核心是一种行为的准则，用来约束我们日常商务活动的方方面面。商务礼仪的核心作用是为了体现人与人之间的相互尊重，这样我们学习商务礼仪就显得更为重要。在商务活动中，遵循一定的礼仪，能够为企业、公司和职业人员带来利润和商业成功，相反，在商战中，"不学礼，无以立"。

一、商务礼仪的原则

时至今日，国际交往日益频繁，在商务活动中，掌握一定的礼仪原则，尊重为本，善于表达，形式规范，有助于商务活动的成功。

1. 尊重自爱原则

尊重是人性的需要，是人际交往的基本原则，是企业管理的法宝。在商务交往活动中必须尊重对方的人格尊严，才能保持和谐愉快的商务关系。

尊重，包括自尊和尊重他人。不论什么国家、民族、地区，不论哪个时间、场合，各种各样的礼仪形式，都体现着"尊重"的精神。自尊和尊重他人，是礼仪的感情基础，只有人与人之间相互尊重，才能保持和谐的人际关系。古人云："敬人者，人恒敬之。"就是说只有懂得尊重别人的人，才能赢得别人的尊重。

（1）自尊

尊重自己，我们可以获得行为的准则与心灵的慰藉；尊重自己，我们要对所从事的工作全力以赴！尊重自己的价值我们才能重视他人的价值，激励自尊，自求多福。曾经有一位名叫贝尔的大学教授，他的妻子患了听觉障碍，为了改善她的听觉，教授终于成功研制成了一种复杂的器具。他曾遍访了新英格兰地区各州，希望筹得资金实现他的梦想，但所到之处每个人都在讥笑他，认为他的构想是不可思议的，人的声音怎么可以通过电线传送。但贝尔自尊、自信、坚持到底。所以我们大可不必理会别人对你的褒贬，不要浪费时间去担忧自己与众不同，你只要把你的禀赋尽情地发挥出来——你的才华、能力、知识、你的特质，面带微笑，信心百倍地面对你周围的一切人与事，努力工作改善自己的生活，你会发现每一天你都变得那么开朗、热情并且精力旺盛！

（2）尊重别人

尊重别人是一种素质，一种修养，一种智慧，一种胸怀，它体现理解、信任、团结和平等。尊重别人，是沟通心灵的一把钥匙。尊重别人，是维系良好商务关系的纽带。有这样一个故事：一个纽约商人在大街上行走。这时，对面走来一个卖笔人，只见他头发蓬乱、衣衫褴褛、眼神黯淡、步履沉重，看上去仿佛乞丐一般。商人顿生怜悯之心，他掏出一些钱，塞到他手中就离开，走了不远商人忽然意识到了什么，他迅速转身，追上卖笔人，从他的笔筒中拿了几支笔，恳切地说："真对不起，刚才我忘了拿笔。你和我一样，也是商人，靠自己的劳动挣钱，你会获得成功的，祝你好运。"

几年后，纽约商人出席一个朋友的宴会，会上一个衣冠楚楚、容光焕发的年轻人举着酒杯走到他身边，说："您好，先生，也许你已忘了我，我就是几年前那个落魄困顿的卖笔人，是你，唤起了我对生活的信心和勇气。使我意识到了做人的尊严和价值，我的生意已有很大的起色。为此，我对你深表感谢。"然后，向他深深地鞠了个躬。

尊重别人不仅是我们每个人的心理需要，还能促成事业成功。由此看来，人人都需要尊重。在商务活动中，需要与交往对象互谦互让，互尊互敬，友好相待。对待他人最主要的一条是——敬人之心长存，处处不可失与人，不可伤害他人的尊严，更不能侮辱对方人格。

2. 遵守约束原则

在交际应酬中，每一位参与者都必须自觉、自愿地遵守礼仪，以礼仪去规范自己在交际活动中的一言一行、一举一动。

俗话说："礼多人不怪"，懂礼节，尊礼节不仅不会被别人厌烦，相反还会使别人尊敬你，认同你，亲近你，无形之中拉近了同他人的心理距离，也为日后合作共事创造宽松的环境，会使事情向好的方面发展。相反，若不注重这些细节问题，犯了"规矩"就可能使人反感，甚至会使关系恶化，导致事情朝着坏的方向发展。所以，在把握原则问题的前提下还应注重礼节，并尽可能地遵守这些礼节，才能确保事物的正常发展。

3. 平等适度原则

礼仪的核心点是平等，不允许因为交往对象彼此之间在年龄、性别、种族、文化、身份、财富以及关系的亲疏、远近等方面有所不同而厚此薄彼，给予不同待遇。但可以根据不同的交往对象，采取不同的具体方法。所谓适度，就是要针对具体情况，认真得体，掌握分寸，不能做得过了头，也不能做得不到位。在商务交往中要注意各种不同情况下的社交距离，也就是要把握与特定环境相适应的人们彼此之间的感情尺度。注意技巧，合乎规范。要自尊不要自负，要坦诚但不能粗鲁，要信人但不要轻信，要活泼但不能轻浮。

4. 信用宽容原则

孔子说："民无信不立。"与朋友交往，要言而有信。在社交场合，尤其要讲究以下几点：一是要守时，与人约定时间的约会、会见、会谈、会议等，决不能拖延迟到。二是要守约，即与人签订的协议、约定和口头答应的事要按约定办理，即所谓言必信，行必果。故在商务场合，如没有十分的把握就不要轻易许诺他人，许诺做不到，反落了个不守信的恶名，从此会永远失信于人。宽容是一种较高的境界，要求人们在交际活动运用礼仪时，既要严于律己，更要宽待他人。站在对方的立场去考虑一切，是你争取朋友的最好方法。要多容忍他人，多体谅他人，多理解他人，千万不要求全责备，斤斤计较，过分苛求，咄咄逼人。

5. 入乡随俗原则

由于国情、民族、文化背景的不同，存在着不同的差异，这种差异是不以人的意志为转移的，也是世间任何人都难以强求统一的。注意尊重对方所特有的习俗，易于增进双方的相互理解和沟通，有助于更好地表达亲善友好之意。在商务交往活动中，对客观现实要有正确的认识，要真正做到尊重对方，就必须了解和尊重对方所特有的风俗习惯，必须坚持入乡随俗，与绝大多数人的习惯做法保持一致，既不能少见多怪、妄加非议，也不能目中无人、以我为尊、我行我素、自高自大、自以为是。

二、商务礼仪的作用

商务礼仪，在促进商务活动蓬勃发展中起着巨大作用，已越来越引起人们的重视。在商务活动中，遵循一定的礼仪，不仅有利于营造良好的交易氛围，促成相互合作与交易的成功，而且能体现个人与组织的良好素质，有助于树立与巩固企业的良好形象。

1. 沟通作用

商务活动是双向交往活动，交往成功与否，首先要看是否沟通，或者说，是否能取得对方的理解。由于立场不同，观点不同，人们对同样一个问题会有各自不同的理解和看法，这就使交往双方的沟通有时变得困难，若交往达不到沟通，不仅交往的目的不能实现，有时还会导致误解，给企业造成严重的负面影响。商务礼仪，旨在消除差异，使双方相互接近，达到感情沟通。

2. 形象作用

礼仪有助于美化自身、美化生活。礼仪的基本目的就是树立和塑造企业及个人良好的形象。在商务活动中，个人的形象是很重要的。个人形象包括仪容、表情、谈吐、举止和教养的集合。在商务活动中运用礼仪可以帮助我们更好地完善个人和公司的形象。以礼相待，商务关系才更加和睦、和谐。从事商务活动的人员，必须文明经商，树立良好的企业形象，礼尚往来，广泛赢得顾客的信任，促进信用的提高。

3. 协调作用

礼仪具有很强的凝聚情感的作用。礼仪的重要功能是对人际关系的调解。在商贸活动和商务谈判中，难免要碰到沟通不畅的事情，有时客户还可能不高兴。在平静中会突然发生冲突，甚至采取极端行为。如果处理不当，不仅客户对商务人员的印象不佳，而且还会影响企业的形象。商务礼仪有利于促使冲突各方保持冷静，缓解已经激化的矛盾，并能化解、消除分歧，增进理解，达成谅解，调适人际关系，使之趋于和谐，从而妥善地解决商务纠纷。

4. 维护和教育作用

礼仪是整个社会文明发展程度的标志，礼仪有助于提高人们的道德修养、规范人们的语言行为、防止和减少丑恶现象的发生，礼仪还有助于净化社会风气，推进社会主义精神文明建设。同时礼仪也反作用于社会，对社会的风尚产生影响，所以从某种意义上说，在维护社会秩序方面，礼仪起着法律所起不到的作用。礼仪的教育作用表现在礼仪通过评价、劝阻、示范等教育形式纠正人们不正确的行为习惯，倡导人们按礼仪规范的要求处理人际关系，大家相互影响，互相促进，就会共同加强社会主义精神文明的建设。

三、商务人员应具备的素质

商务工作是一种知识性、技术性很强的开拓性活动，要求商务人员必须具备广博的知识和多方面才能。特别是在当今科学技术高速发展、全球经济迅速增长、贸易方式不断创新、新技术和新产品不断涌现的今天，商务人员的知识应不断充实、更新，应具有多种能力与综合素质。

1. 思想政治素质

作为一名商务人员首先要具备较高的思想政治素质。具体表现在：
① 拥护党的路线和方针、政策；
② 具有全心全意为人民服务的高尚情操；
③ 具有献身社会主义现代化事业的远大理想和抱负；
④ 有强烈的事业心、使命感，联系群众，有民主作风。

只有具备了这样的思想政治素质，才能使自己在激烈的市场竞争中沿着正确的方向不断发展。

2. 职业道德素质

良好的职业道德是任何一名商务人员都必须具备的。具体表现在：

① 遵纪守法，诚实守信，服务群众，奉献社会；
② 不损公肥私，不损人利己；
③ 敢于同制假售假、非法牟利、投机欺诈等违法行为作斗争。

良好的职业道德是一个商务人员最基本的素质，也是最基本的要求。商务人员只有树立正确的职业道德观，才能使事业沿着正确的健康的轨道发展。

3. 业务素质

良好的业务素质同职业道德素质一样，是商务人员必须具备的。业务素质主要指的是商务人员的个人业务水平和能力。这是企业在市场竞争中求生存、求发展的基本条件。良好的业务素质主要包括：

① 较高的文化水平，多方面的知识和文化修养；
② 熟悉本行业的有关业务，懂得有关的经济政策和法律、法规；
③ 有较强的协调能力和组织能力；
④ 具备一定的社会活动能力；
⑤ 具有分析问题、解决问题的能力，遇到困难能及时果断地做出解决。

只有不断提高自身的业务素质，才能使自己在优胜劣汰的竞争环境中生存、发展。

4. 加强个人礼仪修养

（1）高尚的道德感

每个人都要有正确的道德观，待人接物要有强烈的道德感。所以每个人都应当做到以下几个方面。

① 要自觉提高个人品德修养。把遵守社会公德，创造良好的社会秩序，形成良好的社会风尚作为个人品德修养的一部分。"勿以恶小而为之，勿以善小而不为"，这样才能使个人礼仪有坚实的思想基础。现实生活中，人们都在以各种不同的方式追求着自身的完美，寻找通向完美的道路，加强个人道德品德修养是实现完美的最佳方法，它可以丰富人的内涵，从而提高自身素质与内在实力，使人们面对纷繁的社会有勇气、有信心充分地实现自我。

② 要有正义感和原则性。能够区分真善美与假恶丑，敢于主持正义，向邪恶势力挑战，进行斗争。要深明事理，识大体，顾大局，坚持原则，决不能因为一时的利益而出卖原则。

③ 要关心他人，尊重他人，助人为乐。关心、帮助别人是一种美好的品德，在别人需要你的时候，应毫不犹豫伸出帮助之手。人们生活、工作在一起，应当互相尊重，只有尊重他人，才会受到别人的尊重。

（2）陶冶自我情操

精神面貌是一个人社交形象的核心，在社会交往中要有良好的精神面貌，所以必须加强自我情操的陶冶。

① 加强科学文化的学习，使自己成为一个知识渊博的人。文化教养是人精神活动的基础，只有具有丰富文化和渊博知识的人才能在人际交往中具有魅力，才能提高待人接物的礼节素养。

② 性格应乐观、开朗、大方。只有襟怀坦白、大方、爽朗，才能在社会交往中被别人喜爱。

③ 热情诚恳、善解人意、善良友好。既乐于了解、接受别人，又善于被别人所接受，要有强烈的进取心。只有这样，才能在社会交往中使别人从你的身上得到启发，受到振奋，产生较大的社交吸引力。

（3）交友之道

人生活在这个世界上总是要结交朋友，结交朋友应注意以下几点。

① 诚实守信。"以诚感人者，人亦诚而应。"信誉是交往的基础，交朋友应诚实守信，言出必行，不轻易食言，人们会觉得这种人可信赖，愿与之交往，付以重托也不必担心。那种表里不一，口是心非的人即使表面上讲礼仪也不过是虚伪的外表，人们当然不会轻信，更不会与之深交。

② 与人为善。"己所不欲，勿施于人。"，不要将自己不喜欢的东西强加于别人。不能以伤害他人来发泄自己的怨气，更不要落井下石，做不到的事情不要轻易地应允别人，与人交往要善始善终。

③ 宽宏大度。人非圣贤，孰能无过？金无足赤，人无完人。要学会宽以待人，要能容忍别人的过失。气度宽宏的人，心胸开阔，可容人容事；气度小的人，心胸狭窄，区区小事也如鲠在喉。斤斤计较，将伤害朋友间的感情。即便是与人绝交也不应恶言相闻，"君子绝交，绝无恶声。"

④ 不卑不亢。人有个性差异，每个人性格、气质、才华能力不同，各有长短。既然人们相互交往，就应该对自己，对他人有正确的评价。对那些比你强的人不要自卑，对那些你认为不如你的人不要自负。自卑、自负都和礼仪礼貌相悖，因此也就会失去别人对你的友谊。

案例分析

人格的平等

英国著名的戏剧家、诺贝尔文学奖获得者萧伯纳有一次在苏联访问，他在莫斯科街头散步时见到一个非常可爱的小女孩。萧伯纳和这个小女孩儿玩了很久，在分手时，他对小女孩说："回去告诉你的妈妈，你今天和伟大的萧伯纳一起玩了。"小女孩也学着大人的口气说："回去告诉你的妈妈，你今天和苏联女孩儿安妮娜一起玩了。"萧伯纳很吃惊，他立刻意识到自己的傲慢，并向小女孩道歉。后来，萧伯纳每次回想起这件事，都感慨万千。他说："一个人无论有多么大的成就，对任何人都应该平等相待，应该永远谦虚。"

讨论：在日常交往中，如何在细节上体现对别人的尊重。

实战演练

项目：如何尊重他人
要求：
1. 熟悉并掌握商务人员应具备的素质；
2. 五人一组进行分组；
3. 各组课下调查"在同学中哪些信息被认为是个人隐私？"
各组课堂讨论"同学相处时如何尊重他人的隐私？"
4. 各小组派代表公布讨论结果，小组其他同学补充；
5. 其他各小组为该小组的讨论结果进行评议并打分。

思考与练习

一、分析题
1. 请指出情景中银行工作人员所犯的错误。
一名客户到银行交罚款，交完罚款后，银行的工作人员使用礼貌用语："欢迎再来。"
2. 请判断情景中人物做法的正误。在题后的（　　）内写"对"或"错"。
情景1：一客人进入一大楼。路遇一位穿着制服的女士，对方含笑问候："您好！"
该客人敲门，进入一写字间。一位穿着制服的男士起身相迎："您好！"旁边另一位穿着制服的女士正接听电话："您好，四方公司……"　　　　　　　　（　　）
情景2：一位穿着制服的女士正耐心回答一男客户提出的问题，不厌其烦。
　　　　　　　　　　　　　　　　　　　　　　　　　　　　　　　　（　　）

二、选择题
1. "人无礼则不生，事无礼则不成，国无礼则不宁"是我国古代思想家（　　）提出的。
　　A. 孔子　　　　B. 孟子　　　　C. 荀子　　　　D. 老子
2. 仪表是指人的外表，含容貌、服饰、个人卫生、姿态，如（　　）等。
　　A. 衣帽　　　　B. 表情　　　　C. 服饰　　　　D. 风度
3. 以下表述不正确的是（　　）。
　　A. 礼仪是人类文明的标尺　　　　B. 礼仪是人的社会化的重要内容
　　C. 良好的仪态被称为是"就职黄页"　　D. 世界各国的礼仪风俗千差万别
4. 个人形象是一个人仪容、表情、举止、服饰、谈吐、（　　）等的集合。
　　A. 修养　　　　B. 仪态　　　　C. 卫生　　　　D. 教养

让你的形象在商务场合中散发特有的魅力。

项目二
商务人员形象塑造

◎ **知识目标**

1. 了解有关仪容和仪表的相关知识。
2. 掌握面部化妆的程序和技巧。
3. 掌握商务人员着装和服饰的要求。
4. 了解基本举止仪态,学会用目光、微笑等表情与人交流。

◎ **技能目标**

1. 能塑造良好的商务人员形象,并能通过自我审视完善自我职业形象。
2. 能够按照化妆的程序和技巧独立完成职业妆容。
3. 学会正确的站姿、走姿、坐姿、蹲姿等,并能够在商务活动中熟练运用。
4. 在商务活动中,能够使用得体的表情和微笑。
5. 在商务活动中,能够正确进行服饰搭配。

◎ **实战目标**

本项目训练涉及化妆、服饰搭配和站姿、走姿、蹲姿等仪态礼仪。通过开展这些训练,让学生将理论知识中讲述的化妆程序和技巧,服饰搭配原则和穿法,站姿、走姿、蹲姿等动作要领应用于实践中,通过训练发现问题并反复锻炼,培养学生良好的仪表仪态,以便在商务活动中树立良好的形象。

学习任务一　商务人员的仪容礼仪

 特别提示

　　美好的第一印象永远不会有第二次。个人形象无论在生活中还是商务场合中都是非常重要的。商务人员力求以清新自然的形象出现在客户面前，这既维护了个人的自尊，又体现了对他人的尊重，更重要的是维护了企业形象，有利于事业的拓展，为商务活动增添成功的砝码。

【知识储备】

　　商务礼仪对个人仪容的首要要求是仪容美。它的具体含义主要有以下3层。

　　首先，是要求仪容自然美。它是指仪容的先天条件好，天生丽质。尽管以相貌取人不合情理，但先天美好的仪容相貌，无疑会令人赏心悦目，感觉愉快。

　　其次，是要求仪容修饰美。它是指依照规范与个人条件，对仪容进行必要的修饰，扬其长，避其短，设计塑造出美好的个人形象，增添成功的砝码。

　　最后，是要求仪容内在美。它是指通过努力学习，不断提高个人的文化修养和思想道德水准，让自己的气质更高雅。

　　真正意义上的仪容美应当是上述三个方面的高度统一。忽略其中任何一个方面，都会使仪容美失之于偏颇。在这三者之间，仪容的内在美是最高境界，仪容的自然美是人们的心愿，仪容的修饰美则是仪容礼仪关注的重点。要做到仪容修饰美，自然要注意修饰仪容。通常包括头发的护理和发型的选择、肌肤的护理、化妆等方面。

一、护发与发型选择技巧

　　头发是人体的制高点，是别人第一眼关注的地方。所以，在商务场合，个人形象的塑造，一定要"从头做起"。

1. 护发

　　首先我们要了解自己的头发，如果生活、工作过度紧张或焦虑急躁、惊恐等不良心态都会造成头发的大量脱落。一般来说，健康的头发从外观上看，有很好的弹性、韧性，光泽度好，头发柔顺、易于梳理，不分叉、不打结，用手轻抚时有润滑的感觉，梳理时无静电，不容易折断。要想保持头发的健康必须经常注意护发。

　　（1）不同发质的护理

　　① 干性发质：专家一致认为，除了遗传因素，干枯的头发是长时间缺乏护理和化学品残留的后遗症。当然，精神压力、内分泌的变化以及饮食的平衡与否等，也

会对发质产生或多或少的影响。选用一种配方特别温和的，完全不含或只含少量洗涤剂，但却能有效地补充水分的洗发水是很重要的。洗发不用过于频繁，当然不要忘记使用护发素。为防止发丝内的水分流失，应尽量避免使用电吹风以及其他以电力操作的卷发器具。如果必须使用，最好事先在头发上涂一层护发品。

② 油性发质：皮脂腺分泌过多的天然油脂，是形成油性发质的根本原因。要改善这种情况，你需要的是一种性质温和的洗发水，并经常清洗头发。强力的洗发水不但对头发无益，反会令油脂分泌更加旺盛。由于头皮已能分泌足够的油脂，护发素只要涂在距离发根数寸的发梢上即可。油性发质比较适合染发，染发剂或多或少地会令头发变得干燥，而较多的油脂正好可以起到中和作用。

③ 纤细发质：如果你的头发过于纤细柔软，应该寻找一种渗透性好的洗发水，使头发充盈起来。美发造型时，最好使用能营造丰厚发式的喷雾产品。染发也颇适合这种类型的头发，因为在染发过程中，染发会让发茎逐渐膨胀，由此产生更强的质感。

（2）梳发及按摩

每天早晚用梳子梳理头发，每次3分钟，约100下，有保持头发润泽、柔丽的作用，可以刺激头皮活力，保持发隙通风良好，可防止脱发及头皮屑。

从散乱的毛梢开始，用刷子轻贴头皮，慢慢旋转着梳拢毛梢。用力要均匀，如用力过猛，会刺伤头皮。先从前额的发际向后梳，再从相反方向，沿发际从后向前梳。然后，从左耳或右耳的上部分别向各自相反的方向进行梳理，最后让头发向头的四周披散开来梳理。

按摩头皮能刺激毛细血管与毛囊，有助于头皮的分泌调节，并对油性和干性皮肤有治疗功效。按摩时，两手的手指张开，以手指在头皮上轻轻揉动，或者将两手呈直角置于头皮上轻轻拍打，可以刺激头皮，提高新陈代谢的效果，如果每天反复做3分钟，可促进头发的润滑与光泽。按照头皮血液自然流向心脏的方向，按前额、发际、两鬓、头颈、头后部发际的顺序进行。按摩可以促进油脂分泌，因此，油性头发按摩时用力轻些，干性头发可稍重些。

（3）头发的特殊护理

1）头发开叉

建议用柔软的发刷从头顶梳向发端，将头皮的天然油脂带到发端，而平日尽量用阔齿的发梳来梳理头发，同时不要忘记在每次洗发后使用护发素，以避免加剧头发的开叉。另外，切忌用毛巾大力绞擦，脆弱的发丝需要的是温柔摩挲。

2）头皮屑过多

宜立刻医治，以免头皮屑堵塞头皮毛孔、妨碍毛发的生长，或破坏毛囊组织，演变为皮肤病。头皮屑过多的人，应避免过度用力梳头，也忌用手过度抓挠。因为过度用力地刺激，会把贴在头皮的一部分鳞片弄剥落，露出伤口而滋生细菌，形成恶性循环。应注意饮食，避免摄入过量的糖、淀粉和脂肪。宜多吃一些新鲜蔬菜、水果及瘦肉、鱼等。应经常定期洗头，保持头皮与头发的清洁。目前，市场上有许多治疗头皮屑的药膏、药水、药粉都很有效，还有不少专用去头屑的洗发剂。如果在洗发的水中放入一匙醋，也很有效。焦躁不安的人头皮屑也会增多，因此，经常保持愉悦的精神状态，对减少头皮屑很重要。

3）脱发

这是由于糖果、盐分与动物性脂肪摄取太多，导致血液循环不良而造成的。脱发的种类有很多。按脱发的诱因来划分，有精神性脱发、营养性脱发、药物性脱发、生理性脱发等。为避免脱发，应注意以下几点。

① 消除精神紧张，保持精神愉快。人的精神状态不稳定，焦虑不安，大脑长时间处于紧张、烦恼或用脑过度状态，均可导致头部血液循环不良，头发营养供应不足，导致头发脱落。

② 多进食有益于滋养头发的食物，即富含维生素、矿物质和低脂肪的食物。例如各种新鲜水果、蔬菜、蛋黄、瘦肉、牛奶等。适当进食黑豆、黑芝麻、核桃等，以补充氨基酸、钙、铁等多种微量元素，还应多喝冷开水。头发的生长需要体内良好的营养成分，当体内缺乏某些营养和氨基酸时，就会影响新发的生长。

③ 用尼龙梳子梳头，容易起静电反应，头皮与头发产生离合作用，促使毛发脱落。所以，应选用木梳梳头。

④ 定期洗头。长时间不洗头，会影响毛囊的呼吸，从而会出现脱发或加重脱发。洗头次数以每周 3～4 次为宜。

⑤ 要戒除烟酒，避免其对头发产生不良影响；患有脂溢性脱发的人应忌食辛辣食物，否则会加重脱发。

⑥ 不要经常烫发、染发，也尽量避免用化学合成药品来滋润头发，因为由化学原料制成的染发剂、烫发剂、护发剂，对皮肤和毛发都存在着不同程度刺激作用。

2. 发型的选择

发型的选择要适合脸型和体型。切忌一味模仿他人。

（1）脸型与发型

① 三角脸：三角形脸的特征是上窄下宽，所以在选择发型时应平衡上下宽度，可用波浪形发卷增加上部分的分量，也可用头发掩饰较为丰满的下部。不宜将额发向上梳，以免暴露额头太窄的缺陷。分缝可采用中分或侧分。耳旁以下的发式不应再加重分量，也不宜选择双颊两侧贴紧的发型。

② 方脸型：方脸型的人在留额发时，宜遮掩额部的两角，额发要有倾斜感，使方中见圆。头发的两侧可选卷曲的波浪发型，以改善方脸的形状。还可利用卷曲的长发部分遮住下颌两侧，转化太宽的下颌线条。由于近年来人们审美标准逐渐改变，方脸型因其极富个性而得到青睐，所以不少女性愿意不加掩饰，选择富于个性的发型。

③ 倒三角脸：与三角脸恰好相反，可以选择掩饰上部、增宽下部的发型。发型要造成大量的蓬松的发卷，并遮掩部分前额。具体选择时，最忌选往上梳的高头型，这样只会突出细小的下巴，使整个脸部更不平衡。可运用脸部线条之美，使耳边的头发产生分量，并显出额角，令脸部变得丰满一些。这样的脸型不应选择直的短发和长发等自然款式，这样会使窄小的领部更加单调。刘海可留得美观大方而不全部垂下。面颊旁的头发要梳得蓬松，显得很多，以遮掩较宽的上部分。

④ 椭圆脸：一般认为，椭圆形的脸是东方女性最理想的脸型，所以拥有这种脸型的人梳什么样的发型都不会难看。不过，如果选择中分、左右均衡的发型，更能体现娴静、端庄的美感。若留一袭黑色直发披在肩头，更有飘逸之感。

⑤ 菱形脸：其特点是棱角突出、下巴稍宽，显得个性倔强，缺乏温柔感。因而，在选择发型时，宜掩盖太突出的棱角感，使脸部看上去长一些，增加柔和感。可以利用波浪形增加脸部的温柔感。宜将前额和头顶的头发上扬，露出部分额头，但切忌全部露出。

⑥ 圆脸：适宜将头顶部的头发梳高，使脸部视觉拉长，要避免头发遮住额头，相应的，应利用头发遮住两颊，使脸颊宽度减少，另外发分线最好是中分。

⑦ 长脸型：适宜加厚脸部两旁的头发，以增加量感，将前发剪成"刘海儿"，使脸部显得丰满。发分线采用侧分法。

⑧ 大脸型：应使头发自然服帖遮住两颊，以减少脸的宽度，不可以梳过于蓬松的发型，否则脸会显得更大，宜将头发剪短，全部向后梳，不要分线。

⑨ 小脸型：脸庞较小的人，可选择尽量露出五官的发型，把头发往上、往后梳理。

另外，鼻子过于突出的人，可选择留浓密的刘海或将长发向上梳的发型，以平衡脸部，强调顶部。额头太大的人，可将额发剪成一排刘海。下巴内陷的人，可将头发留长，以使下巴显得丰满起来。

（2）发质与发型

各人的发质不一，不同的发质适合不同的发型。当女性选中了适合自己发质的发型以后，就可以配合理发师把自己的头发打扮得更美丽。

① 自然的卷发：自然卷曲的头发，只要能利用自然的卷发，就能做出各种漂亮的发型。这种发质如果将头发减短，卷曲度就不太明显，而留长发才能显示出其自然的卷曲美。

② 服帖的头发：这种发质的特点是头发不多不少，非常服帖，只要能巧妙修剪，就能使发根的线条以极美的形态表现出来。这种发质的人，最好将头发剪短，前面和旁边的头发，可以按自己的爱好梳理，而后面则一定要用能显示出发根线条美的设计，才是理想的发型。修剪时，最好能将发根稍微打薄一点，使颈部若隐若现，这样能给人以清新之感。

③ 细少的头发：这种发质的人应该留长发，将其梳成发髻才是最理想的，因为

这样不但梳起来容易，同时也能比较持久。通常这种发质缺乏质感，可以辅之以假发。如果梳在头顶上，适合正式场合；梳在脑后，是家居式；而梳在后颈上时，则显得高贵典雅。

④ 直硬的头发：这种发质要想做出各种各样的发型是不容易的。在做发型以前，最好能用油性烫发剂将头发稍微烫一下，使头发能略带波浪，稍显蓬松。在卷发时最好能用大号发卷，看起来比较自然。由于这种头发很容易修剪得整齐，所以设计发型时最好以修剪技巧为主，尽量避免复杂的花样，适合做出比较简单而且高雅大方的发型。

⑤ 柔软的头发：这种发质比较容易整理，不论想做任何一种发型，都非常方便。由于柔软的头发比较服帖，因此俏丽的短发比较适合，能充分表现出个性美。

（3）发型与体型

① 高瘦型：该种体型的人容易给人细长、单薄、头部小的感觉。要弥补这些不足，发型要求生动饱满，避免将头发梳得紧贴头皮，或将头发搞得过分蓬松，造成头重脚轻。一般来说，高瘦身材的人比较适宜于留长发、直发。应避免将头发削剪得太短薄，或高盘于头顶上。头发长至下巴与锁骨之间较理想，且要使头发显得厚实、有分量。

② 矮小型：个子矮小的人给人一种小巧玲珑的感觉，在发型选择上要与此特点相适应。发型应以秀气、精致为主，避免粗犷、蓬松，否则会使头部与整个形体的比例失调，给人产生大头小身体的感觉。身材矮小者也不适宜留长发，因为长发会使头显得大，破坏人体比例的协调。烫发时应将花式、块面做得小巧、精致一些。若盘头也有身材增高的错觉。

③ 高大型：该体型给人一种力量美，但对女性来说，缺少苗条、纤细的美感。为适当减弱这种高大感，发式上应以大方、简洁为好。一般以直发为好，或者是大波浪卷发。头发不要太蓬松。总的原则是简洁、明快、线条流畅。

④ 短胖型：短胖者显得健康，要利用这一点造成一种有生气的健康美。譬如选择运动式发型。此外应考虑弥补缺陷。短胖者一般脖子显短，因此不要留披肩长发，尽可能让头发向高度发展，显露脖子以增加身体高度感。头发应避免过于蓬松或过宽。

（4）发型与服装

① 西装：着西装时，都要将头发梳理得端庄、艳丽、大方，不要过于蓬松，并且可以在头发上适当抹点油，使之有光泽。

② 礼服：着礼服时，可将头发挽在颈后，显得庄重、高雅。

③ 裙装：着裙装时，可选披肩发、盘发或将长发高束等，可使你倍添风采。

【相关链接】

头发的保养方法

如你已好好保养你的头发，却发现头发仍然不够健康，那就要从补充相关营养元素开始了。头发之所以会过干、变白或折断脱落，主要就是因身体缺乏铜元素、氨基酸、维生素A、维生素C及维生素E所致，所以我们就要多摄取含这些元素的食物。下面推荐几款有助于改变发质的食物配方。

1. 高蛋白质食物能增加头发韧度

头发全靠血液供应营养，需要充足的蛋白质、锌及碘，多吃肉类、豆类及鸡蛋等含高蛋白质食物，能令头发光润柔软，增加韧度。

2. 黑豆、黑芝麻增加头发光泽

原理：黑豆含丰富蛋白、胡萝卜素及维生素A；黑芝麻则含蛋白质、铁、卵磷脂等成分，有养颜活血、乌黑头发功用，常吃有助减少头发枯黄变白。

黑芝麻的食用方法：洗净晒干，用文火炒熟，碾成粉末，加糖或加盐，加入粥内、豆浆或牛奶中饮用都可。

黑豆的食用方法：将黑豆加水用文火熬煮至饱胀为止，取出晾干，撒入盐，放于瓷瓶内，每日饭后服两次。

3. 何首乌桑寄生汤能令头发乌黑

所需材料：首乌四钱、桑寄生一两、生姜片和大枣各三粒。

制作方法：将材料洗净，十碗清水煮一小时即成。

功效：长期饮用可强化气血，使头发乌黑，减少白发出现。

二、肌肤的基础护理与面部化妆

相信大多数人都渴望拥有一张美丽、清爽的容颜，许多人用尽各种方法以求达到完美的形象，但大多时候由于方法的不当而不能尽如人意，甚至还有可能弄巧成拙。其实美丽的本质是要懂得呵护自己的肌肤，否则再怎么鬼斧神工的化妆术，没有健康纯净的肌肤作基础，也只会让人觉得像是戴上了一张美丽的面具。身为现代人，想要拥有健康而富有弹性的肌肤，除了注意日常的保养外，还需要彻底了解自己的肤质，知晓何种护肤品适合自己。

【相关链接】

肤质的自我检测与保养

第一种方式：洗脸测试法

洗脸测试法是利用洁面后绷紧感觉持续的时间来判断。洁面后，不擦任何保养品，面部会有一种紧绷的感觉：

干性皮肤洁面后绷紧感40分钟后消失；

中性皮肤洁面后绷紧感30分钟后消失；

油性皮肤洁面后绷紧感20分钟后消失。

第二种方式：纸巾测试法

晚上睡觉前用中性洁肤品洗净皮肤后，不擦任何化妆品上床休息，第二天早晨起床后，用一面纸巾轻拭前额及鼻部。

油性：鼻、前额、下巴、双颊、脖子中有4个地方出油，纸巾上留下大片油迹。

混合性：鼻、前额、下巴、双颊、脖子中有2个或3个部位出油，其他部位较干或较紧滑。

中性：鼻、前额、下巴、双颊、脖子中全部都不干燥或4个以上部位觉得紧实平滑不出油。纸巾上有油迹但并不多。

干性：鼻、前额、下巴、双颊、脖子都觉得干干紧紧无光泽。纸巾上仅有星星点点的油迹或没有油迹。

各类肤质的保养要点。

① 中性肤质皮肤基本上没什么问题，日常护理以保湿养护为主。中性肤质很容易因缺水缺养分而转为干性肤质，所以应该使用锁水保湿效果好的护肤品。如保养适当，可以使皱纹迟至很晚才出现。

② 干性肤质以补水、营养为主，防止肌肤干燥缺水、脱皮或皲裂，延迟衰老。应选用性质温和的洁面品，选用滋润型的营养水、乳液、面膜等保养品，以使肌肤湿润不紧绷。每天坚持做面部按摩，改善血液循环。注意饮食营养的平衡（脂肪可稍多一些）。冬季室内受暖气影响，肌肤会变得更加粗糙，因此室内宜使用加湿器，并避免风吹或过度日晒。

③ 油性肤质以清洁、控油、补水为主。防止堵塞毛孔，平衡油脂分泌，防止外油内干。应选用具有控油作用的洁面用品，要定期做深层清洁，去掉附着毛孔中的污物。用平衡水、控油露之类的护肤品调节油脂分泌。使用清爽配方的爽肤水、润肤露等做日常护养品，锁水保湿。不偏食油腻食物，多吃蔬菜、水果和含B族维生素的食物，养成有规律的生活习惯。

④ 混合性肤质：以控制T字区（额头、鼻子、下巴）分泌过多的油脂为主，收缩毛孔，并滋润干燥部位。选用性质较温和的洁面用品，定期深层清洁T字部位，使用收缩水帮助收细毛孔。选用清爽配方的润肤露（霜）、面膜等进行日常护养，注意保持肌肤水分平衡。要特别注意干燥部位的保养，如眼角等部位要加强护养，防止出现细纹。

1. 面部的清洁

清洁养护是面部修饰的基础，也是广受人们欢迎的仪容礼仪的最基本要求。干净整洁的面部，通常会给人以清爽宜人、淡雅美丽之感。做好面部的清洁养护，不仅需要具备一定的洁容知识和洁容工具，更重要的还需要长年累月、坚持不懈地进行以下细节工作。

（1）选择合适的洗护用品

选择洗护用品应注意以下两点。

① 根据容貌及身体部位选择相应的洗浴用品，洗脸时应选择洗面奶。女士洗脸，如果化过妆，应用卸妆水。

② 在选择洗护用品时，千万不要认为贵的就一定好，应注意根据自己的肤质进行选择。目前，测定肤质的方法很多，有专门鉴别肤质的仪器，也有最简单的观察辨别法。问题性皮肤很容易观察判断，而其他类型的皮肤则需要仔细鉴别。

皮肤摸上去细腻而有弹性，不干也不油腻，只是天气转冷时偏干，夏天则有时油光光的，比较耐晒，对外界刺激不敏感，属中性肌肤。

皮肤看上去细腻，只是换季时皮肤变得干燥，有脱皮现象，容易生成皱纹及斑点，很少长粉刺和暗疮，触摸时会觉得粗糙，是干性肌肤。用食指轻压皮肤，就会出现细纹。

面部经常油亮亮的，毛孔粗大，肤质粗糙，皮质厚且易生暗疮粉刺，不易产生皱纹，是油性肌肤。不时出现的斑点和黑头粉刺会令你不胜烦恼。

额头、鼻梁、下颌有油光，易长粉刺，其余部分则干燥。这是混合性皮肤。

皮肤较薄，天生脆弱缺乏弹性，换季或遇冷热时皮肤发红易起小丘疹，毛细血管浅，容易破裂形成小红丝。这是典型的敏感性皮肤。

（2）面部的清洗

清洁面部可以去除新陈代谢产生出的老化物质、空气污染、卸妆等残留物，以及耳、鼻、口的分泌物，起到神清气爽、令人愉悦的功效，同时也可以清洁肌肤。洗脸时应遵守以下几点。

① 使用洗面乳的方法是应将洗面乳放在手上揉搓起泡，泡沫越细越不会刺激肌肤，泡沫需揉搓至奶油般细腻才算合格，让无数泡沫在肌肤上移动以吸取污垢，而不是用手去搓揉。

② 基本上是从皮脂分泌较多的T字区开始清洗，额头中心部皮脂腺特别发达，要仔细清洗。手指不要过分用力，轻轻地由内朝外画圆圈滑动清洗。

③ 用指尖轻柔仔细地清洗皮脂腺分泌旺盛的鼻翼及鼻梁两侧，这一部分洗不干净将导致脱妆及肌肤出现油光。

④ 鼻子下方容易长青春痘，须仔细洗净多余的皮脂，用无名指轻轻画轮廓，既不会刺激肌肤又可完全去除污垢。

⑤ 注意，嘴巴四周也要清洗，脸部是否仔细洗净，重点在于有没有注意细小的部位，清洗时以按摩手法从内朝外轻柔描画圆弧状。

⑥ 下巴和T区也一样，也容易长青春痘及粉刺。洗脸时应由内朝外不断画圈，使污垢浮上表面。

⑦ 面积较大的脸颊部位需要特别仔细的关照。清洗面颊的诀窍是，不要用指尖，接触皮肤是用指肚，使指肚仅有的面积充分接触脸颊的皮肤，以起到按摩清洁的作用，洗脸的重要技巧是在于不要太用力，以免给肌肤带来不必要的负担。

⑧ 洗时要记得洗到脖子部位，下巴底部、耳下等也要仔细洗净，粉底霜没去除

干净将使肌肤引发各种困扰。

⑨ 冲洗时用流水（水龙头不关）充分地去除泡沫，冲洗次数要适度，在较冷的季节，需使用温水，以免毛孔紧闭而影响了清洗效果。

⑩ 洗脸后用毛巾擦拭脸上水时，不可用力揉搓，以免伤害肌肤。正确使用毛巾的方法是将毛巾轻贴在脸颊上，让毛巾自然吸干水分。

2. 面部的保养

通过卸妆及洗脸去除污垢后，便是补充随污垢一起流失的水分、油脂、角质层内的NMF（天然保湿因子）等物质，使肌肤回复原来的状态，化妆水和乳液可以发挥它们的功效。

（1）化妆水的使用

化妆水的任务绝对是补充水分，它的首要职责是补充洗脸时失去的水分，用充足的水分紧缩肌肤，使它变得柔软，紧接在其后的乳液才容易渗入，使用化妆水的方法如下。

① 将两片化妆棉重叠，倒入充足的化妆水，使水分刚好浸透整片棉花。

② 两指各夹一片沾满化妆水的化妆棉，按在整个脸上使肌肤感受到冰凉感。每半边脸用一片化妆棉。

③ 首先，由中心朝外侧浸染，接着，浸湿易流汗的T字区及鼻翼四周，其次，由下而上拍打整个脸部，直到肌肤觉得冰凉为止。

④ 容易因水分不足而干燥的眼部周围要集中浸染，唇部也要补充水分，眼睛四周及唇即便在白天也要记得用化妆水补充水分。

（2）乳液的使用

用化妆水充分补充洗脸所失去的水分后，再用乳液补足水分、油分，使肌肤完全恢复原来的状态，这点相当重要。乳液有水分、油分、保湿等肌肤必要的3种成分，而且这3种成分调配得十分均匀，是每日保养肌肤不可缺少的产品，它的主要目的是恢复肌肤的柔软性，并为接下来的化妆做好准备。

① 先用手掌温热使毛孔较易张开，乳液也容易浸透且能加强滑润感。

② 分别贴在脸上5处部位（左右脸颊、额头、鼻头、下巴），由中央朝外、由下朝上边画圆边涂抹均匀。

③ 轻柔地按摩眼睛四周的敏感部位，脸部都涂好后，用手掌裹住脸部，让乳液渗入并去除黏腻感。

除用化妆水与乳液以外，面霜也是一种护肤的佳品。一般人认为面霜属油性，因此油性肌肤的人不应选用，其实这是不完全的认识。本来，面霜的目的是在肌肤渗入含有水分的保湿剂后，制造油分保护膜，使它继续保持湿润。因此一般认为它是替皮脂分泌少的干性皮肤补充人工皮脂膜，但它对天然皮脂膜十分充裕的油性皮肤也是不无益处的。特别是脂多但水分相当缺乏的油性皮肤，面霜更是帮助皮肤保持水分的良好营养品。

（3）皮肤的保养

① 保持乐观的情绪："皮肤是健康的晴雨表"，人体内脏器官的健康是保证皮肤健美的内在因素，乐观的情绪是最好的"润肤剂"。俗话说："笑一笑，十年少。"笑的时候，脸部的肌肉舒展，使面部的皮肤新陈代谢加快，促进血液循环，增强皮肤弹性，起到美容的作用。经常笑能使面色红润，容光焕发，给人一种年轻和健康的美感。

② 养成良好的睡眠习惯：在睡眠状态下，人体所有的器官都能自动休息，细胞加速更新。夜间是皮肤新陈代谢、调整机理的最佳时间，皮肤可以获得更多的氧气。有了充足的时间睡眠，才能精神振作，容光焕发。

③ 养成多喝水的习惯：皮肤的弹性和光泽是由它的含水量决定的。如果皮肤中含水量低，皮肤干燥，就会无光泽。要使皮肤润泽，每天要保证喝水2000毫升。每天晚上睡前和早上起床后都要喝一杯凉开水，滋润皮肤。

④ 注意合理饮食：皮肤的健美和营养的关系显而易见。健康而营养状况良好的人皮肤光滑，富有弹性和光泽，体弱多病和营养不良的人皮肤暗淡无光。皮肤的蛋白质不足，新陈代谢迟缓，皮肤就缺乏白皙透明感；脂肪摄入过少，皮肤因缺少脂肪的充盈和滋润，也会显得干涩而无光泽；脂肪摄入过多，会使脂腺增大，皮脂分泌过多，造成皮肤的脱屑、脂溢性皮炎及痤疮等病症。

人们从食物中摄取各种营养，其美容功效是任何化妆品所不能及的。在饮食中，除吸取了足够的蛋白质、碳水化合物和脂肪外，还吸取了丰富的维生素和矿物质。

3. 面部化妆

【知识储备】

化妆的原则

对从事商务活动的女性工作者来说，恰到好处地化妆，可以更加充分地展示自己容貌上的优点，使自己容光焕发，神采奕奕，显示出职场女性的风采。化妆应该注意以下几个原则。

1. 自然

化妆的浓淡要视时间、场合而定。职场女性一般化淡妆，而不能浓妆艳抹。要选择适合自己的化妆品，色彩要和谐，给人以美的享受。化妆的最高境界是自然、真实、恰到好处，过分地追求浓妆反而会适得其反。

2. 得体

化妆是一门艺术，也是一门技术。要经过认真地学习，选择合适的化妆品，并能够正确使用。还要知道什么场合应该化什么样的妆，比如说，工作时应该化淡妆，出席宴会时应该化稍浓的妆，不要不分场合地使用过浓的香水等。

3. 协调

化妆要讲究整体的协调，应根据自己的身份、发型、服装、气质、出席的场合等来化妆，突出自己的品位。

> **特别提示**
>
> 不能在公共场所化妆，这样做既可能有碍于人，也不尊重自己；不能在男士面前化妆；不要非议他人的化妆方式，由于民族、肤色和个人文化修养的差异，每个人的化妆方式不可能都一样，所以要尊重别人的选择；不要借用他人的化妆品，因为这是极不卫生的，也是很不礼貌的。

面部修饰需要对面部进行必要的化妆，尤其是女人更是如此。现针对女士的化妆步骤介绍，如图 2-1 所示。

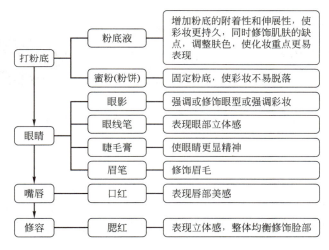

图 2-1 女士的化妆步骤

（1）基面化妆

基面化妆又叫打粉底，目的是调整皮肤颜色，使皮肤平滑。化妆者可根据自己的皮肤特质选择合适的粉底，并根据面部的不同区域，分别敷深浅不同的底色，以增强脸部的立体效果。粉底霜上好后，可用粉饼蘸少量香粉由上而下均匀地轻轻抹在面部起到定妆的作用。

（2）涂眼影画眼线

眼影有膏状与粉质之分，颜色有亮色和暗色之别。亮色的使用效果是突出、宽阔；暗色的使用效果是凹陷、窄小。眼影色的亮、暗搭配，在于强调眼睛的立体感。

眼影的使用方法：在眼窝处先打底，由内眼角沿睫毛向上向外描绘，以不超过眉角和眼角连线为宜，再在上眼睑三分之一处开始向外画上第二个颜色，宽度以稍微超过眼皮为原则。涂眼影时，以眼球最高处为线涂暗色，越靠眼睑处越深，越向眉毛处越浅，如图2-2所示。

（3）眉毛整饰

眉毛的生长规律是两头淡，中间深；上面淡，下面深。标准的眉形是在眉毛的2/3处有转折。整饰眉毛时，应根据个人的脸型特点，确定眉毛的造型。一般是先用眉笔勾画出轮廓，然后用棕色或黑色顺着眉毛的方向一根根地画出眉型，并把杂乱的眉毛拔掉。最后，用小刷子随着眉毛生长的方向轻轻梳理，使眉毛保持自然位置，如图2-3所示。

（4）涂口红

涂口红时，先要选择口红的颜色，再根据嘴唇的大小、形状、薄厚等用唇线笔勾出理想的唇线，然后再涂上口红。唇线要略深于口红色，口红不得涂于唇线外，唇线要干净、清晰，轮廓要明显。唇线画法，如图2-4所示。

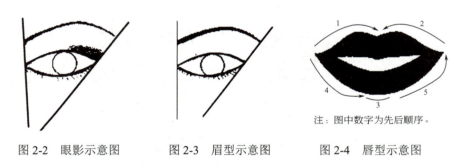

图2-2 眼影示意图　　图2-3 眉型示意图　　图2-4 唇型示意图

（5）涂腮红

涂腮红的部位以颧骨为中心，根据每个人的脸型而定。长型脸要横着涂，圆型脸要竖着涂，但都要求腮红向脸部原有肤色自然过渡。颜色的选用，要根据肤色、年龄、着装和场合而定。

【相关链接】

不同脸型的化妆要点

1. 标准脸

其脸型长短宽窄配合最适宜，这种脸型是最标准脸型。打上肤色粉底，在两颊加上深色粉底即可使脸型更具立体感，适合任何眉型。鼻影视鼻子长短来修饰，以自然立体为主。涂口红适合标准唇型。两颊轻刷上椭圆型的腮红或标准腮红。适合任何发型。

2. 长型脸

特征是脸部较长，有的是额部长，有的是下巴长，给人脸长而不柔和的感觉，在脸上打好均匀肤色粉底，在两腮和下巴部位加上深色粉底，使脸不会太长，看起来比较秀气。注意额部和下巴都要打上深色粉底。眉毛2/3画直，眉峰不宜太高，也不要往下，眼线画椭圆型。不适合做太明显的鼻影，应以自然为宜。上唇涂口红不要画得太丰满，下唇可画丰满些。腮红修容要往耳边擦，以横刷为佳。发型不适合中分，也不要梳得太高，前额可留些刘海。

3. 圆型脸

最可爱的脸型就是这种，缺点是脸型太圆太宽，而且下巴及发际都呈现圆形，缺乏立体感，最好能在两腮和额头两边加深色粉底，并且以长线条的方式刷染，强调纵向的线条，拉长脸型。下巴和额头中间则加上白色粉底，这样就会使圆脸感觉修长立体。眉峰1/2带角度，眉毛画高点，两眉距离近点，眉稍往上，眉毛不宜过长，不要画太浓。适合长型的眼线。鼻影视鼻子长短来画，在鼻梁两旁画两条深色，鼻子中间画白色。口红避免画成圆型，淡色佳。腮红在两颊刷高些、长些。发型往上面梳，不要梳得太宽。

4. 方型脸

特点是脸型线条较直，方方正正，额头宽面额也宽，下巴稍嫌狭小，缺乏温柔感，修饰方法是在宽大的两腮和额头两边加深色粉底，额头中间和下巴加白色粉底，另外再强调眉和唇等部分的妆彩，这样方型的脸就会显得修长，表现出温和的特质。标准眉型或角度眉皆可，眉峰不宜太明显。眼线适合画圆型。鼻影视鼻子的长短来画，鼻梁两旁颜色不宜太深。口红上下嘴唇画圆些。腮红两颊颜色刷深、刷高或刷长。两颊头发不适合太短，宜往前面梳。

5. 倒三角型脸

特点是脸型较尖，具有上宽下窄的特征，额头较宽下巴较尖，会给人忧愁的感觉。需在颧骨、下巴和额头两边着深色粉底造成暗影效果，于脸颊较瘦的两腮用白色或浅色粉底来修饰，使整个脸看起来较丰满、明朗化。以细眉为主，眉头与眉尾平行。画法与标准眉型相同。眼线依眼睛形状来画，需明显些。鼻影视鼻子长短来修饰。口红唇型画明显些。腮红颧骨部位颜色加深。前面头发往下梳。

【相关链接】

化妆色彩与服装颜色的协调

灰色、白色、黑色服装适合任何化妆颜色。其他常用颜色服饰与化妆颜色的搭配如下。

1. 蓝紫色系

穿深蓝色、浅蓝色、紫红色、玫红色、桃红色等颜色的服装时，眼影用棕色、紫红色、深紫色、浅蓝色搭配。腮红用粉色、粉红色，口红用紫红色系。

2. 粉红色系

穿白色、黑色、灰色、粉红色、红色等颜色服装时，眼影用棕色、粉红色、驼色、橘红色、灰色搭配。腮红用粉红色、红色。口红红色系。

3. 棕色系

穿淡棕色、深棕色、土红色、棕红色、驼色、米色等服装时，眼影用棕色、驼色、灰色搭配，腮红、口红用红色系。

4. 其他卫生礼仪

（1）口腔

要保持口腔清洁。坚持早晚刷牙，可以有效减少口腔中的细菌和异味。工作前不要吃生蒜、生葱等带刺激性味道的食物。不要喝酒、吸烟、喝浓茶，以免牙齿变黄、变黑。进餐时要注意细嚼慢咽，不要在别人面前发出很大的响声，进餐后不可当众剔牙，如果确实有需要，应该用手或者餐纸遮掩。与人交谈时要保持一定的距离，切勿口沫横飞。

（2）鼻腔

要保持鼻腔清洁卫生，经常清理，并按时修剪鼻毛，切勿在他人面前挖鼻孔，这样很不卫生，也不文雅，很容易引起别人的反感。

（3）手部

在日常生活中，手是接触他人和物体最多的地方。从清洁、卫生、健康的角度谈，手应当勤洗。餐前便后，外出回来及接触到各种东西后，都应及时洗手。

手部的皮脂腺较少而角质层却发达，因此很容易干燥、老化，使手部皮肤看起来粗糙无光。因此职场人士更应精于这方面的护理，更应当注重手部肌肤在细节上的保养护理。

护手霜的主要作用在于及时补充手部皮肤所需油分，对其进行滋润保湿，防止皮肤出现干燥皮裂症状，是一种对手部进行修复保养的好产品。

手指甲要定期修剪，保持整齐。职场人士切勿留长指甲，也不要涂抹有颜色的指甲油，指甲里不能有污垢。在工作时不能用手挖耳鼻、挠头皮，这些都是极不卫生也不文雅的行为。

 特别提示

商务活动有其特殊性，因此，商务工作者最好能每天洗澡。要勤换内衣裤和袜子，以免身体有异味。商务工作者可以根据实际情况适当选择香水，但一定要正确使用，不要涂抹味道怪异或过于浓郁的香水。

【相关链接】

手部的保养

手洗净后，用蒸过的手巾将手严密地包裹起来，1分钟后皮肤变得柔软并达到补充水分的滋润效果。之后涂上足够的擦手油，反复按摩，并用纤维尼龙手套把整个手密封起来，这样毛孔受热扩张后，油脂易渗透到皮肤中去。最后，戴上胶皮手套30～40分钟后，手的皮肤便能光滑柔润。

5. 香水的使用

香水是男女都可使用的化妆品之一，也是居室中常备的物品。香水不仅能除臭、添香、止痒、消炎、防止蚊叮虫咬等，而且还能刺激大脑，使人兴奋，消除疲劳。

（1）香水的分类

香水可以因酒精和香料的浓度不同而分成几个等级，不同等级的香水其持久性和价钱亦有别。

① 香精（PARFUM）：这个等级的香水其香精浓度在15%～30%左右，香料浓度最高，香味品质最好，是香水的最高等级。只需一滴就能持续5～7小时散发香气。不过大部分香精皆为女士香水才有，男士香水较少有香精等级。许多名牌香精，为了显示其尊贵，常以水晶玻璃包装，其售价非常昂贵。

② 香水（EAU DE PAEFUM）：简称E.D.P.，一般习惯称淡香精，其香精浓度在10%～15%，持续时间5小时左右，香味持续时间最接近香精，但是与香精相比在价格上相对比较低，这也是香水受欢迎的秘密所在，香水爱好者较多地使用这一等级的香水，以女士香水居多。

③ 淡香水（EAU DE TOILETTE）：简称E.D.T.，又称香露。其香精浓度在5%～10%，是近来最受欢迎的香水种类。香味的变化较为柔和，香味持续时间为3小时左右，适合在办公室使用和刚开始接触香水的人使用者。因为这是中国人使用最多的一个香水等级，所以一般叫香水而不叫香露。

④ 古龙水（EAU DE COLOGNE）：在欧洲，男士香水大多属于这个等级，而女士香水中属于这个等级的非常少，所以，古龙水几乎成了男士香水的代名词，因此在国内，许多人都以为古龙水是男士香水的意思，其实不然。古龙水的香精含量约在2%～5%，香味持续时间约为1～2小时。但因男士香水使用的原料多半为香味较浓郁或本身香味持久的原料，故一般来说，男士的古龙水香味持续时间可以保持3小时左右。

⑤ 清淡香水（EAU DE FRAICHEUR）：也称清凉水，在各个香水等级中是香精含量最低的，在2%以下，香味持续时间只有1小时左右，价格等级最便宜。刮须水和体香剂都属此等级。

（2）香水的选用

香水与着装一样，也有不同的适用场合。

1）不同浓度香水的适用场合

① 香精含量在10%以上的浓香水适合在晚上使用，例如参加晚宴或烛光晚餐时。

② 办公室香水选择的首要标准是"清新淡雅"。在与同事长期相处的办公室中，身体散发出清新淡雅的香水味道，能营造干净、亲和、充满活力的氛围。

③ 探病或就诊，用淡香水比较好，以免影响医生和病人。

④ 参加宴会时，香水涂抹在腰部以下是基本的礼貌，以避免过浓的香水味影响食物的味道。

2）不同香调香水的选择

① 据调查，在办公室中，最受欢迎的男香香调是木质香和辛香调，最受欢迎的女香香调是清新的花香和果香调。

② 香水的选用可随季节而变化，例如：在秋冬季节，温暖的木质调香水令人感觉温暖，而春夏季节适合清新的花果香调香水。

③ 若想香味更持久一点，可以先用同系列沐浴用品，然后喷上淡香水，最后点上浓度最高的香水或者香精在脉搏部位，这样香味可长时间不散。

④ 在运动及旅游场合，可以使用运动型香水。

（3）使用香水的方法

① 最好将香水洒在手腕、颈部、耳后、太阳穴、臂弯里、喉咙两旁、膝头等不完全暴露的部位，这样香味随着脉搏跳动、肢体转动而飘溢散发，为避免香水对皮肤的刺激，可洒在衣领、手帕处。千万不要将香水喷在面部，这样会加速面部皮肤老化。

② 不要在毛皮衣服上喷香水，因为它的酒精成分会使毛皮失去光泽。如果将香水洒在浅色衣服上，日晒后会出现色斑。所以，尽量避免直接洒在衣服上。

③ 不可将香水喷在首饰上，应该先喷香水，等完全干后，再戴项链之类的饰物。否则会影响饰物的颜色及光泽。

④ 香水不宜喷得太多、太集中，最好在离身体20厘米处喷射。如果在3米以外还可以嗅到身上的香水味，则表明用得太多。

⑤ 喷香水后不宜晒太阳，因阳光的紫外线会使喷过香水的部位发生化学反应，严重的会引起皮肤红肿或刺痛，甚至诱发皮炎。

⑥ 不要同时将不同牌子的香水混用，因为那样会使香水变味或无效。

⑦ 夏日出汗后不宜再用香水，否则汗味和香味混杂在一起，给人留下污浊、不清新的感觉。因此多脂多汗处忌喷香水，以免怪味刺鼻。

⑧ 患有支气管炎、哮喘或过敏性鼻炎的人，最好不要用浓香的香水。

案例分析1

小美和小娟是一所美容学校的学生，她们在初学化妆时非常感兴趣，走在大街上，总爱观察别人的妆容，因此发现了一道道奇特风景线。

一位中年妇女没有做其他妆容，光涂了一种很红很艳的唇膏，只突出了一张嘴。一位女士的妆容看起来真的很漂亮，只可惜脸上精彩纷呈，脖子却粗糙马虎，在脸庞轮廓上有明显的分界线，像戴了面具一样。再看，还有的女士用粗的黑色眼线将眼睛轮廓包围起来，像个"大括号"，看上去很生硬、不自然。一位很漂亮的女士，身穿蓝色调的时装，却画着橘红色的唇膏……

请帮助小美和小娟分析一下，针对以上几种情形，自己化妆时应注意哪些问题？

案例分析 2

日本的著名企业家松下幸之助从前不修边幅，企业也不注重形象，因此企业发展缓慢。一天，理发时，理发师不客气地批评他不注重仪表，说："你是公司的代表，却这样不注重衣冠，别人会怎么想，连人都这样邋遢，他的公司会好吗？"从此松下幸之助一改过去的习惯，开始注意自己在公众面前的仪表仪态，生意也随之兴旺起来，现在，松下电器的种类产品享誉天下，与松下幸之助长期率先垂范，要求员工懂礼貌、讲礼节是分不开的。

讨论：为什么说当今社会中企业的形象和员工的形象有重要的关系？

实战演练

仪容礼仪实训一

实训项目：皮肤护理实训。

实训目标：掌握皮肤护理基本知识和操作要领。

实训学时：1学时。

实训要求：① 了解皮肤类型的自我测试方法；
② 掌握皮肤护理的操作程序。

实训准备：洗脸盆、毛巾、清洁纸巾、洗面奶等。

实训考核：皮肤护理实训考核内容，见表2-1。

表2-1　皮肤护理实训考核表

姓名：_____

考核项目	考核要求	分值	得分
洁肤	①将脸用温水打湿； ②取适量洗面奶于手心，搓至起泡； ③由下巴向额头，用手指轻轻地按摩清洗1～2分钟	5分 5分 10分	
爽肤	①取一小块棉花，把紧肤水（或收缩水）倒到棉花上； ②把棉花上的紧肤水擦于脸上； ③用手轻拍脸颊，使之充分吸收	10分 10分 10分	
护理	①清晨用日霜； ②临睡用晚霜； ③夏日户外活动可用防晒霜	5分 5分 5分	
特殊护理（家庭）	①深层清洁，使用磨砂洗面奶； ②涂面膜，手法由下而上； ③撕洗面膜，手法由上而下； ④爽肤和护肤，每周1～2次	5分 10分 10分 10分	
总分		100分	

仪容礼仪实训二

实训项目：职场人员工作妆实训。

实训目标：掌握职场人员工作妆的基本操作规程。

实训学时：1学时。

实训要求：掌握工作妆一般的化妆方法。

实训准备：化妆水、棉球、粉底霜、胭脂、眼影、眉笔、口红等。

实训考核：女士工作妆实训考核内容，见表2-2。

表2-2 工作妆实训考核表

姓名：_____

考核项目	考核要求	分值	得分
基本化妆	①涂化妆水，用棉球蘸取向脸上叩拍；涂乳液； ②抹粉底霜，用手指或手掌在脸上点染晕抹； ③上粉底，用手指或手掌在脸上点染晕抹，不宜过厚； ④扑化妆粉，用粉扑由下而上，扑均匀	5分 5分 5分 5分	
眼部化妆	①涂眼影：用棉棒蘸眼影，在眼尾、上下眼皮处点抹并打开； ②画眉：蓝灰色打底，棕色或黑色描出适合的眉型，直线型使脸显短，弯型使人显得温柔； ③描眼线：用眼线笔沿眼睫毛底线描画	10分 10分 10分	
抹腮红	用腮红轻染轻扫两颊，以颧骨为中心向四周抹匀；长脸型横打腮红，圆脸型和方脸型竖打腮红	5分	
画口红	①用唇笔描上下唇轮廓，起调整色泽、改变唇形作用； ②选择合适口红，涂口红，填满	5分 10分	
检查	①发际和眉毛是否沾上粉底霜； ②双眉是否对称； ③腮红是否涂匀； ④妆面是否平衡； ⑤与穿着是否协调； ⑥适当调整修改	3分 3分 3分 3分 3分 3分	
总体要求	①眼要自然不着痕，颊宜均匀； ②内容可酌情舍弃或变动次序； ③本次操作仅适合简单快速淡妆或工作妆，用时10分钟左右； ④不要在男士面前化妆	3分 3分 3分 3分	
总分		100分	

思考与练习

一、判断题

1. 面部修饰的重点在眼部、口部、鼻部和耳部，通过修饰，应使之美观、整洁、端庄。（   ）

2. 若工作时允许佩戴眼镜，应注意选择合适的眼镜，注意眼镜的清洁，不能戴太阳镜。（   ）

3. 妆后检查一般指检查左右是否对称，检查过渡是否自然，检查整体与局部是否

协调，检查整体是否完美等。（　　）
4. 经常更换化妆品品种对皮肤有益。（　　）
5. 女士出席宴会、舞会的场合，妆可以化得浓一些。（　　）
6. 身材娇小者适宜留短发或者盘发。（　　）
7. 选择发型可不考虑个人气质、职业、身份等因素。（　　）
8. 男士的头发应该前发不覆额，侧发不掩耳。（　　）
9. 香水可以全身上下随处喷洒。（　　）

二、选择题

1. 眼部化妆的程序是（　　）。
A. 刷睫毛　　　　B. 画眼线　　　　C. 画眼影　　　　D. 画眉毛

2. 正确护发的方法有（　　）。
A. 长期坚持护发　B. 选择好护发用品　C. 经常剪发

3. 做好口部修饰要（　　）几个方面注意。
A. 刷牙　　　　B. 洗牙　　　　C. 禁食　　　　D. 护唇　　　　E. 剃须

4. 正确的洗脸方式（　　）。
A. 水温不宜太高　　　　　　　　B. 方向从下往上
C. 方向由里向外　　　　　　　　D. 洗脸动作要轻柔

学习任务二　商务人员服饰礼仪

【知识储备】

商务人员的着装原则

着装，指服装的穿着。但从礼仪的角度看，着装不能简单地等同于穿衣。它是着装人基于自身的阅历修养、审美情趣、身材特点，根据不同的时间、场合、目的，力所能及地对所穿的服装进行精心的选择、搭配和组合。在各种正式场合，注重个人着装的人能体现仪表美，增加交际魅力，给人留下良好的印象，使人愿意与其深入交往，同时，注意着装也是每个事业成功者的基本素养。着装体现仪表美，除了整齐、整洁、完好外，还应同时兼顾以下原则。

1. 搭配得体原则

要求着装的各个部分相互呼应，精心搭配，特别是要恪守服装本身及与鞋帽之间约定俗成的搭配，在整体上尽可能做到完美、和谐，展现着装的整体之美。服饰的整体美构成因素是多方面的，包括：人的体形和内在气质、服装饰物的款式、色彩、质地、加工技术乃至着装的环境等。正如培根所说："美不在部分而在整体。"着装的整体美是由内在美与外在美构成的。外在美指人的形体及服饰的外在表现；内在美指人的内在精神、气质、修养及服装本身所具有的"神韵"。穿着是外在的，若能不断充实自己的内涵，培养自己优雅的风度及高雅的气质，着装上才会是成功的。

2. 符合"社会角色"原则

人们的社会生活是多方面、多层次的，在不同的社会场合，扮演不同的社会角色。在社会活动中，人们的仪表、言行只有符合他的身份、地位、社会角色，才能被人理解，被人接受。人们对商务人员的期望形象是：热情有礼，服装整洁，洒脱端庄，精明练达，富有责任心。因此，合适得体的着装，可以满足他人对自己社会角色的期待，促成社交的成功。

3. 和谐得体原则

和谐得体，是指人们的服饰必须与自己的年龄、形体、肤色、脸型相协调。只有充分地认识与考虑自身的具体条件，一切从实际出发来进行穿着打扮，才能真正达到扬长避短、美化自己的目的。

（1）年龄

年龄是人们成熟程度的标尺，也是选择服饰的重要"参照物"。不同年龄层次的人，只有穿着与其年龄相适应的服饰，才算得体。

（2）体形

"树无同形，人各有异。"人们的体形千差万别，而且往往难以尽善尽美。但如掌握一些有关服装造型的知识，根据自己的身材选择服装，就能达到扬长避短、显美隐丑的效果。比如身材富态的人不应穿横条纹的服装，以避免产生体型增宽的视错觉；身材高而瘦的人如穿上竖条纹的服装，就会越发显得"纤细"；身材矮小的人，穿上同质同色的套装，可以产生整体加长的效果；身材高大的人则适合穿不同颜色的上衣和下装。

（3）肤色

人的肌肤颜色是与生俱来且难以改变的。人们选择服饰时，就应使服饰的颜色与自己的肤色相匹配，以产生良好的着装效果。一般认为，面色偏黄的人适宜穿蓝色或浅蓝色上装，将偏黄的肤色衬托得洁白娇美，而不适合穿品蓝色、群青色、莲紫色上衣，这会使皮肤显得更黄。肤色偏黑的人适宜穿浅色调、明亮些的衣服，如浅黄色、浅粉色、月白色等色彩的衣服，这样可衬托出肤色的明亮感，而不宜穿深色服装，最好不要穿黑色服装。皮肤白皙者选择的颜色范围较广，但不宜穿近似于皮肤色彩的服装，而适宜穿颜色较深的服装。

（4）脸型

面孔是人们视线最集中的部位。服饰审美的选择，首先考虑的就是如何有效地烘托和陪衬人的面孔，而最接近面孔的衣领造型就显得特别重要。衣领类型繁多，男女有别。领型适当，可以衬托面孔的匀称，给人以美感；反之，如果领型与面孔失调，则会有损于人的视觉形象。所以，衣领的造型一定要与脸型相配。比如面孔小的人，就不宜穿着领口开得太大的无领衫，否则会使面孔显得更小。而面孔大的人，通常脖子也比较粗,所以领口不能开得太小,否则会给人勒紧的感觉。这种人如果穿V形领的服装,使面部和脖子有一体感,效果会好得多。

4. 穿着的TPO原则

TPO是西方人提出的服饰穿戴原则,分别是时间(Time)、地点(Place)、场合(Occasion)。穿着的TPO原则,要求人们在着装时以时间、地点、场合三项因素为准。

(1) 时间原则

时间原则要求人们着装时考虑时间因素,做到随"时"更衣。通常,早晨人们在家中或进行户外活动,着装应方便、随意,可以选择运动服、便装、休闲服装。工作时间的着装,应根据工作特点和性质,以服务于工作、庄重大方为原则。晚间的宴请、舞会、音乐会之类的正式社会活动居多。人们的交往距离相对缩小,服饰给予人们视觉和心理上的感受程度相对增强。因此,晚间穿着应讲究一些,以晚礼服为宜。许多西方国家明文规定,人们去歌剧院观赏歌剧一类的演出时,男士一律着深色的晚礼服,女士着装也应该端庄、雅致,以裙装为主,否则,是不能入场的。

服饰应当随着一年四季的变化而更替变换,不宜标新立异、打破常规。夏季以凉爽、轻柔、简洁为着装格调,在使自己凉爽舒服的同时,让服饰色彩与款色给予他人视觉和心理上良好的感受。夏天,色彩浓重的服饰不仅使人燥热难耐,而且一旦出汗就会影响女士面部的化妆效果。冬季应以保暖、轻便为着装原则,避免臃肿不堪,也要避免要风度不要温度,为形体美观而着装太单薄。应该注意,即使同是裙装,在夏天,面料应是轻薄型的,冬天要穿面料厚的裙子。春秋两季可选择范围更大更多一些。

(2) 地点原则

地点原则代表地方、场所、位置不同,着装应有所区别,特定的环境应配以与之相适应、相协调的服饰,才能获得视觉和心理上的和谐美感。与环境不相协调的服装,会给人以身份与穿着不符或华而不实、呆板怪异的感觉,这些都有损于商务人员的形象。避免它的最好办法是"入乡随俗",穿着与环境地点相适合的服装。

(3) 场合原则

不同的场合有不同的服饰要求,只有与特定场合的气氛相一致,相融洽的服饰,才能产生和谐的审美效果,实现人景相融的最佳效应。正式场合应严格符合穿着规范。比如,男子穿西装,一定要系领带,西装里面穿背心的话,应将领带放在背心里面。西服应熨得平整,裤子要熨出裤线,衣领袖口要干净,皮鞋擦亮等。女子不易赤脚穿凉鞋,如果穿长筒袜,袜子口不要漏在衣裙外面。在宴会等喜庆场合,服饰可以鲜艳明快、潇洒时尚一些。一般说来,在正式的喜庆场合,男性服装均以深色为宜,单色、条纹、暗小格都可以。女性不论在什么喜庆场合,都可以选择适合自己穿着的色彩鲜艳的服装。至于服装款式,男士在正式的商务场合,以中山装、西装为主,而女性则以裙装为主。

"人看衣衫，马看鞍"。如果你能配上款式得体的服装，则显得高雅文明。反之，穿着马虎，衣冠不整，就会使人产生反感。服饰在商务礼仪活动中的作用是不容忽视的。服饰一般包括服装、领带、帽子、手提包、项链等。交际礼节，不仅只限于彬彬有礼的行为，还要讲究服饰礼节，在商务场合若讲究服饰，会给人留下良好的印象。服装能够反映出人的内在追求、风貌、风度和气质。

一、男士西装礼仪

目前在男装中，尤其是商务男士的着装中，最普遍的是西装。西装以其设计造型美观、线条简洁流畅、立体感强、适应性广等特点而越来越深受人们青睐。西装七分在做，三分在穿。

1. 西装的选择和搭配

西装的选择和搭配是很有讲究的。西装被认作是男士的脸面，因此男士在穿西装时要符合下列礼仪要求。

（1）选好面料与颜色

西装面料与颜色，是最引人注目的方面。就面料而言，鉴于西装在商务活动中往往作为正装穿着，因此面料的选择应力求高档，纯毛面料列为首选，高比例含毛的混纺面料也可以，化纤面料则尽量不用。就颜色而言，适合于在商务交往中穿着的西装首推藏蓝色。此外，还可以选灰色或棕色的西装。黑色是礼服西装的颜色，更适合于庄重而肃穆的礼仪性活动时穿着，平日上班时穿，未免太郑重其事，有小题大做之嫌。其他"杂色"或有格子、条纹等图案的西装，在多数情况下与商界人士无缘。在非正式场合，着休闲西装可另当别论。

（2）穿着合体

穿西装后之所以使人显得精干、潇洒，是因为西装的裁剪合体、制作精良。西装领子的选择应注意，一般长脸型的人应选用短驳头；圆脸型、方脸型的人宜选用长驳头。西装领子应紧贴衬衫领口，上衣长度宜在垂下手臂时与虎口相平，袖长至手腕，胸围以穿一件V字领羊绒衫后松紧度适宜为好。

西裤要求与上装互相协调，以构成和谐的整体。裤长以裤脚盖住脚背2/3部分最为适合。西裤穿着时，要熨出裤线，裤扣要扣好，拉锁全部拉严。西裤的腰带首选黑色，宽度在2.5～3厘米较为美观，腰带系好后留有皮带头的长度一般为12厘米左右，过长或过短都不符合美学要求。

（3）穿好衬衫

穿西服，衬衫是个重点，颇有讲究。一般来说，与西服配套的衬衫首选白色，尤其是在正规的商务应酬中，白色是唯一选择。此外，蓝色、灰色、棕色等也可考虑。其他单色或花色皆不可取。穿着硬领衬衫，领口必须挺括、整洁、无皱。领围以合领后可以伸入一个手指为宜。既不能紧卡脖子，又不可松松垮垮。西装穿好后，衬衫领应高出西装领口1～2厘米；衬衫袖长应比西装袖长出0.5～1厘米。这样可以避免西装领口、袖口受到过多的磨损，而且能用白衬衫衬托西装的美观，显得更干净、洒脱。衬衫的下摆必须扎在西裤里，袖口扣好，不可卷起。不系领带时，衬衫领口可以敞开。按标准要求，衬衫里面不应穿内衣，若特殊原因需穿时，内衣领和袖口不能外露，否则不伦不类，很不得体。

（4）系好领带

领带被誉为西服的"灵魂"，在西装的穿着中起画龙点睛的作用。一般在正式场合，都应系领带。领带的质地，以丝、毛为好，化纤为次。领带的色彩可以根据西装的色彩搭配，以单色为好；图案以圆点、条纹、方格等几何图形为宜，以达到相映生辉的效果。在用时需保证领带绝对干净、平整，因为系领带是为了进一步表明精神、尊严和责任。领带结是系领带最重要的部分，各种不同的系法可以得到不同大小形状的领带结，可视衬衫领子的角度选择适合的领带系扎方法。系好的领带结要饱满，与衬衫的领口吻合要紧凑。领带系好后，两端都应自然下垂，上面宽的一片必须略长于底下窄的一片。长度以大箭头正好垂到皮带扣为标准。

领带夹包括领带棒、领带夹、领带针、领带别针等，有各种型号，主要功能是固定领带，不应突出其装饰功能。领带夹除作为企业标志时使用外，其他情况下最好不用。佩戴时领带夹的位置不能太靠上，以从上往下数衬衫的第三粒与第四粒或第四粒与第五粒纽扣之间为宜。西装上衣系好扣子后，领带夹是不应被看见的。

（5）系好纽扣

西装纽扣除实用功能外，还有很重要的装饰作用。西装有单排扣和双排扣之分，双排扣一般要求把扣全部系好。单排扣西装，三粒扣的可系中、上两粒，两粒扣子的可系上面一粒，下粒扣不系或全部不系。在外国人眼中，只系上扣是正统，只系下扣是流气，两粒都系是土气，全部不系是潇洒。在商务场合，一般要求把上面的扣子系上，坐下时可解开。

（6）用好口袋

西装口袋的整理十分重要，上衣两侧的两个衣袋不可装东西，只作为装饰用，不然会使上衣变形。西装上衣胸部的衣袋可以装折叠好花式的手帕，其他东西不可装入。装饰手帕式样很多，如三角形、三尖峰形、任意形和V形等，使用得当能起到锦上添花的效果。有些物品可以装在西装上衣内侧衣袋里，左胸内侧衣袋可以装名片夹和笔，右胸内侧衣袋可以装票夹和手机。西裤口袋也不可装物，以求臀围合适，裤型美观。裤子后兜可以装零用钱。

（7）穿好鞋袜

穿西装一定要配皮鞋，而不能穿旅游鞋、轻便鞋、布鞋及露脚趾的凉鞋。商界男士所穿皮鞋应为黑色牛皮鞋，款式庄重而正统，系带皮鞋是最佳之选。穿时应保证鞋内无味、鞋面无尘、鞋底无泥。与皮鞋相配的袜子，以棉、毛最好，混纺次之。袜子起衔接裤子和鞋的作用，穿西装时，袜子的颜色应选与裤子、鞋同类色的颜色，单色为好，忌穿白色或花袜子。男士宜穿中筒长袜，这样坐着谈话时不会露出较重的腿毛。还要保证袜子无臭味、无破洞，以免出现尴尬场面。另外赤脚穿皮鞋的情况也要绝对避免。

（8）整体协调

正确选用西装、衬衫和领带后，尤应注意三者间的和谐搭配。整体协调更会使人风度翩翩，格外优雅。一般来说，单色西服应配单色衬衫；杂色西装，配以色调相同或近似的衬衫，效果也可以。但带条纹的西装不可配方格的衬衫，反之亦然。衬衫、领带和西装在色调上要成对比，西装颜色越深，衬衫、领带越要明快；而西装的色调朴实淡雅，领带则应华丽而明亮。另外应注意的是，穿着西装时，西装的袖口和裤边不能卷起，西装袖口上的商标一定要拆掉。

（9）注意场合

西装有单件上装和套装之分，套装又分两件套和三件套。如果是三件套西装，在很正式的场合不可脱下外衣。一般非正式场合，如旅游、参观、一般性聚会等，可穿单件上装配以各种西裤，也可视需要和爱好，配以牛仔等时装裤。半正式场合，如一般性会谈、访问、较高级会议和白天举行的比较隆重的活动时，应着套装，但也可视场合气氛在服装色彩图案上大胆一些，花格呢、粗条纹、淡色的套装都不失为恰到好处的选择。但在正式场合，如宴会、正式会谈、典礼及特定的晚间社交活动时，必须穿着颜色素雅的套装，以深色、单色最为适宜，花格、五彩图案的选择是不合时宜的。1983年6月，美国前总统里根出访欧洲四国时，就曾因穿了一套格子西装而引起一场轩然大波，因为按照惯例，在正式的外交场合应穿黑色礼服，以示庄重。

2. 职业男士必备的基本服饰

表2-3是"职业男士必备的基本服饰"。一般说来，这些服饰商务人士应该具备，若还没有，应根据行业和职位高低、工作特质，决定自己购买的必要。

表2-3　职业男士必备的基本服饰

一套藏蓝色西装	5～8条单色、条纹图案的真丝领带
一套铁灰色或灰色西装	两条黑皮带
一套普蓝色西装	一双黑色系带皮鞋
6件白色长袖棉衬衫	一双黑色无带扣皮鞋

3. 男士西装配饰

（1）公文包

与西装搭配的公文包是长方形公文包，面料以真皮为宜，并以牛皮、羊皮制品为最佳。颜色一般选择黑色或咖啡色，最好与皮鞋和皮带的颜色一致。造型要求简单大方，除商标之外，公文包在外观上不宜再带有任何图案和文字。再高级的运动包也不要和西装搭配使用，如果需要使用手提电脑，应选择专业的电脑包。

（2）腰带

男士的腰带一般比较单一，质地大多是皮革的，没有太多的装饰。穿西服时，都要扎腰带；而其他的服装（如运动、休闲服装）可以不扎。夏季只穿衬衫并把衬衫扎到裤子里去的时候，也要系上腰带。

（3）饰品的佩戴

作为职场中的男士，一般来说首饰只能佩戴戒指，戒指的佩戴要格外注意，只能佩戴不超过1枚的戒指，而且应该是婚戒，佩戴在无名指上。项链、耳环、手镯等都不适合职场男士。

另外，佩戴一款典雅庄重的腕表，是商务男士最佳的选择。与西服相配的手表要选择造型简约，没有过多装饰，颜色比较保守，时钟标示清楚，表身比较平薄的商务款式。

【相关链接】

男士领带打法

领带结是系领带最重要的部分，各种不同的系法可以得到不同大小形状的领带结，可视衬衫领子的角度选择适合的领带系扎方法。系好的领带结要饱满，与衬衫的领口吻合要紧凑。

领带的常用系法有以下几种。

1. 平结

平结为最多男士选用的领结打法之一，几乎适用于各种材质的领带。

要诀：领结下方所形成的凹洞需让两边均匀且对称，这种凹洞一般只有真丝的领带才能打出来。如图2-5所示。

图2-5 平结

2. 交叉结

这是对单色素雅质料且较薄领带适合选用的领结。喜欢展现流行感的男士不妨多加使用此结型，如图2-6所示。

3. 双环结

一条质地细致的领带再搭配上双环结颇能营造时尚感，适合年轻的上班族选用。该领结完成的特色就是第一圈会稍露出于第二圈之外，不用刻意盖住，如图2-7所示。

图 2-6　交叉结

图 2-7　双环结

4. 温莎结

温莎结适合用于宽领型的衬衫，该领结应多往横向发展。应避免材质过厚的领带，领结也勿打得过大，如图 2-8 所示。

图 2-8　温莎结

5. 亚伯特王子结

适用于浪漫扣领及尖领系列衬衫，搭配浪漫质料柔软的细款领带，正确打法是在宽边先预留较长的空间，并在绕第二圈时尽量贴合在一起即可完成此一完美结型，如图 2-9 所示。

6. 浪漫结

浪漫是一种完美的结型，故适合用于各种浪漫系列的领口及衬衫，完成后将领结下方宽边压以皱褶可缩小其结型，窄边亦可将它往左右移动使其小部分出现于宽边领带旁，如图 2-10 所示。

图 2-9 亚伯特王子结

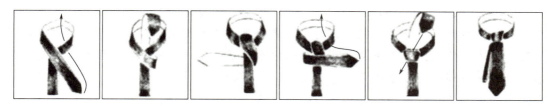

图 2-10 浪漫结

7. 十字结（半温莎结）

此款结型十分优雅及罕见，其打法亦较复杂，使用细款领带较容易上手，最适合搭配浪漫的尖领及标准式领口系列衬，如图 2-11 所示。

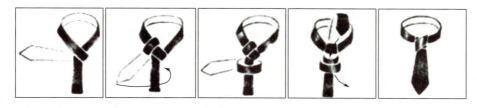

图 2-11 十字结

二、女士职业装礼仪

【相关链接】

正式场合女士礼服的选择

1. 午服

指白天外出正式拜会访问时穿用的正式服装。这种服装可在购物、看戏、茶会、朋友聚会等场合穿着，稍加修饰也可参加朋友的婚礼、庆典仪式等。具有高雅、沉着、稳重的风格。午服不宜过于暴露肌肤，领、袖、肩既不可过于裸露又不可过于严实，以免显得死板拘谨。女性的午服不仅局限于只穿一件式连衣裙，还可将多用套装、两件套、三件套等作为办公装的套装。着午服时搭配的饰品要注意其分量、质感，可选择珍珠、贵金属、琥珀等。白天使用的包一般用软革、羊皮、蛇皮等质地上乘、色泽含蓄、哑光的材质制成。

2. 准礼服

傍晚时分穿用的礼服，介于午服与晚礼服之间。和晚礼服相比，准礼服更注重场合、气氛，服装相对简化。准礼服的裙长一般在膝盖上下，随流行而定，既可以是一件式连衣裙也可是两件式、三件式服装。准礼服的饰品多为珍珠项链、耳钉或垂吊式耳环。包以手拿式皮包为主，多简洁造型，漆皮、软革面料均可。

3. 晚礼服

指晚20点以后穿用的正式礼服，是女士礼服中最高档次、最具特色、充分展示个性的礼服样式。又称夜礼服、晚宴服、舞会服。常与披肩、外套、斗篷之类的衣服相配，与华美的装饰手套等共同构成整体装束效果。传统晚礼服款式强调女性窈窕的腰肢，夸张臀部以下裙子的重量感，肩、胸、臂的充分展露，为华丽的首饰留下表现空间。如：低领口设计，以装饰感强的设计来突出高贵优雅，有重点地采用镶嵌、刺绣、领部细褶、华丽花边、蝴蝶结、玫瑰花，给人以古典、正统的服饰印象。为迎合夜晚奢华、热烈的气氛，传统晚礼服的面料选材多是丝光面料、闪光缎等一些华丽、高贵的材料。多选择珍珠、蓝宝石、祖母绿、钻石等高品质的配饰，也可选择人造宝石。华丽、浪漫、精巧、雅观是晚礼服用包的特点。

职业女士要在工作单位和社会之中参与激烈的竞争，合体、合意的服饰将增添女士的自信。女士的服装比男士更具有个性特色，但是有一些礼仪规则却是所有女士都应遵守的。

现代职业女士流行穿套裙，主要包括一件女式西装上衣，一条半截式的裙子。在正规场合，女士须穿着套裙制服，这样会显得精明、干练、成熟、洒脱，而且可以显示出女性的优雅、文静、庄重、大方。商界女士在正式场合要想显得衣着不俗，不仅要注意选择一身符合常规要求的套裙，更要注意的是，套裙的穿着一定要得体。

1. 套裙的选择

女士西装套裙，严格意义上讲，是指西装上衣与和相配的裙子是成套设计并统一制作的套装，而不是一件西装上衣随便与一条裙子的搭配组合。特别是职业女士对西装套裙的选择应从面料、颜色、图案、款式等几方面加以选择。

（1）面料

面料选择抓两个词：质地上乘、纯天然。

上衣、裙子和背心等必须是用同种面料。要用不起皱、不起毛、不起球的，匀称平整、柔软丰厚、悬垂挺括、手感较好的面料。最佳面料是高品质的毛纺和亚麻。

（2）颜色

最佳的色彩是黑色、灰色、棕色、米色等单一色彩。常用的颜色有各种灰色、藏蓝色、黄褐色、茶褐色、暗红色、紫红色。

应当以冷色调为主，借以体现出着装者的典雅、端庄与稳重。还须使之与正在风行一时的各种"流行色"保持一定距离，以示自己的传统与持重。一套套裙的全部色彩一般不要超过两种，不然就会显得杂乱无章。

女士套装的颜色，应与工作及周围的环境相适应，这样，可体现出着装者的端庄与稳重。

（3）图案

西装套裙宜选择无图案的各色面料，各种或明或暗宽窄格子，条纹图案也可以选择。无论选择有无图案面料的套裙，穿出来应以朴素简洁为好。

（4）款式

其款式的变化体现在上衣的领子、扣子及式样上。上衣领子除了常见的抢驳领、平驳领、"V"字领外，还有披肩领、青果领等。扣子有双排、单排。

一套在正式场合穿着的套裙，应该由高档面料缝制。上衣和裙子采用同一质地、同一色彩的素色面料，上衣注重平整、贴身，最短可以齐腰。

值得注意的是：袖长要盖住手腕。裙子要以窄裙为主，并且裙长要及膝或者过膝，最长则不要超过小腿的中部。

套裙款式造型大致可以分为以下四种类型，见表2-4所示。

表2-4 套裙款式

款式	特点
"H"型	上衣较为宽松，裙子亦多是筒式。这种款式显得优雅、含蓄，可以为身材肥胖者避短
"X"型	上衣多为紧身式，裙子则都是喇叭式。这种可以突出着装者腰部的纤细，可以令着装者看上去婀娜多姿，魅力无穷
"A"型	上衣为紧身式，裙子则为宽松式。这种款式可以适当地遮掩下半身的缺陷，适合上身苗条但臀部大或腿粗的女士
"Y"型	上衣为松身式，裙子多为紧身式，并且以筒式为主。此款式可以遮掩上半身的缺陷，上半身肥胖而下半身苗条的着装者可以看上去亭亭玉立，端庄大方

2. 套裙穿着规范

（1）长短适度

套裙穿着通常有四种造型，即上长下长、上短下短、上长下短、上短下长。

（2）衣扣到位

上衣的扣子一定要到位，如此才能显出女士的端庄与典雅。

（3）穿好衬裙

穿西装套裙，多数时候应穿衬裙，尤其是穿丝、麻、棉等薄形面料套裙时，里面一定要穿一条与外裙相协调的衬裙，以免内衣外现，有失雅观。

（4）女士裙装穿着忌讳

① 不能穿黑皮裙。

② 正式场合不能光腿，要穿双包鞋把易磨的前后都包住。

③ 不能在裙子下加健美裤，不能穿半截的袜子，弄出三截腿。

3. 色彩搭配

女士职业装的色彩应当以冷色调为主，借以体现出着装者的典雅、端庄。为了与时代接轨，也应保持点"流行色"，使传统与现代完美结合。女士职业装色彩搭配原则如下。

① 基础色彩是黑白两色，搭配一些含灰量较多的色彩比较适合，另外点缀些小面积的艳丽色彩。

② 作为内装的搭配注意不要展现辛辣的感觉，在配色方面建议以搭配素雅色彩为主。中灰色是做好配色的基础色，不过要注意搭配的色彩不能有"怯"的感觉。

③ 白衬衫可说是职业装的最佳搭档，以高雅、清晰的风格成为白领丽人的必备单品。它的魅力在于以不变应万变的百搭风格。比如注重内搭的衬衫，尽量选择明亮色的；利用不同色系的腰带或丝巾，使平淡的着装添上了一种青春亮丽的亲和感。

【相关链接】

服装配色与肤色的协调秘诀

亚洲人属于黄种人，即黄皮肤。但肤色又分为黄肤色、暗肤色、红肤色、白肤色四大色。大家应该具体了解自己的皮肤是属于哪一类肤色，然后根据自己的肤色、体型再选择服装的搭配。

1. 皮肤发灰

这类人衣着主色应为蓝色、绿色、紫罗兰色、灰绿色、灰色、深紫色和黑色。这类肤色不宜采用白色作为衣着和装饰，不太适合粉红色和粉绿色，其他颜色均可以穿着。

2. 皮肤黝黑

宜穿暖色调的衣服。以白色、浅灰色、浅红色、橙色为主。也可穿纯黑色衣着，以浅杏色、浅蓝色作为辅助色。黄棕色或黄灰色会显得脸色明亮，若穿绿灰色的衣服，脸色会显得红润一些。不宜与湖蓝色、深紫色、青色、褐色搭配。

3. 肤色呈黑红色

可以穿浅黄色、白色或鱼肚白等色的衣服，使肤色和服装色调和谐。要避免穿浅红色、浅绿色的服装。

4. 肤色红润

适合采用微饱和的暖色作为衣着，也可采用淡棕黄色、黑色加彩色装饰，或珍珠色用以配称健美的肤色，不宜采用紫罗兰色、亮黄色、浅色调的绿色、纯白色。因为这些颜色，能过分突出皮肤的红色。此外，冷色调的淡色如淡灰等也不相宜。

5. 肤色偏红艳

可以选用浅绿色、墨绿色或桃红色的服装，也可穿浅色小花小纹的衣服，以造成一种健康、活泼的感觉。要避免穿鲜绿色、鲜蓝色、紫色或纯红色的服装。

6. 肤色偏黄

要避免穿亮度大的蓝色、紫色服装，而暖色、淡色则较合适，也可穿白底小红花或白底小红格的衣服。这样会使面部肤色更富有色彩。

7. 皮肤黑黄

可选用浅色质的混合色如浅杏色、浅灰色、白色等，以冲淡服色与肤色对比。避免穿驼色、绿色、黑色等。

8. 肤色较白

不宜穿冷色调，否则会越加突出脸色的苍白。这种肤色一般不挑衣服的颜色，可以选用蓝色、黄色、浅橙黄色、淡玫瑰色、浅绿色一类的浅色调衣服。穿红色衣服可使面部变得红润。另外，也可以穿橙色、黑色、紫罗兰色等衣服。

9. 白里透红

是上好的肤色，不宜再用强烈的色系去破坏这种天然色彩，选择素淡的色系，反可更好地衬托出天生丽质。

4. 女士职业套装的配件搭配要领

【知识储备】

职场女士佩戴饰物的原则

佩戴饰物应遵守礼仪规范，它可以向对方传递某种信息。使用首饰时，通常应当恪守如下 8 条原则。

1. 数量原则

戴首饰时，数量上的原则是以少为佳，点到为止。一般说来，女士可戴多种首饰，而男士所适宜佩戴的只有结婚戒指一种。具体而言，女士在佩戴首饰时要遵守的一项重要规则，就是在公共场合中首饰至多不能超过 3 件，而且场合越正规，适宜佩戴的首饰就应当越少。

2. 场合原则

佩戴饰物应与所处的环境、场合相适应。一般说来，只有在社交场合或休闲场合，才能佩戴饰物，而课堂教学、执行公务、进行运动或旅游时则不宜戴首饰。

3. 质地原则

戴首饰时质地上的原则是争取同质。在正式场合中不戴首饰是可以的，戴就要戴同质地、且做工俱佳的，千万不能戴粗制滥造的制品。

4. 体形原则

戴首饰时要使首饰与自己的体形相配，突出个性，不盲目模仿，扬长避短。

5. 搭配原则

戴首饰时，搭配上要尽力使服饰协调。例如，猫眼石、钻石不要与珍珠首饰同时佩戴，不要显得过分夸耀。同时要注意，如果已经佩戴了胸花，就不宜再佩戴耳环等突出女性魅力的饰品。

6. 习俗原则

戴首饰时要懂得寓意，避免尴尬。

7. 身份原则

戴首饰时要令其符合身份，显优藏拙。

8. 色彩原则

戴首饰时色彩上的原则是力求同色。

（1）衬衫

① 与职业套裙搭配的衬衣颜色最好是白色、米色、粉红色等单色，也可以有一些简单的线条和细格图案。

② 衬衣的最佳面料是棉、丝绸面料。

③ 衬衫的款式要裁剪简洁，不带花边和皱褶。

④ 穿衬衫时，衬衫的下摆必须放在裙腰之内，不能放在裙腰外，或把衬衣的下摆在腰间打结。

⑤ 除最上端一粒纽扣按惯例允许不系外，其他纽扣不能随意解开。

⑥ 在穿着职业套裙时，不能在外人面前脱下西装，直接以衬衫面对对方。身穿紧身而透明的衬衫时，特别要注意这一点。

（2）皮鞋

职业女士脚上的一双鞋是绝对不容轻视的。鞋子面积虽小，对整体形象却大有影响。得体的鞋装，能让你的优雅风度无懈可击。注意以下几项原则，更能让你从头美到脚。

1）舒适度优先

长时间的工作，需要一双舒服的好鞋相伴。当脚部不再受到压迫束缚时，100%的自信就会油然而生。建议在下午选购鞋子，因为双脚在下午会略微膨胀，此时选购的鞋穿起来会最为舒服。试穿时，相信"第一脚"的感觉，一定要感觉舒适、无压迫。

2）中性色首选

鞋子切忌成为全身颜色最鲜艳之处，中性色（如黑色、灰色、米色、咖啡色、土黄色）等，可与大多数颜色的服装相配，永远是上班族女士的最佳拍档。

夏天，在严肃的工作场合中，露出脚趾的鞋款无疑会令你的公众形象大打折扣。因此在重要的商务场合是不能穿着凉鞋的。形象专家建议，鞋跟高度在1～2厘米左右的包头鞋，可以作为职业女士的选择。若想换换口味，穿双平底鞋，最好搭配长裤。如果在非正式的场合，女士可以穿凉鞋，但要记住，穿凉鞋时，不能穿丝袜，那会给人感觉多此一举。

3）钟情真皮材质

皮面、皮里加皮底的"真皮"鞋无疑是职场丽人的上上之选。真皮皮鞋吸汗、透气，曲张度好，能给脚部足够的呼吸空间。穿起来舒适自在，看起来也非常有质感，款型绝对优于布面、假皮等材质。

4）保持最佳款型

在外忙碌了一天，鞋身难免沾染污垢。回家之后要立即清理，擦拭鞋油，并塞入鞋模或报纸来保持鞋型。特殊材质的皮鞋更需要加倍呵护，如鹿皮皮鞋不能用湿布擦拭，而应用毛刷来清理。

5）精心呵护爱鞋

鞋子和人一样需要休息，不要每天都穿同一双鞋去上班，建议至少准备 2～3 双鞋轮流替换。若鞋面、鞋跟已磨损，马上"送医急救"，设法修补或换新。千万不要以为穿上长裤或长裙，就可以遮掩住鞋子的缺陷。其实，看不见鞋子污垢与磨损的人只有你自己，旁人都"历历在目"。

6）与套裙配套

① 与套裙配套的鞋子，宜为皮鞋，且以黑色为正统，袜子的颜色以肉色、黑色、浅灰、浅棕为最佳，最好是单色。

② 与套裙配套的鞋子，应该是高跟、半高跟的船式皮鞋。黑色的高跟或半高跟船鞋是职场女士必备的基本款式，几乎可以搭配任何颜色和款式的套装。

③ 系带式皮鞋、丁字式皮鞋、皮靴、皮凉鞋等，都不宜在正式场合搭配套裙，露出脚趾和脚后跟的凉鞋和皮拖也不适合商务场合。

④ 鞋子的颜色最好与手袋一致，并且要与衣服的颜色相协调。任何有亮片或水晶装饰的鞋子都不适合于商务场合，这类鞋子只适合正式或半正式的社交场合。

⑤ 鞋袜不可当众脱下，也不可以让鞋袜处于半脱状态，袜口不可暴露在外，或不穿袜子，这些都是公认的既缺乏服饰品位又失礼的表现。

（3）袜子

连裤袜是穿套裙的标准搭配。

① 中筒袜、低筒袜，绝对不能与套裙搭配穿着。

② 正式场合穿职业套裙时，要选择肉色连裤丝袜。

③ 丝袜容易划破，如果有破洞、跳丝，要立即更换。可以在办公室或手袋里预备一两双袜子，以备替换。

④ 不能同时套穿两双袜子，也不能把健美裤、羊毛裤当成长筒袜来穿。

（4）胸针

胸针是西服裙装最主要的饰品，穿西装套裙时，别上一枚精致的胸针，能造成视线上移，让身材显得高挑一些。胸针是不可或缺的配饰，无论是艳丽的花朵襟针或是细闪烁的彩石胸针，只要花点心思配上简洁服饰，就足以令人一见难忘。在正式场合，别胸针的部位多有讲究。穿西装时，应别在左侧领上；穿无领上衣时，则应别在左侧胸前。发型偏左时，胸针应当居右；发型偏右时，胸针应当偏左。高度应在从上往下的数的第一粒、第二粒纽扣之间。胸针还应注意与脸型协调。长脸型的人宜配圆形的胸针；圆脸型的人应配长方形胸针；如果是方脸型的人，适宜用圆形胸针。

（5）项链

项链要与脸型相搭配。如果你属于脸部清瘦且颈部细长的人，建议你戴单串短项链。脸圆而颈部粗短的女性，宜戴细长的项链，如果项链中间有一个显眼的大型吊坠，效果会更好。椭圆形脸的女士最好戴中等长度的项链，这种项链在颈部形成椭圆形状，能够更好地烘托脸部的优美轮廓。颈部漂亮的女士可以戴一条有坠的短项链，突出颈部的美丽。

（6）耳环

身材短小的人，戴蝴蝶形、椭圆形、心形、圆珠形的耳环，显得娇小可爱。方形脸适宜佩戴圆形或卷曲线条吊式耳环，可以缓和脸部的棱角。圆形脸戴上"之"字形、叶片形的垂吊式耳环，在视觉上可以造成修长感，显得秀气。心形脸宜选择三角形、大圆形等纽扣式样的耳环。三角形脸最好戴上窄下宽的悬吊式耳环，使瘦尖的下颌显得丰满些。耳环的佩戴要注意，尽可能简捷明了，不能太过烦琐。重要的商务场合以佩戴耳钉最为适合。

（7）戒指

戒指应与指形相搭配。手指短小，应选用镶有单粒宝石的戒指。如橄榄形、梨形和椭圆形的戒指，指环不宜过宽，这样才能使手指看来较为修长。手指纤细，宜配宽阔的戒指，如长方形的单粒宝石，会使玉指显得更加纤细圆润。手指丰满且指甲较长，可选取圆形、梨形及心形的宝石戒指，也可选用大胆创新的几何图形。

【相关链接】

办公室女士着装打扮禁忌

现代女士对流行和时尚的追逐是可以理解的，毕竟爱美是人类，特别是女性朋友的天性。但是切记不要盲目地去追求时髦。职业女性一定要明白，在办公室里工作，完全不同于在户外游玩或在家里休闲的时候。让我们一起看看什么样的着装风格，最适合职场中的你。

1. 忌过分性感

一般来说吊带装是不能穿进办公室的。穿着暴露或过度性感，这样做不但起不到被别人认同和注意的目的，而且容易被人认为很轻浮。简约的职业装会带给他人大方得体的感觉，并提升你在同事眼中的整体形象分。

2. 忌不够专业感

学生感觉浓重的半截袜套不建议穿进职场，即使能穿着的甜美可爱，但丧失了职业女性应有的专业感，充满职业感的铅笔裙是正确的选择。

3. 忌丢失职场威严

职场装扮就应该适合办公环境，T台上照搬下来的波西米亚风格、朋克风格等街头风格不要轻易尝试。它们都不太适合办公室，优雅和得体才能保持威严。

4. 忌过分随意

很多服装虽然平时看起来非常出色，但是并不一定适合在上班时穿着。长衫裙非常适合秋天穿着，过于轻松的款式穿进办公室，难免给人过分随意的感觉。充满干练气质的衬衫长裙是不错的选择。

5.忌配件乱用

配件在整个服装的搭配中能起到画龙点睛的作用，但是如果这个"睛"点得不好，反而会起到反作用。一般来讲，职场配件有一个原则，那就是尽量简单。永远不要把装饰繁多或者色彩过于鲜艳的鞋子穿进办公室，那样会使你显得很不专业。

案例分析1

王宁是一名下岗人员，下午她决定到一家公司应聘，为了给单位留下好印象，她决定好好装扮一下，想了很长时间，她选中了一条大花连衣裙，穿上高跟凉鞋，戴上项链、耳环、手链，还化了浓妆。她认为这样一定能在外形上取得优势。结果，适得其反。试想，一个打扮得像花蝴蝶一样的女生，招聘单位会认为她有真才实学吗？且不说她的能力怎样，单凭外表，给人的印象就不够稳重、大方。

思考以上案例，请分析王宁的着装错在哪里？违反了商务人员着装的哪些原则？

案例分析2

某旅游团在泰国旅游期间，导游告诉游客在芭堤雅西服革履的人并不被认为是有钱人。于是在游览曼谷大皇宫时，有些客人穿着就很随便。其中有一位苏小姐穿着没有后带的拖鞋式凉鞋被拦在外面，还有一位王女士穿着健美裤（贴身的）也被拦在外面不准进去。

思考并分析：
1. 这两位女士为什么被拦在外面？
2. 如何能让这两位女士进去参观？

实战演练

仪表礼仪实训一

实训项目：男士西装穿着实训。
实训目标：掌握男士西装的穿着要求和搭配方法，掌握打领带要领。
实训学时：1学时。
实训准备：领带、衬衫、西装等。
实训方法：
① 男生每五人一组，上台展示打领带的过程；
② 男生每五人一组，上台展示西装、衬衫、裤子、鞋袜等的搭配；
③ 教师点评学生存在的共性和个性，评出数名"最佳搭配先生"。

仪表礼仪实训二

实训项目：女士套裙穿着实训。

实训目标：掌握女士套裙的穿着要求和搭配方法。

实训学时：1学时。

实训准备：套裙、衬衫、丝巾、鞋袜、饰物等。

实训方法：

① 女生每五人一组，上台展示套裙、衬衫、丝巾、鞋袜、饰物等的搭配；

② 教师点评学生存在的共性和个性，评出数名"最佳搭配女士"。

演练检测

职场男士仪容仪表自我检测

① 发型款式大方不怪异，头发干净整洁，长短适宜。无浓重气味，无头屑，无过多的发胶发乳。

② 鬓角及胡须已剃净，鼻毛不外露。

③ 脸部清洁滋润。

④ 衬衣领扣整洁，纽扣已扣好。

⑤ 耳部清洁干净，耳毛不外露。

⑥ 领带平整，端正。

⑦ 衣、裤袋口平整伏贴。衬衣袖口清洁，长短适宜。

⑧ 手部清洁，指甲干净整洁。

⑨ 衣服上没有脱落的头发和头皮屑。

⑩ 裤子熨烫平整，裤缝折痕清晰。裤腿长及鞋面。拉链已拉好。

⑪ 鞋底与鞋面都很干净，鞋跟无破损，鞋面已擦亮。

职场女士仪容仪表自我检测

① 头发保持干净整洁，有自然光泽，不要过多使用发胶；发型大方、高雅、得体、干练，前发以不要遮脸遮眼为好。

② 化淡妆：眼亮、粉薄、眉轻、唇浅红。

③ 服饰端庄：不太薄、不太透、不太露。

④ 领口干净，衬衣领口不过分复杂和花哨。

⑤ 饰品不过于夸张和突出，款式精致、材质优良，耳环小巧，项链精细，走动时安静无声。

⑥ 公司标志牌佩戴在要求位置，私人饰品不与之争夺别人的注意力。

⑦ 衣袋中只放小而薄的物品，衣装轮廓不走样。

⑧ 指甲精心修理过，不太长、不太怪、不太艳。

⑨ 裙子长短松紧适宜，拉链拉好，裙缝位正。

⑩ 衣裤或裙子以及上衣的表面无明显的内衣轮廓痕迹。
⑪ 鞋整洁，款式大方简洁，没有过多的装饰与色彩，鞋跟不太高不太尖。
⑫ 衣服上没有掉落的头发和头皮屑。
⑬ 丝袜无勾丝、无破洞、无修补痕迹，包里有一双备用丝袜。

思考与练习

一、判断题

1. 穿西装时一定要加穿背心。（　　）
2. 穿着要与年龄、职业、场合等协调。（　　）
3. 穿冷色、深色服装使人感觉更苗条，只是因为冷色、深色属于收缩色的缘故。（　　）
4. 穿的是两个扣子的西服，一般只扣下面一个。（　　）
5. 女士一套套裙的全部色彩不要超过两种。（　　）
6. 领带夹的合适位置一般在衬衣的第四个及第五个纽扣间。（　　）
7. 穿西装又不打领带时，领扣应打开。（　　）
8. 胸花一般佩戴在左胸部。（　　）
9. 西服上衣两侧的两衣袋以及裤袋不可装物。（　　）
10. 西服上衣胸部的衣袋可以装折叠好的花式手帕。（　　）
11. 西服裤袋后兜可装手帕。（　　）
12. 打领带时，衬衫的第一颗纽扣一定要扣上。（　　）
13. 年轻人穿西装可以搭配白袜子和休闲鞋。（　　）

二、选择题

1. "妆成有却无"指的是（　　）。
   A. 工作妆　　　B. 舞会妆　　　C. 晚宴妆　　　D. 休闲妆
2. 男士穿西装只能配以下哪种鞋？（　　）
   A. 便鞋　　　B. 布鞋　　　C. 旅游鞋　　　D. 皮鞋
3. 穿着西装，纽扣的扣法很有讲究，穿（　　）西装，不管在什么场合，一般都要将扣子全部扣上，否则会被认为轻浮不稳重。
   A. 两粒扣　　　B. 三粒扣　　　C. 单排扣　　　D. 双排扣
4. "三一定律"是指男士穿着西装时，（　　）颜色必须协调统一。
   A. 皮鞋、皮带、公文包　　　B. 皮鞋、皮带、领带
   C. 袜子、皮带、西装　　　D. 衬衫、皮鞋、公文包
5. 女士穿着西装套裙时，袜口应（　　）裙摆。
   A. 低于　　　B. 高于　　　C. 相平于　　　D. 无所谓
6. 服饰美的最高境界是"和谐"，主要包括（　　）。

A. 与环境和谐　　　　　　　　B. 与人体和谐
C. 与社会角色和谐　　　　　　D. 与时节和谐

7. 适合于庄重的社交场所选择的着装配色方法是（　　）。

A. 同色搭配法　　　　　　　　B. 对比搭配法
C. 呼应搭配法　　　　　　　　D. 时尚搭配法

学习任务三　商务人员仪态礼仪

【相关链接】

肢体语言的重要性

人类学家雷·博威斯特（Ray Birdwhistell）是最初非语言交际——他称之为"动作学"的倡导者。针对人与人之间发生的非语言交流，博威斯特也作出了相似的推断。他指出：一个普通人每天说话的总时间大约为10分钟，平均每说一句话所需的时间大约只有2.5秒。同时，他还推断出，我们能够作出并辨认的面部表情大概有25万种。

博威斯特还发现，在一次面对面的交流中，语言所传递的信息量在总信息量中所占的份额还不到35%，剩下超过65%的信息都是通过非语言交流方式完成的。我们对发生于20世纪七八十年代的上千次销售和谈判过程进行了详细的研究，其结果表明，商务会谈中谈判桌上60%～80%的决定都是在肢体语言的影响下作出的。同时，人们对一个陌生人的最初评判中，60%～80%的评判观点都是在最初不到4分钟的时间里就已经形成了。除此之外，研究成果还指出，当谈判通过电话来进行的时候，那些善辩的人往往会成为最终的赢家，可是如果谈判是以面对面交流的形式来进行的话，那么情况就大为不同了。因为总体而言，当我们在做决定的时候，在所见到的情形与所听到的话语中，会更加倾向于依赖前者。

仪态是指人在行为中的姿势和风度，姿势是指身体呈现的样子；风度是指气质方面的表露。在人际交往中，人们的感情流露和交流往往借助于人体的各种姿态，这就是人们常说的"体态语言"，它作为一种无声的"语言"，在生活中被广泛地运用。在商务场合中的"体态语言"，例如自信的坐姿，充满魅力的微笑，炯炯有神的目光，既是交往中自信、能力、修养的体现，又会让他人喜欢接近你，从而交际很顺利，为你带来成功和好运。

一、体姿仪态

中国人讲究"站有站相，坐有坐相"，古人很早就对人的举止行为作过要求。随着人类文明的提高，人们对自身行为的认识也日益加深。温文尔雅、从容大方、彬彬有礼已成为现代人的一种文明标志。的确，礼貌的举止行为是一种教养，更是人无形的财富。

1. 站姿

站姿是人的一种本能。常言说："站如松"，就是说，站立应像松树那样端正挺拔。站姿是静力造型动作，显现的是静态美。站姿又是训练其他优美体态的基础，是表现不同姿态美的起始点。

（1）规范站姿的要求

① 头正。两眼平视前方，嘴微闭，收颔梗颈，表情自然，稍带微笑。

② 肩平。两肩平正，微微放松，稍向后下沉。

③ 臂垂。两臂自然下垂，中指对准裤缝。

④ 躯挺。胸部挺起、腹部往里收，腰部正直，臀部向内向上收紧。

⑤ 腿并。两腿立直，贴紧，脚跟靠拢，两脚夹角成60度。

这种规范的礼仪站姿，同部队战士的立正是有区别的。礼仪的站姿较立正多了些自然、亲近和柔美。

（2）商务活动中常见的几种站姿

男士的站姿有以下两种。

① 在一般商务场合，身体立直，挺胸抬头，下颌微收，双目平视；两腿分开或两脚平行，两脚间距离不超过肩宽，以20厘米为宜，两手叠放在背后或交叉在体前，一般为右手握住左手。如一手持公文包，另一只手可自然垂放，姿态稳重。

② 在正式场合，身体直立，抬头挺胸；两膝并严，脚跟靠紧，脚掌分开呈"V"字形，提髋立腰，吸腹收臀；双手放置裤缝处，双眼看着主要人物。

女士的站姿一般也为以下两种。

① 在一般场合，女士站姿应做到身体立直，挺胸抬头，下颌微收，双目平视，面带微笑；两膝并严，脚跟靠紧，脚掌分开呈"V"字形或呈平行；提髋立腰，吸腹收臀，双手在腹前交叉，即右手搭在左手上，置于腹部。

② 在正式场合，女士站姿应体现挺、直、高的姿势，抬头平视，表情自然，收腹，胸部上挺，自然、舒展、大方，右手放在左手上，轻贴腹前，两脚尖向外略展开，右脚（左脚）在前，将右脚跟（左脚跟）靠于左脚（右脚）内侧（脚弓处），形成右丁字步或左丁字步。

（3）站姿禁忌

在商务场合，站立时以下站姿应当禁忌。

① 忌全身不够端正。

② 忌站立时头歪、斜肩、臂曲、胸凹、肚凸、背弓、臀撅、膝曲等均为不良姿态。

③ 忌双腿叉开过大。在他人面前禁止双腿叉开过大，女士尤其应当谨记。

④ 忌双脚随意乱动。人在站立时，双脚不可肆意乱动。例如，脚尖乱点乱划，双脚踢来踢去，蹦蹦跳跳，用脚蹭痒痒，脱下鞋子或半脱不脱，脚后跟踩在鞋帮上，脚一半在鞋里一半在鞋外。

⑤ 忌表现自由散漫。站立时随意扶、拉、倚、靠、趴、踩、蹬、跨等，显得无精打采，自由散漫。

2. 走姿

走姿是一种动态美。每个人都是一个流动的造型体，优雅、稳健、敏捷的走姿，会给人以美的感受，产生感染力，反映出积极向上的精神状态。

（1）规范走姿的要求

① 头正。双目平视，收颌，表情自然平和。

② 肩平。两肩平稳，防止上下前后摇摆。双臂前后自然摆动，前后摆幅在30～40度，两手自然弯曲，在摆动中离开双腿不超过一拳的距离。

③ 躯挺。上身挺直，收腹立腰，重心稍前倾。

④ 步位直。两脚尖略开，脚跟先着地，两脚内侧落地，走出的轨迹要在一条直线上。

⑤ 步幅适当。行走中两脚落地的距离大约为一个脚长，即前脚的脚跟距后脚的脚尖相距一个脚的长度为宜，不过不同的性别，不同的身高，不同的着装，都会有些差异。

⑥ 步速平稳。行进的速度应当保持均匀、平稳，不要忽快忽慢，在正常情况下，步速应自然舒缓，显得成熟、自信。

行走时要防止八字步，防止低头驼背，不要摇晃肩膀，双臂大甩手，不要扭腰摆臀，左顾右盼，脚不要擦着地面走。

（2）变向走姿

变向走姿是指在行走中，需转身改变方向时，采用合理的方法，体现出规范和优美的步态。

① 后退步：与人告别时，应当先后退两三步，再转身离去，退步时脚轻擦地面，步幅要小，先转身后转头。

② 引导步：引导步是用于走在前边给宾客带路的步态。引导时要尽可能走在宾客左侧前方，整个身体半转向宾客方向，保持两步的距离，遇到上下楼梯、拐弯、进门时，要伸手示意，并提示请客人上楼、进门等。

③ 前行转身步：在前行中要拐弯时，要在距所转方向远侧的一脚落地后，立即以该脚掌为轴，转过全身，然后迈出另一脚。即向左拐，要右脚在前时转身，向右拐，要左脚在前时转身。

（3）穿高跟鞋的走姿

穿上高跟鞋后，脚跟提高了，身体重心就自然地前移，为了保持身体平衡，膝关节要绷直，胸部自然挺起，并且收腹、提臀、直腰。使走姿更显挺拔，会添上几分魅力。穿高跟鞋走路，步幅要小，脚跟先着地，两脚落地脚跟要落在一条直线上，像一枝柳条上的柳叶一样，这就是所谓的"柳叶步"。

（4）不同着装的走姿

所穿服饰不同，步态应有所区别，走姿要展现服装的特点。

① 穿西装：西服以直线为主，应当走出穿着者挺拔、优雅的风度。穿西装时，后背保持平正，两脚立直，走路的步幅可略大些，手臂放松，伸直摆动，手势简洁大方。行走时男士不要晃动，女士不要左右摆髋。

② 穿旗袍：行走时，要求女士身体挺拔，胸微含，下颌微收，不要塌腰撅臀。走路时，步幅不宜过大，以免旗袍开衩过大，露出肉。两脚跟前后要走在一条线上，脚尖略微外开，两手臂在体侧自然摆动，幅度也不宜过大。站立时，双手可交叉于腹前。

③ 穿裙装：穿着长裙显出女性身材的修长和飘逸美。行走时要平稳，步幅可稍大些。转动时，要注意头和身体相协调，调整头、胸、髋三轴的角度。穿着短裙，要表现轻盈、敏捷、活泼、洒脱的风度，步幅不宜过大，但脚步频率可以稍快些，保持轻快灵巧的风格。

3. 坐姿

坐是一种静态造型，是非常重要的仪态。在日常工作和生活中，离不开这种举止。对男士而言，更有"坐如钟"一说。端庄优美的坐姿，会给人以文雅、稳重、大方的美感。

（1）规范坐姿的要求

① 入座时要轻稳，动作协调从容，不要赶步，以免"抢座"。就坐时，转身背对座位，如距离较远，走到座位前转身后，右脚向后退半步，待腿部接触座位边缘后，轻轻坐下。女士着裙装入座时，应用双手拢平裙摆再坐下，不要坐下后再站起来整理衣服。一般应从座位的左边入座。

② 落座后上身自然挺直，双膝自然并拢，双脚平正放松，两臂自然弯曲，双手放在膝上，也可放在椅上或沙发扶手上，掌心向下。目视前方，面容平和。

③ 正式场合，一般不应坐满座位，通常是坐椅子 2/3 的位置。

④ 离座时身体要自然稳当，右脚向后收半步，然后起立，动作不可过猛。

⑤ 谈话时，身体可以有所侧重，但要注意上身与腿的协调配合。

（2）商务场合常见的坐姿

① 正坐式：一般用于男士。上身挺直、头部端正，双膝分开，双脚基本与肩同宽，小腿垂直地面呈 90°角，双手放在两膝上或椅子的扶手上。

② 侧坐式：一般用于女士。上身挺直，两膝并拢，双腿斜放，以与地面构成 45°夹角为最佳，侧坐时，双手宜叠放或以相握的姿势放于身体侧面的那条大腿上。

③ 交叉式：一般用于女士。上身挺直，坐正，一小腿正放与地面垂直，另一脚的脚背在前脚脚踝处交叉，两膝部靠紧。

（3）坐姿禁忌

坐时不可前趴后仰、东倒西歪、摇头晃脑、左顾右盼、抖腿跷脚、双手端臀、以手摸脚。不论何种坐姿，女士切忌两膝盖分开或两脚呈八字形。坐下时也不要随意挪动，身体不要萎缩前倾。

4. 蹲姿

商务场合的蹲姿，基本要领是：上身挺直，略低头，左脚在前，右脚在左脚后一脚远的距离，前脚全脚着地，小腿基本垂直地面。后脚前掌着地，脚后跟提起。女士蹲姿要右膝紧贴左小腿内侧，男士蹲时两膝自然分开。

 特别提示

下蹲时，应是单腿弯曲下蹲，不要整个弯腰低头；下蹲时应尽可能避免后背朝人，应正面朝人。

5. 鞠躬

鞠躬是我国古代传统礼节之一，至今仍是见面时表示恭敬、友好的一种人体语言。在日本、朝鲜、新加坡等国，这种礼节也普遍被人们所接受和使用。

（1）鞠躬方式

行鞠躬礼时，行礼者在距受礼者 2 米左右，身体立正，面带微笑，目视受礼者。女士鞠躬时手合拢，自然放在身前并弯下身子；男士则将双臂自然下垂在身体两侧，弯腰到一定程度后恢复原态。受礼者一般鞠躬还礼，长者、贤者、女士、宾客还礼时可不鞠躬，欠身点头即可。

（2）鞠躬程度及含义

弯腰角度因场合、对象的不同而有所区别。一般而言，角度越大，表示越谦恭，对被问候者越尊敬。

① 一般致礼：15 度左右，表示一般致敬、致谢、问候。

② 敬礼：30 度左右，表示恳切致谢或表示歉意。

③ 敬大礼：45 度左右，表示很诚恳的致敬、致谢和歉意。

④ 敬最大礼：90 度左右，在特殊情境，如婚礼、葬礼、谢罪、忏悔等场合才行 90 度大鞠躬礼。

（3）鞠躬礼的使用

各种鞠躬礼的使用视场合和对象而定。

① 通常隆重和欢迎的场合用 45 度鞠躬礼，其他情况用 30 度和 15 度鞠躬礼。

② 第一次见面用 45 度鞠躬礼，第二次及其以后（尤其是较短时间内的第二次见

面）用 30 度或 15 度鞠躬礼，甚至可以用点头礼。

③ 鞠躬礼的幅度随双方在较短时间内见面次数的增加而减少。鞠躬礼的幅度视行礼者对受礼者的尊重程度而定。

6. 递物与接物的正确方式

递物与接物是常用的一种动作，应当双手递、双手接，表现出恭敬与尊重的态度。递接物时要注意以下几点。

① 行走时，文件应拿在左手；递接时，文件、名片等要将正面朝向对方，双手拿在文件、名片的上部，大拇指在上，四指在下，同时要行微鞠躬礼。

② 递笔、刀、剪子之类尖利的物品时，应将尖利一方朝向自己，而不应指向对方。递无刀鞘水果刀时，应将刀刃朝向自己的虎口。

③ 接物时两臂适当内合，自然将手伸出，两手持物，五指并拢，将东西拿稳，同时点头致意或道声"谢谢"！漫不经心，单手接物，甚至将物品掉在地上，都是非常失礼的行为。

二、表情仪态

礼仪的情感表达是说人们在讲究礼节时，内心情感在面部上的表现，即表情。表情是人际交往中相互沟通的形式之一。针对表情，商务礼仪注重的是人的眼神、笑容、肢体语言等方面的问题。

1. 心灵的语言——目光

在人与人之间进行交流时，目光的交流总是处于最重要的地位。交流过程中，双方要不断地应用目光表达自己的意愿、情感，还要适当观察对方的目光，探测"虚实"。交流结束时，也要用目光作一个圆满的结尾。在各种礼仪形式中，目光有重要的位置，目光运用得当与否，直接影响礼仪的质量。

一双炯炯有神的眼睛，给人以感情充沛、生机勃勃的感觉；而目光呆滞、麻木，则给人留下疲惫厌倦的印象。

因此，职场人士应该学会正确地使用目光进行交流，用目光来表达自己的意愿、情感，并学会从客人的目光中了解客人的意图。

（1）注视位置

① 公务注视。在洽谈、磋商、谈判等场合，眼睛应看着对方双眼或双眼与额头之间的区域。这样注视显得严肃、认真，别人也会感到你有诚意。

② 社交注视。在茶话会、朋友聚会等场合，眼光应看向对方双眼到唇心这个三角区域。这样注视会使对方感到礼貌、舒适。

③ 亲密注视。在亲人、恋人和家庭成员之间，眼光可注视对方双眼到胸部之间的区域。这样注视表示亲近、友善。但对陌生人来说，这种注视有些过分。

（2）用目光进行交流

职场人士和客人之间是一种社交关系，他们之间的目光交流至少应该停留在社交注视的阶段。

工作中与客人交往时，需注意以下几个方面。

① 与客人初次见面时，应行注目礼，头部轻轻一点，就可以表示尊敬和礼貌了。

② 与客人交谈时，注意始终保持和客人目光的接触，显示出你对你们之间所谈话题有兴趣。千万不可左顾右盼。即使你对你们之间的话题不感兴趣，也要始终注视着对方。但必须明白：注视并非紧盯。注视时，瞳孔的焦距是呈散射状态，目光笼罩着对方的面部，同时辅以真挚、热诚的面部表情。

随着你和客人之间谈话内容的转换，眼神和面部表情也应做出相应的变化，不要让人觉得你是在敷衍了事。

③ 面对众多的客人讲话时，要先用目光扫视全场，提醒大家注意，"我要开始讲话了"。

（3）"阅读"客人的目光

在正确运用自己目光的同时，还要学会"阅读"客人的目光，从对方的目光变化中，分析他的内心活动和意向。

① 当客人的目光长时间地中止接触或者游移不定时，则表示客人对你们交谈的内容不感兴趣，应尽快结束谈话。

② 当客人在左顾右盼或不停地看表时，则表示客人可能有急事要提前离开。

③ 客人交谈时，目光紧盯，表示疑虑；偷眼相觑，表示窘迫；瞪大眼睛，表示惊讶，等等。

（4）眼神的类型

表 2-5 为眼神的类型。

表 2-5　眼神的类型

眼神类型	直视型	直视与长时间的凝视可理解为对私人占有空间和个人势力圈的侵犯，是很不礼貌的。直视对方，使人有压迫感。初次见面或不太熟悉的男士用这种目光看女士，会使女士感到很不自然，以至产生反感。若女士用这种目光看男士，则有失稳重
	游移型	即与对方谈话时，目光总习惯四处游移。容易给人心神不定、不够坦率和诚实的感觉，不利于双方的交谈
	柔视型	目光直视对方，但眼神不是火辣辣的，目光有神，但又不失柔和。这种目光看上去，给人一种自信和亲切的感觉。这是一种善于运用目光、容易与人相处且富有修养的人
	热情型	目光充满活力，给人以活泼、开朗和蓬勃向上的感觉。这种目光运用得当，可以使对方情绪渐涨，提高谈话兴趣；但如果不分对象，不分场合，一味热情相望，也可能产生相反的效果
	他视型	即与对方讲话，眼睛却望着别处，容易使对方产生误解，是不尊重他人的注视形式
	斜视型	即目光不是从眼睛正中而是从眼角看向对方的。这极为失礼，让人感到被轻视、不够尊重和心术不正
	无神型	目光疲软，视线下垂，不时视向自己的鼻尖。这种目光透视出冷漠之感，往往会使谈话的内容冷淡

特别提示

在沟通中,听的一方通常应多注视说的一方,目光与对方接触时间,一般占全部相处时间的 1/3。谈话时,若对方为关系一般的同性,应该不时与对方双目对视,以示尊重;如果双方关系密切,则可较多较长地注视对方,以拉近心理距离;如果对方是异性,目不转睛长时间地注视不仅使对方不自在,也是失礼的表现。

2. 甜蜜的事业——微笑

微笑可以表现出温馨、亲切的表情,能有效地缩短沟通双方的距离,给对方留下美好的心理感受,从而形成融洽的交往氛围,因而微笑不仅是一种外化的形象,也是内心情感的写照。在人际交往中,"笑"有着突出重要的作用,面对不同的场合、不同的情况,如果能用微笑来接纳对方,可以反映出本人高超的修养,待人的至诚,是处理好人际关系的一种重要手段。

(1) 微笑的要求

发自内心、自然大方,显示出亲切,要由眼神、眉毛、嘴巴、表情等方面协调动作来完成。要防止生硬、虚伪、笑不由衷。要笑得好并非易事。

(2) 微笑的技能要领

微笑时面部肌肉要放松,嘴角微翘。男士嘴唇微闭,女士嘴唇微启,露出上边六颗牙齿,但应避免露出牙龈。自觉控制发声系统,笑不出声。练习方法如下。

① 照镜训练法:对着镜子,心里想着使你高兴的情景,嘴角两端做出微笑的口型,找出自己认为最满意的微笑,天天练习,使之自然长久地呈现在脸上。

② 词语训练法:默念英文单词 Cheese 或普通话中的"钱"、"茄子",这些字、词形成的口型,正是微笑的最佳口型。

 特别提示

在正式场合,不能放肆大笑,这样会使人感到你没有教养。在商务活动中不要讥笑,这样会使对方恐慌;不要傻笑,这样会令对方尴尬;不要皮笑肉不笑,这样会使对方无所适从;不要冷笑,这样会使对方产生敌意。总之,笑也要因时、因地、因事而宜,否则毫无美感且令人生厌。

3. 人际交往距离

俗话说,人就像冬天的刺猬,太近了刺人,远了又觉得孤独和寒冷。这是对距离最好的诠释了。人际交往就是这样一种存在,既需要距离,又试图超越距离。但人在超越时空距离的同时,却又小心地保持着人与人之间的距离。美国人类学家爱德华·霍尔博士划分了 4 种区域或距离,各种距离都与对方的关系相称。

（1）亲密距离

亲密距离的范围是 50 厘米之内，就交往情境而言，亲密距离属于私下情境，只限于在情感上联系高度密切的人之间使用，在社交场合，大庭广众之前，两个人（尤其是异性）如此贴近，就不太雅观。在同性别的人之间，往往只限于贴心朋友，彼此十分熟识而随和，可以不拘小节，无话不谈。在异性之间，只限于夫妻和恋人之间。因此，在人际交往中，一个不属于这个亲密距离圈子内的人随意闯入这一空间，不管他的用心如何，都是不礼貌的，会引起对方的反感，也会自讨没趣。

（2）个人距离

个人距离的范围为 50～120 厘米，任何朋友和熟人都可以自由地进入这个空间，不过，在通常情况下，较为融洽的熟人之间交往时保持的距离在 50～80 厘米，而陌生人之间谈话则在 80～120 厘米。

（3）社交距离

社交距离的范围为 120～360 厘米，一般在工作环境和社交聚会上，人们都保持这种程度的距离。如企业或国家领导人之间的谈判，工作招聘时的面谈，教授和大学生的论文答辩等，往往都要隔一张桌子或保持一定距离，这样就增加了一种庄重的气氛。在社交距离范围内，已经没有直接的身体接触，说话时，也要适当提高声音，需要更充分的目光接触。如果谈话者得不到对方目光的支持，他（或她）会有强烈的被忽视、被拒绝的感受。这时，相互间的目光接触已是交谈中不可缺免的感情交流形式了。

（4）公众距离

这是公开演说时演说者与听众所保持的距离。其范围为 360 厘米之外，这个空间的交往，大多是当众演讲之类，当演讲者试图与一个特定的听众谈话时，他必须走下讲台，使两个人的距离缩短为个人距离或社交距离，才能够实现有效沟通。

显然，相互交往时空间距离的远近，是交往双方之间是否亲近、是否喜欢、是否友好的重要标志。因此，人们在交往时，选择正确的距离是至关重要的。我们了解了交往中人们所需的自我空间及适当的交往距离，就能有意识地选择与人交往的最佳距离，而且，通过空间距离的信息，还可以很好地了解一个人实际的社会地位、性格以及人们之间的相互关系，更好地进行人际交往。

案例分析 1

把自己看小　把事情做大

2006 年 6 月，浪琴表邀请林志玲到西安宣传，与当地 100 多位经销商一起吃饭，当一桌一桌的经销商走到台上，和林志玲合照、握手时，身高 174 厘米又穿高跟鞋的林志玲，一定会膝盖微弯，蹲到和对方一样的高度，眼神平视地和对方握手。

这个场合，她总共蹲了 80 多次。当时在场的浪琴表全球总裁也看到了林志玲的这个举动，对她大加赞赏。后来又邀请林志玲代表出席瑞士巴塞尔钟表赛，也因为那次出席，林志玲有机会在国际媒体前曝光，成为大家注目的焦点。

讨论：林志玲膝盖微弯，眼神平视地和对方握手体现了她怎样的形象？
本案例对你有哪些启示？

案例分析2

在外事活动中，周总理始终保持着昂扬的精神面貌，整洁的仪态仪表。在机场迎送外宾、举行仪式的时候，无论夏日里骄阳似火，寒冬里狂风凛冽，始终坚持既不戴遮阳帽，也不戴防寒帽。遇到降雨飘雪的恶劣天气，他不仅自己不打雨伞，不穿雨衣，也要求外交部礼宾司的同志们不打雨伞不穿雨衣。他说，往往第一印象会给人留下最深刻的记忆。

讨论：怎样培养自己的仪态美？

实战演练

仪态礼仪实训一

实训项目：站姿。

实训目标：通过站姿训练，使学生掌握站姿的基本要领和不同形式的站姿，并能自己发现错误站姿，纠正不良站姿，养成良好的职业习惯，为各项工作打下基础。

实训学时：2学时。

实训方法：

① 面向镜子，按照动作要领体会站姿姿势。

② 头顶放本书，练习颈直和头颈部的稳定性。

③ 靠墙站立或两人一组背靠背站立，要求脚跟，小腿，双肩，后脑勺都贴紧墙或另一个人，练习身体直立，腰身挺拔，每人膝盖上部各夹一张纸片或薄书，不能让其掉下。

④ 以上训练每次应坚持20分钟左右，统一服装，女士穿半高跟鞋进行练习。

⑤ 训练时配优美音乐，减轻单调、疲劳之感。

实训准备：准备一间两面墙安装高度及地镜子的形体训练室和练习音乐。

仪态礼仪实训二

实训项目：坐姿。

实训目标：通过对坐姿的训练，使学生掌握坐姿的基本要领，不同形式的坐姿和起坐、落座的要点，并能自己发现错误坐姿，纠正不良坐姿，养成良好职业习惯，为各项工作打下基础。

实训学时：1学时。

实训方法：

①加强腰部、肩部的力量及灵活性训练。具体方法：经常进行舒肩展背动作的练习，同时利用器械进行腰部力量的训练。

②面对镜子，按照动作要领体会不同坐姿，经常性的纠正和调整不良习惯。

③以上训练每次坚持10分钟左右，统一服装，女性穿半高跟鞋进行练习。

④训练时配优美音乐，减轻单调、疲劳之感。

实训准备：准备一间两面墙安装高度及地镜子的形体训练室和练习音乐。

仪态礼仪实训三

实训项目：走姿。

实训目标：通过走姿训练，使学生掌握走姿的基本要领，在特定情况下的走姿标准，并能发现错误走姿，纠正不良走姿，养成良好习惯，为各项工作打下基础。

实训学时：2学时。

实训方法：

①靠墙站立，背靠墙壁，将后脑、肩背、臀部和脚跟靠在墙上，进行整体的直立和挺拔训练。

②双肩双臂摆动训练：身体直立，以身体为轴，双臂前后自然摆动。摆幅要适度，注意纠正双肩过于僵硬，双臂左右摆动的毛病。

③步位、步幅训练：在地上放一长绳进行步位训练。即行走时检查自己的步位和步幅是否正确，纠正"外八字""内八字"及步幅过大、过小的毛病。

④顶书训练：将书本置于头顶，保持行走头正，颈直，目不斜视，纠正走路摇头晃脑，东张西望的毛病。

⑤步态综合训练：训练走路时各种动作的协调性，最好配上节奏感较强的音乐，注意掌握好走路时的速度、节拍。保持身体平衡，双臂摆动对称，动作协调。

⑥训练时配优美音乐，减轻单调、疲劳之感。

实训准备：准备一间两面墙安装高度及地镜子的形体训练室和练习音乐。

仪态礼仪实训四

实训项目：递物。

实训目标：通过递物训练，使学生掌握递物的基本要领，养成良好习惯，为各项工作打下基础。

实训学时：1学时。

实训方法：

①将学生两两进行分组，分别扮演接待人员和客户，用书本、鲜花、名片、小刀作为交接的物品。

②用双手递接物品；递给他人的物品应直接交到对方手中。

③若双方相距过远，递物者应主动走向接物者。

④带有文字的物品递交他人时，要使之正面面向对方。

⑤将尖利的物品递交给他人时，应使尖、刃朝向自己或是朝向别处。

⑥ 面带微笑，面部表情自然。

仪态礼仪实训五

实训项目：眼神。

实训目标：通过眼神训练，使学生能正确使用眼神，并在训练中发现不足，及时纠正，养成良好习惯，为各项工作打下基础，提高气质。

实训学时：1学时。

训练方法：

① 睁大眼睛训练法。

② 转动眼球训练法。

③ 钟摆式训练法。

④ 目光集中训练法。

⑤ 观察体会训练法。

⑥ 训练时配以优美音乐，有利于保持愉快的心境。

实训准备：每人准备一面小镜子，欢快的音乐。

仪态礼仪实训六

实训项目：微笑。

实训目标：通过微笑训练，使学生能在工作和生活中正确使用微笑，并在训练中发现不足，及时纠正，养成爱微笑的好习惯，为各项工作打下基础，提高气质。

实训学时：1学时。

实训方法：

① 加强心理素质的锻炼，增强自控力。

② 情绪记忆。将生活中最美好的情绪牢记在心，在需要微笑的时候，经常回忆这些美好的东西，会使微笑更加自然和大方。

③ 对镜练习，对着镜子微笑，调整自己的嘴型和面部其他部位及眼神，找到自己认为较为完美的状态，经常进行练习，形成习惯。

④ 可借助普通话中的"茄子""田七""前"等的发音来进行口型训练。

⑤ 训练时配以优美的音乐，有利于保持愉快的心境，塑造自然的笑容。

实训准备：每人准备一面小镜子，欢快的音乐。

思考与练习

一、判断题

1. 交际场合最基本的姿势是站立。　　　　　　　　　　　　　　　（　　）
2. "丁字式"站姿，是只限于女性使用的站立姿势。　　　　　　　（　　）
3. 仪态是一种无声的语言和有行的语言，他可以表达情感。　　　（　　）
4. 可以对异性运用捻指作响的手势。　　　　　　　　　　　　　（　　）

5. 一般来讲，递接物品用右手为最佳。   (   )
6. 在人际交往中眼神和微笑的应用，应共同遵循谦恭、友好、适时、真诚的标准和原则。   (   )
7. 坐在椅子上，一般坐椅子的二分之一到三分之二处。   (   )
8. 在交际场合，双手叉腰属于不良姿势。   (   )
9. 与人交谈时手势不宜过多，幅度不宜过大。   (   )
10. 在交际场合，女士可叠腿就座。   (   )

二、选择题

1. 入座离座时的基本礼仪是（   ）。

A. 左进左出   B. 右进右出   C. 左进右出   D. 右进左出

2. 与人交往时常采用的注视角度为（   ）。

A. 正视   B. 平视   C. 仰视   D. 侧视

世界上最廉价，而且能得到最大收益的一项特质，就是礼节。

项目三
商务社交礼仪

◎ **知识目标**

1. 掌握称呼礼仪、介绍礼仪、名片礼仪、握手礼仪。
2. 熟悉问候礼仪、致意礼仪。
3. 掌握规范的沟通用语。

◎ **技能目标**

1. 能够按照规范要求与他人握手。
2. 能够按照规范要求进行自我介绍、他人介绍和集体介绍。
3. 能够按照规范要求正确使用名片。
4. 各社交礼仪规范强调在具体事务中的得体运用，以应对不同职场对象的业务往来。

◎ **实战目标**

本项目训练涉及握手、介绍、名片、交谈等沟通礼仪，让学生将理论知识运用于实践，使学生能够准确把握和体会沟通礼仪的操作要点和细节，做到理论和实践的有机结合，形成良好的职业素养。

学习任务一　商务场合会见礼仪

【知识储备】

礼仪无时不在，无处不在。它是商务交往的重要组成部分。人际交往是通过人与人之间的交往和联系表现出来的，正如体育运动和游戏需要有规则一样，这些交往和联系得以正常进行，也需要用一定的行为规范来调节和增进彼此间的关系。如果你工作中一帆风顺，与人交往时左右逢源，生活、工作中处处尊重别人，处处受人尊重，这其中，商务社交礼仪一定助了你一臂之力。

【相关链接】

握手礼最早源于欧洲，那时人们见面时，无敌意的双方为了证明自己的友好，就要放下手中的武器，伸开手掌让对方摸摸手心，这种习惯逐渐变成现代的握手礼。

见面是交往的开始，人与人在商务交往中的第一礼节就是见面礼，会见礼仪给对方留下的第一印象，对双方交往的深度和广度起着决定性的影响。举止庄重大方，谈吐幽默文雅，在商务交往之初能使对方形成牢固的心理定式，会对以后的交往产生积极影响。

一、握手礼

握手是全世界最通用的、最司空见惯的礼节，它看似平常却是沟通思想、交流感情、增进友谊的重要方式。握手是为了表示对对方的尊重、友好、关心或敬意，有时也表示祝贺、感谢、慰问或鼓励。久别重逢、多日未见的友人相见、辞别时也用握手礼。

热情、文雅而得体的握手能让人感受到愉悦、信任和接受，能促进彼此间的交流。因此，在各种社交场合中应注意正确使用握手礼。

1. 握手时机

握手之前要审时度势，听其言观其行，留意握手信号，选择适当时机。何时应行握手礼，这是一个复杂而微妙的问题。若你希望自己在商务交往中彬彬有礼，在以下场合，你就必须与你的交往对象行握手礼。

当遇到久未谋面的熟人时，与其握手，可表示因久别重逢而万分惊喜。

当被介绍给不相识者时，与其握手，可表示乐于结识对方。

当在社交场合与公众、来宾见面时，与其握手，可表示对对方的欢迎。

在较正式的场合与人道别时，与其握手，可表示自己的惜别之情。

在家中、办公室等地迎接、送别来访者时，与其握手，可表示欢迎或欢送。

当向他人道贺、恭喜时，与其握手，以示贺喜。

当对他人表示感激、理解、支持、肯定时，与其握手，以示诚意。

当对他人表示安慰时，与其握手，以示慰问。

当他人向自己赠送礼品或颁奖时，与其握手，以示感谢。

当向他人赠送礼品或颁奖时，与其握手，以示郑重。

握手时还应注意，尽量避免出手过早，造成对方慌乱，同时也应注意不可出手太晚，以免失礼。

2. 握手方式

（1）距离

行握手礼时，双方相距1米左右。

（2）神态

握手时，应自然、热情、专注。要面带微笑，目视对方的脸，亲切问候。这一点很重要。

一般的问候语是："你好！"，"见到你很高兴！"，"恭喜！恭喜！"等。

（3）姿势

双腿立正，上身略向前倾，伸出右手，四指并拢，拇指张开，掌心向内，右手掌与地面垂直，手的高度大致与双方腰部平齐。握手时，适当用力，上下轻摇几次。伸直相握时，双方手臂应大致成一个直角，虎口交叉。这是标准的握手姿势，也叫平等式握手。

（4）力度

握手的力度要适中，一般以不捏疼对方的手为限度。不可用力过猛，也不可柔软无力或伸而不握，否则会给人缺乏热忱或敷衍之感。若对方是亲朋好友，握手时力度可稍大些，若对方是异性或是初次见面的朋友，则千万不可用力过猛。试想当对方久久地、强有力地握着你的手，且边握边上下晃动时，则说明他对你的感情是真挚而热烈的；当对方握你手时连手指都不愿意弯曲，只是例行公事般地敷衍一下，没有任何力度，则说明对方对你的感情是冷淡的。另外，男士握女士的手时应该轻一些，不要握满全手，只要握住手指部分即可。

（5）时间

握手时间的长短因人因地因情而异。在通常情况下，握手的时间不宜过短或过长，一般应控制在3秒左右。另外，应注意的是，在与异性或初次见面者握手时，握手时间不宜过长，应控制在3秒以内，否则容易造成对方的误会或不快。

（6）握手的其他姿势

① 支配式握手：也称控制式握手，即用手掌向下的姿势握住对方的手。用这种方式握手的人是想表示自己的优势、主动和支配地位。因此，采用这种方式握手的人很难同接受者建立平等的友好关系。

② 顺从式握手：也称谦恭式握手或友善式握手。与支配式握手相反，顺从式握手是用手掌向上的姿势与对方握手。这种方式握手表示自己的谦恭、谨慎或对对方的尊重、敬仰，甚至含有几分畏惧的心理。

③ 双握式握手：握手时，用右手紧握对方的右手，同时再用左手加握对方的手背、前臂、上臂乃至肩部。这种握手方式表达着一种热情真挚，诚恳友好的情感。握手时，从手背开始，加握的部位越高，所表达的热情友好的程度也就越高。这种握手方式一般用于亲朋故友之间，表达自己的深厚情意。初识者或异性之间使用这种握手方式会显得失态。

④ 捏指式握手：这种握手方式主要用于不熟识的异性之间，表示双方的稳重与矜持。采用这种方式握手时只握住对方的手指部分，而不是两手的虎口接触相握。

3. 握手次序

在比较正式的社交场合，握手礼中体现出来的最为重要的礼仪问题，就是握手时双方应由谁先伸手。倘若对此一无所知，在与他人握手时，轻率地抢先伸出手去，这是很失礼的。因此，要遵守握手时"尊者决定"的原则，遵守这一原则，既是为了恰当地体现对位尊者的尊重，也是为了维护在握手之后的寒暄中位尊者的自尊。

这一原则的具体体现是，在社交场合中，上级与下级握手，应由上级先伸手；长辈与晚辈握手，应由长辈先伸手；女士与男士握手，应由女士先伸手；主人与客人握手，应由主人先伸手。

值得注意的是，当握手双方符合其中两个或两个以上顺序时，一般以先职位再年龄，先年龄再性别的顺序握手。如一位年长的职位低的女士和一位年轻的职位高的男士握手时，应由这位男士先伸手。

应该强调的是，上述握手次序，主要用于律己，不可处处苛求他人。在社交场合中，无论谁先向我们伸手，即使他忽视了握手礼的先后顺序，我们都应将其看作是友好的表示，要马上伸手与其相握。拒绝他人的握手有背礼仪规范。

4. 握手禁忌

在当今社交场合中，握手礼虽是司空见惯，看似寻常，但并非人人都掌握其中要领。由于施礼过程中可传递多种信息，因此在行握手礼时应尽量做到合乎规范。

① 不可东张西望。握手时不可东张西望或与他人打招呼。

② 不可坐着握手。行握手礼时，除长者和妇女外，都应起身站立。

③ 不可用左手握手。尤其在与阿拉伯人、印度人打交道时，更要注意这一点，因为在他们看来，左手是不洁净的。

④ 不可交叉握手。在多人同时握手时，不可交叉握手。当自己伸手时发现别人已经伸手，应主动收回，并说声"对不起"，待别人握完手后再伸手相握。

⑤ 不可戴着手套握手。无论男女，在公共场合中，与人握手均不能戴手套，即使你的手套十分洁净也不行。但有两种情况例外：一是当女士穿着礼服，戴着长纱手

套时，此时长纱手套作为礼服的一部分，可以戴着行握手礼；二是军人、武警仪仗队员在执行公务时，可戴所配礼服手套行握手礼。

⑥ 不可在握手时将另一只手放在衣袋里。

⑦ 不可用不洁之手与他人相握。当自己的手不干净时，应伸出手掌，示意声明，并表示歉意。

⑧ 不可在握手时戴着墨镜，只有患有眼疾或眼部有缺陷者方能例外。

⑨ 不可在与他人握手之后，立即擦拭自己的手掌。

⑩ 不可拒绝与他人握手，在任何情况下都不能这样做。

 特别提示

什么时候不该与人握手？

如果遇到以下几种情况不适宜握手：对方手部有伤；对方手上提着重物；对方正在忙于他事，如打电话、用餐、喝饮料、主持会议、与他人交谈等；对方与自己距离较远；对方所处环境不适合握手。

如果自己的手是脏的，可以不与对方握手，但要及时向对方说明原因并诚恳表示歉意。

二、致意礼

在当今社交场合中，人们在见面时常常用致意礼来相互传递情感间的尊重。

致意，又可以称作"袖珍招呼"，是指向他人表达问候的心意，用礼节举止表示出来。它通常在迎送、被人引见、拜访时作为见面所必施的礼节，它对社交活动的进行影响很大。礼貌的致意，会给人一种友好愉快的感受；反之，就会被看作是缺乏教养、不友善的表示。

1. 致意的基本规则

一般来说，在社交场合致意应遵循以下规则：下级应先向上级致意；年轻者应先向年长者致意；男性应先向女性致意。

但是，在实际交往中并不一定要拘泥以上顺序。有时，长者、上级为了展示自己的谦虚、随和，主动向晚辈、下级致意，无疑会更具有亲和力与风度，更能引起受礼者的尊重与敬仰。

2. 致意的方式

致意作为一种见面礼节，主要的行礼方式有点头致意、招手致意、躬身致意、脱帽致意、注目致意等。

（1）点头致意

点头致意，又称颔首致意。它的具体做法是行礼者头部向下轻轻一点，同时面带微笑。注意不宜反复点头，点头的幅度也不必过大。一般遇熟人或在影院等不宜与人交谈之处、在同一场合碰上已多次见面者、遇上多人而又无法一一问候时往往采用点头致意。

（2）招手致意

招手致意，又称挥手致意。行招手致意礼的准确做法是右臂向前上方伸直，右手掌心朝向对方，轻轻向左右摆动一两下。提请注意的是，不要将手上下摆动，也不要用手背朝向对方。招手致意礼较适合与相距较远的熟人打招呼。

（3）躬身致意

躬身致意有两种形式。一种是站姿时，上身微微向前一躬。另一种是坐姿时，在上身前躬的同时，臀部轻起离开座椅。这种致意方式表示对他人的恭敬，适用于见到位尊者时使用。

（4）脱帽致意

脱帽致意，指的是在一些场合，戴帽子的人自觉主动地摘下自己的帽子，并放置于适当位置。如升国旗、奏国歌、进入他人居所、进入正式场合、参加葬礼等。

（5）注目致意

注目致意的准确做法是起身立正，挺胸抬头，双手自然下垂或贴放于身体两侧，面容庄重严肃，双目正视被行礼对象，并随之缓缓移动。一般来说，在升国旗、剪彩揭幕、大型庆典时行注目致意礼。行礼时不可戴帽子，不可东倒西歪，不可嬉皮笑脸，不可大声喧哗。

在行致意礼时，最好同时伴之以"您好！"、"早上好！"等简洁的问候语，这样会使致意显得更生动、更具活力。

三、介绍礼

日常生活和工作中，人们需要与他人进行必要的沟通，以得到对方的理解、帮助和支持。由于人际接触日益广泛，在社交活动中经常会结识新朋友，这就离不开自我介绍、为他人介绍等。

介绍是指经过自己主动沟通或者通过第三者从中沟通，从而使交往双方相互认识、建立联系、增进了解的一种交往方法。它是人与人相互沟通的出发点，也是在与人交往时显得平易近人，有较强亲和力的有效方式。

1. 介绍的类型

根据介绍者的不同，介绍可分为自我介绍、他人介绍和集体介绍3种类型。

（1）自我介绍

自我介绍是社交场合中运用得最多的一种介绍方式。它是指当自己与他人初次见面时，由自己担任介绍的主角，将自己介绍给他人，使对方认识自己。

自我介绍是商务人员跨入社交圈、结交更多朋友的好办法。学会自我介绍，可以改变胆怯的社交心理，以更好的心态面对公众。

① 时机：商务交往中，何时把自己介绍给他人，是一个复杂的问题，它和场合有关，也和当时的气氛、现场人员的互动有关。一般情况下，总是在以下环境中介绍自己。

当主人无法抽身或忘了介绍，你与周围的人不认识，而又十分想认识他们时，最好的方法就是自我介绍，以表明自己的身份。

若希望结识某个人，又无人引见时，也可以自己充当自己的介绍人，将自己介绍给对方。有时，如果拿不定对方是否愿意认识你时，你不妨先问对方的尊姓大名，如对方马上告诉你，则说明对方想与你认识，此时，你便可以马上介绍自己的情况。

他人希望结识自己时，也有必要进行自我介绍。

自己熟悉他人，但又担心他人健忘或不能完全了解自己时，可以再次向对方简要地介绍一下自己。

② 内容：自我介绍应根据当时的具体场合、具体对象以及实际需要来确定自我介绍的内容。一般来说，自我介绍的内容比较简单，但要实事求是，真实可信。在一些场合，除了报上自己的姓名和单位、部门、身份外，再提及与正在进行的活动是什么关系就可以了。如"我是李信，毕业于××师范大学，现在××集团人力资源部任职。"

 特别提示

在自我介绍的实施过程中，要注意介绍的时间。一般来说，自我介绍的时间不宜太长，不超过1分钟即可。

进行自我介绍时，态度要自然、友善、随和。

③ 自我介绍时应注意的礼仪细节：如果两人正在交谈，你想加入，而你们又彼此不认识，这时作自我介绍就应选择两人谈话停顿的时候，并说"二位好！对不起，可以打扰一下吗？我是××……"。

如果是参加一个集体活动迟到了，你又想让大家了解你，这时就应当说："女士们、先生们，你们好！很抱歉，我来晚了，我是××，是××公司的公关部经理，很高兴与大家在此见面。还请大家多多关照！谢谢！"等。

（2）他人介绍

他人介绍，又称第三者介绍，它是指由第三者为彼此不相识的双方所进行的引见、介绍。他人介绍通常是双向的，也就是说，要把被介绍双方各作一番介绍。有时，也可以进行单向的他人介绍，即只把被介绍者中的某一方介绍给另一方，这样做的前提是前者认识后者，而后者不认识前者。在为他人做介绍时，要注意以下几个问题。

① 介绍者的确定：在介绍他人时，由谁来充当介绍者是颇有讲究的。一般情况下，介绍者是由单位专门负责此事的相关人员担任，如秘书、办公室主任、公关礼宾人员或专职接待人员等。

当有外单位人员来访，但来访者又与本单位其他人员不认识时，一般由和对方有业务联系的相关人员担任介绍者。

作为主人，一般有主动充当介绍者的义务。

如果来访者身份较高，本着"身份对等"的惯例，一般应由东道主一方在场人士中身份最高者担任介绍者，以示对被介绍者的重视。

有时，需要征求某一方的意见，看他是否乐意把自己介绍给某人。

② 介绍时的顺序：在为他人介绍时，先介绍谁，后介绍谁，是一个比较敏感的礼仪问题。虽然在商务交往中，所有人的人格都应当是平等的，但是，人与人之间仍然有许多不可少的顺序和先后关系。这就必须遵守"尊者优先"的原则，即在为他人介绍前，先要确定双方地位的尊卑，然后先把位卑者介绍给位尊者，后把位尊者介绍给位卑者，这样做，可以让位尊者优先了解位卑者的情况，以便见机行事，在交际中掌握主动权。

> **特别提示**
>
> 当所要介绍的双方符合其中两个或两个以上顺序时，一般以先职位再年龄，先年龄再性别的顺序做介绍。如要为一位年长的职位低的女士和一位年轻的职位高的男士作介绍时，应该将这位女士介绍给这位男士。

③ 内容和方式：应该注意的是，正式介绍他人之前，最好先了解双方是否有结识的愿望，切不可冒昧引见。最客气的介绍方法是先以询问的口气问尊者，如"张经理，我可以介绍小王和你认识吗？"等。如对方同意，在正式介绍时，最好先对尊者说诸如"请允许我向您介绍……"，"让我来向您介绍一下"等礼貌语。介绍时，应面带微笑，说话简洁，介绍的基本内容包括姓名、单位、部门、职务、爱好等。

完整的介绍表述是："张总，请允许我为您做介绍，这位是常胜集团公司的赵博文主任；这位是文辉集团的总经理钱俊先生。"

当介绍者走上前为被介绍者做介绍时，被介绍双方应起身站立，面含微笑。

一般来说，介绍者位于中间，介绍时用右手，五指伸开朝向被介绍者中的一方，此时，介绍者的眼睛要看着另一方。

介绍完毕，双方应依照礼仪顺序握手，彼此问候。"您好！"、"认识您很高兴。"、"久仰大名！"、"幸会，幸会！"等是最常见的问候语。

特别提示

谁该做介绍人

在公务交往中,介绍人应由公关礼仪人员、秘书担任;在社交场合,东道主、长者、女主人、身份较高者或与被介绍的双方均有一定交情者都可以担任介绍人。

(3) 集体介绍

集体介绍是指介绍者在为他人介绍时,被介绍者其中一方或者双方不止一人甚至是许多人在场。因此,集体介绍可分两种:一种是为一人和多人作介绍;另一种是为多人和多人作介绍。

集体介绍时,若被介绍者双方地位、身份大致相似或难以确定时,应遵循"少数服从多数"的原则,即先介绍人数较少的一方或个人,后介绍人数较多的一方。在介绍人数较多一方时,仍应由尊而卑逐一介绍。有时,就只介绍前者,而不必再向前者一一介绍人数较多的一方。

若被介绍双方地位、身份存在明显差异,这时应以地位、身份高者为尊,即使尊者人数少或甚至只有一人,仍应被置于尊贵的位置,最后加以介绍。

集体介绍尤其要注意采用规范、准确的措辞,不要用简称。如不要讲"南航",而应讲"南京航空航天大学"。

2. 介绍时应注意的问题

① 介绍时,不能背对任何一方,应面带微笑,目视对方,举止端庄得体。

② 为他人介绍时,语言应清晰明了,以便让双方记住对方的姓名及简单资料。

③ 为他人介绍时,要记住加上被介绍者的头衔,如经理、局长等。在介绍时头衔应冠在姓名之后。

④ 为他人介绍时,被介绍者双方应起身或欠身,以示相互尊重。介绍后,双方应主动握手,可寒暄几句,也可交换名片。

⑤ 为他人介绍后,介绍者应略停片刻,引导双方交谈后再离开。

【**相关链接**】

美国人的介绍习惯

美国社会风俗跟别国社会风俗大不相同的一点,就是名字的称呼。美国人不重视"地位",尤其是社会地位。大多数美国人都不愿意自己因年龄或社会地位的关系而特别受人尊敬,这样会令他们觉得不自在。许多美国人甚至觉得"先生"、"太太"、"小姐"的称呼太客套了。不论年龄,大家都喜欢直呼其名。若介绍时太客套,他们大多会说:"别称我史密斯太太,叫我萨莉好了。"称呼名字,往往是表示友善亲近。不过,你如果觉得直呼其名不好,尽可用比较客气的称呼。你可以向对方笑笑,说你已经习惯成自然,初与人见面的时候总是比较拘谨,过一阵就会直呼名字了。

介绍的时候,往往是连名带姓:"玛丽·史密斯,这位是约翰·琼思。"遇到这种情形，你可以自己决定该称呼那位女士为"玛丽"还是"史密斯小姐"。有时你们两人交谈，开头是称呼对方的姓，但没过多久，其中一人或彼此就直呼对方的名字了。你尽可自己选择，假若你不愿意一下子就直称别人的名字，而要依照你自己的习俗称呼别人，谁也不会觉得你没有礼貌。

你可能会注意到，美国人聚在一起聊天的时候，几乎从不提彼此的头衔。如果你平时听惯了谈话首先称呼头衔的话，就会觉得美国人说话不客气，不近人情。你高兴的话，尽可依你本国的习惯称呼别人的名衔。美国人听你这样说话，只是觉得有趣，觉得特别。不过，假若他们谈话时不称头衔，你可别不高兴。

四、名片礼

【知识储备】

名片，是中国人使用最早的礼仪信物之一。早在西汉时期，人们削竹、木为片，在上面写上姓名，供拜访者通名报姓之用，当时称之为"谒"，东汉时改叫"刺"，以后又以纸张为材料，曰"名纸"。

名片是一种经过设计、能表示自己身份、便于交往和开展工作的卡片，也是当代商务交往中最经济实用的介绍性媒介。由于它印制规范、文字简洁、使用灵活、携带方便、易于保存，而且不分老幼尊卑均可使用，所以应用范围极为广泛。

在商务交往中，名片常常作为一种"介绍信"和"联络卡"，用来证明身份、结交朋友、联系业务等。正确使用名片，对个人形象乃至组织形象的提高都有着极为重要的作用。

 特别提示

一张名片最多体现2种文字。制作名片时，最佳做法是在一枚名片的两面，分别以简体汉字、少数民族文字或外文印制相同的内容，但不要把两种文字交替印在名片的同一面上。

1. 名片的递送

（1）递送的顺序

名片递送的先后顺序没有太严格的讲究。一般来说，是由职位低的人先向职位高的人递送名片，晚辈先向长辈递送名片，男士先向女士递送名片。当对方人数不止一人时，应先将名片递给职位较高或年龄较大者；如果分不清职位高低和年龄大小时则可先和自己对面左侧方的人交换名片。总之，在与多人递送名片时，应讲究先后顺序，由尊而卑、由近而远、顺时针依次进行。

名片代表一个人的身份，在未确定对方的来历之前，不要轻易递出自己的名片。否则，不仅有失庄重，而且可能日后名片被他人冒用。同样，为了尊重对方的意愿，尽量不要向他人索要名片。

（2）递送的方式

向他人递送名片时，应面带微笑，双目注视对方，将名片的正面朝向对方，用双手的拇指和食指分别持握名片上端的两角送给对方，并说"这是我的名片，请多关照！"等寒暄语。注意，在递送名片时，如果是坐着，应当起身或欠身。

2. 名片的接收

接收他人递过来的名片时，除了长者、女性外，应尽快起身或欠身，面带微笑，用双手接住名片的下方两角，并说"谢谢！"、"认识您很高兴！"等寒暄语。名片接到手后，应十分珍惜，认真看一下、稍加赞许后妥善保管好。切不可在手中摆弄，或随意放置在桌上，或放在手中揉来揉去。如果是初次见面，最好将名片上的重要内容（如对方的职务、头衔等）读出声来。如果对方的组织名气大或个人知名度高，也可只重读组织名称或对方姓名。

另外，接到名片后，应立即将自己的名片递出。如果自己没有名片或没带名片，首先向对方表示歉意，再说明理由。

名片在当今社会交往中，已经成为最有效的交际工具。有一位名人曾经说过："在现代生活中，一个没有个人名片，或是不会正确使用个人名片的人，就是一个缺乏现代意识的人。"他说的这句话并非小题大做，而是切中要害。可以说，这句话充分说明了名片的重要性。

3. 名片的放置

随身携带的名片应使用较为精致的名片夹，且应放置在容易拿出的地方，不要与其他杂物混在一起，以免用时手忙脚乱，甚至拿不出来。在穿西装时，名片夹只能放在左胸内侧的口袋里。因为名片是一个人身份的象征，而左胸是靠近心脏的地方，将名片放在靠近心脏的地方，其含义无疑是对对方的一种礼貌和尊重。在不穿西装时，名片夹可放置于自己随身携带的小提包里。将名片放置于其他口袋，尤其放在后侧袋里是一种很失礼的行为，由于在社交活动中需要接受的名片很多，因此，最好将他人的名片与自己的名片分开放置。否则，一旦慌乱中误将他人的名片当作自己的名片送给对方，是很糟糕的。

 特别提示

名片不可在用餐时发送；切忌折皱、玩弄对方的名片；在别人的名片上做标记也是不礼貌的。

【相关链接】

名 片 语

西方人在使用名片时通常写有几个法文单词的首字母，它们分别代表如下不同含义。

① P.P.（Pour Presentation）：意即介绍，通常用来把一个朋友介绍给另一个朋友。当你收到一个朋友送来左下角写有"P.P."字样的名片和一个陌生人的名片时，便是

为你介绍了一个新朋友，应立即给新朋友送张名片或打个电话。

②P.F.（Pour Felicitation）：意即敬贺，用于节日或其他固定纪念日。

③P.C.（Pour Condoleance）：意即谨唁，在重要人物逝世时，表示慰问。

④P.R.（Pour Remerciement）：意即谨谢，在收到礼物、祝贺信或受到款待后表示感谢。它是对收到"P.F."或"P.C."名片的回复。

⑤P.P.C.（Pour Prendre Conge）：意即辞行，在分手时用。

⑥P.F.C（Pour Feliciter Congratulation）：意即恭贺新禧。

⑦N.B.（Nota Bene）：意即请注意，提醒对方注意名片上的附言。

按照西方社交礼仪，递送名片应注意，一个男子去访问一个家庭时，若想送名片，应分别给男、女主人各一张，再给这个家庭中超过18岁的女性一张，但决不在同一个地方留下3张以上的名片；一个女子去别人家作客，若想送名片，应给这个家庭中超过18岁的女性每人一张，但不应给男子名片；如果拜访人事先未约，也不想受到会见，只想表示一下敬意，可以把名片递给任何来开门的人，请他转交主人。若主人亲自开门并邀请进去，也只应稍坐片刻。

案例分析1

领导到我们单位视察，我们列队欢迎，领导与我们一一握手，我们是工人，领导与我握手时我是伸出右手去握，领导是双手握我的手。

请问，领导跟工人握手，领导是双手，我当时是单手，这样对吗？是否礼貌？我应该也伸出双手吗？

请学生模拟领导视察的合理握手情景。

案例分析2

某公司王经理约见一位重要的客户经理。见面之后，客户就将名片递上。王经理看完名片就将名片放到了桌子上，两人继续谈事。过了一会儿，服务人员将咖啡端上桌，请两位经理慢用。王经理喝了一口，将咖啡杯子放在了名片上，自己没有感觉，客户经理皱了皱眉头，没有说什么。

讨论：王经理有失礼之处吗？

接到对方名片后应该如何处置？

实战演练

介绍礼仪实训

实训项目：为他人做介绍。

实训目标：通过训练，使学生了解为他人做介绍的语言技巧及动作规范，将所学的礼仪知识运用到日常交际场合，熟练应用。

实训学时：1学时。

实训方法：

① 教师先分别以介绍人和被介绍人的身份进行讲解示范，然后学生按规定程序操作。学生之间进行互相点评，教师指导纠正。

② 学生3人或4人一组，自设情景，完成为他人做介绍。

实训考核：为他人做介绍训练考核内容，见表3-1。

表3-1 为他人做介绍训练考核表

姓名：_____

程序	操作标准	分值	得分
语言	口齿清楚，发音标准，介绍内容重点突出，主次分明，不零乱，不啰嗦，不冗长	40分	
目光	注视被介绍人，目光和蔼亲切，不盯视，不打量	20分	
手势及站姿	右手掌心向上，拇指向外张开，其余四指井拢，随语言内容在两位被介绍人之间做手势辅助，身体直立，不倾斜，不将身体重心只放在一条腿上	20分	
顺序	先向上级、长辈、地位高者、女士、官方人士、客人等介绍下级、晚辈、地位低者、男士、非官方人士、主人	20分	
总分		100分	

思考与练习

一、判断题

1. 不管什么场合，都可以戴着手套和墨镜与人握手。（   ）
2. 介绍礼的顺序是先向上级、长辈、地位高者、女士、官方人士、客人等介绍下级、晚辈、地位低者、非官方人士、主人。（   ）
3. 与人握手时目光应注视对方，以表示对对方的尊重。（   ）
4. 上下级握手，下级要先伸手，以示尊重。（   ）
5. 应先将未婚女子介绍给已婚女子。（   ）
6. 递名片时，名片的文字正面要朝向自己。（   ）
7. 接受他人名片时，应恭恭敬敬，双手捧接，并道感谢。（   ）
8. 当你介绍别人时，若突然想不起对方的名字，最好实事求是告诉对方。（   ）
9. 当别人介绍你时，说错了你的名字，不要去纠正，免得对方尴尬。（   ）
10. 为他人做介绍时，应该先把身份高的一方介绍给身份低的一方。（   ）

二、选择题

1. 在握手场合中，以下哪种是正确做法（   ）。

A. 男士与女士见面时男士先伸手　　　　B. 上级与下级见面时上级先伸手

C. 可以用左手与人相握　　　　　　D. 可以交叉握手

2. 在餐桌上递送名片时，以下哪种是正确做法（　　）。

A. 随缘递送　　　　　　　　　　　B. 先给在场女士递送

C. 严格按职位高低递送　　　　　　D. 先递给职务最高者，然后依次顺时针递送

学习任务二　商务沟通礼仪

【知识储备】

影响有效沟通的因素

1. 第一印象

第一印象是指在人际交往，或是在平时对某事物的接触过程中，人们对交往对象或对所接触事物产生的印象，特别是在和对方交往或对初次接触的事物所产生的对该人、该物的印象。第一印象的好坏，往往会直接左右着人们对交往对象或所接触事物的评价。第一印象一般在 7~30 秒内就会形成。

让对方产生良好第一印象的前提是，首先要塑造良好的自我形象，要注意整洁、端庄、得体的仪表服饰，彬彬有礼的待人接物方式，热情真挚地关心他人，充满魅力的动人微笑都是至关重要的。其次，就是对沟通技巧和沟通方式的掌握。

2. 语气、音色及肢体语言的有效运用

（1）学会有效运用肢体语言

在你和别人沟通的过程中，语言传递的信息、思想、情感所占的比例是不同的。更多的信息、情感是通过肢体语言传递给对方的。所谓肢体语言，不仅包括你的动作、神态和表情，还反映在你说话的音色、音量以及必要的抑扬顿挫上，不同的声音带来不同的效果。

音色也是一种肢体语言，给对方留下的是一种思想和情感，而不是简单的信息。平时在每天的工作、生活中都能听到同事、亲戚等不同的声音，传来的不同的音色比话语本身给我们传递的信息更多。所以在沟通的过程中，我们一定要注意调节自己的音色，让自己的声音包含更为丰富多彩的内容。

在我们说话的过程中，不同的语气和不同的重音都会给对方带来不同的印象，所以说话要注意如何抑扬顿挫。其中用不同的方式强调某一个字，或加重语气，会产生不同的效果。

将音幅、音调、音色等的特点单个或结合运用就可以表达语言的特定意思，或友好、或嘲讽、或兴奋、或悲哀、或诚恳、或虚假。以礼貌用语中用得比较多的一个"请"字来说，语调平稳，会显得客气，满载盛情；语调上升，并带拖腔，便意味着满不在乎，无可奈何，而语调下降，语速短促，就会被理解为是命令式的口气，怀有

敌意。事实上，人们在语言沟通时，同一句话，同一个字，就因为使用不同的表达语言而造成人们不同知觉的情况还有很多，比如人们往往觉得说话语速较快、口语较多的人是地位比较低且又紧张的人；而把说话比较响亮，慢条斯理的人知觉为地位较高，悠悠自得的人。说话结结巴巴，语无伦次的人会被认为缺乏自信，或言不由衷；而用鼻音哼声又往往会表现出傲慢、冷漠和鄙视，令人不快。意大利著名的悲剧影星罗西在一次欢迎外宾的宴会上应邀为客人表演一段悲剧，他用意大利语表达，尽管客人们听不懂他的台词内容，却为他那动人的声调和表情凄凉悲怆，而流下同情的泪水。

有些人在传达信息时，所用的字眼、语句可能是一样的，然而，由于肢体语言的不同，被接受的正确性与接受的程度就不同。

我国古人有"言不尽意"的说法，今天我们也常听到"我的心情无法用语言表达"之类的话，这些无法用语言表达的心理状态正是可以借助非语言符号来表达。在无限痛苦、悲哀或无比激动的时候，眼泪可以向人们打开心灵的窗户；一个人对另一个人的行为表示支持时，仅仅有力而又长时间的握手加之一系列的面部表情比"我坚决支持你"之类的话要寓意深远得多。而假如在一次气氛友好的会谈中，突然有人向背椅上一靠，不耐烦的插其双臂，此时对方应意识到，将要发生麻烦了。这真谓是"此时无声胜有声"。而且肢体语言有时比语言本身更简单和生动。肢体语言有时可以解释人的真心思想和内心世界。

人的内心活动较多是以面部为表现的。我们在相互交往中，都在自觉不自觉地用眼睛说话，也在有意无意地观察他人的眼神。比如，深切的注视是一种崇敬的表示；横眉冷对，是仇人相见的眼神。此外，瞳孔的大小也反映出心理活动的变化。心理学家往往用瞳孔大小的变化规律，来测试一个人对不同事物的兴趣、爱好、动机等。若是一个人感到有兴趣，他的瞳孔会扩张到比平常大四倍；相反，生气、消极的心理会使瞳孔收缩到很小。这种现象告诉我们，与人交往时，在注视对方的同时，可以设法让对方的瞳孔告诉你对方的真实感觉。脸部表情最明显的标志要算是哭与笑了。哭与笑夹杂在说话中，能表达某种特定的感情，打动对方的心。如《三国演义》中有这样一个情节：在赤壁之战前东吴阚泽去曹营代黄盖求降，曹操识破了黄盖的苦肉计，便喝令斩来使阚泽，在这紧急关头，阚泽却哈哈大笑起来，使曹操莫名其妙，于是追问阚泽为何发笑，阚泽便慷慨陈词，结果曹操不但没有行斩，反而被阚泽说服，中了苦肉计。阚泽化险为夷的故事从一个侧面反映了笑的力量和作用。

所以，在沟通过程中，肢体语言不仅包含着音色，更包含着眼神和表情等。这些肢体语言传递给别人更多的是你的思想和感情，既可以赢得别人的信任也可能失去信任。

（2）学会正确运用手势来传情达意

肢体语言是人际交往中常用的一种交流形式。使用得当，会给人以更深刻、更鲜明的印象。好的肢体语言不仅可以很好地表情达意，而且可以以优雅动人的体态，给人的视觉以美好的感觉，产生"此时无声胜有声"的作用。在日常生活和工作中，人们常常有意无意地借助各种手势，来表达自己的意思和情感。久而久之，某个手势便会成为一种定式，什么手势表现什么意思，大家心领神会、不言自明。

① 跷大拇指手势：中国人对这一手势赋予积极的意义，通常用它表示高度的赞誉。寓意为："好!"、"第一!"等。但是在英国、澳大利亚和新西兰等国家，跷大拇指则是搭车的惯用手势。而在希腊，跷大拇指却是让对方"滚蛋"的意思。中国人在与希腊人交往时，千万不要用跷大拇指去称赞对方，那样一定会闹出笑话，甚至产生不愉快。

② 指点手势：在交谈中，伸出食指向对方指指点点是很不礼貌的举动。这个手势，表示出对对方的轻蔑与指责。更不可将手举高，用食指指向别人的脸。西方人比东方人要更忌讳别人的这种指点。

③ 捻指手势：它所表示的意义比较复杂：有时是表示高兴；有时表示对所说的话或举动感兴趣或完全赞同；有时则视为某种轻浮的动作，比如对某人或异性"叭叭"地打响指。在陌生的场合或不熟悉的人面前，轻易地捻指，会使人觉得没有教养，碰到熟人打招呼时也来上一声捻指，也会使人觉得不舒服。总之，这是一种很随便的举止，慎用为好。

> **特别提示**
>
> 根据亚伯特·莫纳比恩的调查显示，如果你在社交场合与一位初次见面的陌生人寒暄，对方对你说话内容的印象只有7%，其余93%的印象来自你的表达方式和肢体语言，也就是非文字方式的沟通。所以，我们要全面把握在商务场合时的沟通技巧。

一、称呼礼仪

称呼语是指接待人员对宾客的尊称。正确地称呼对方是人与人交流的第一步，不仅是尊重对方的重要表现，也显示出自身的修养和风度。如果称呼语使用不当，就会伤害客人的感情，还会给企业的声誉带来负面影响。在接待工作中，使用礼貌用语是对接待人员的基本要求，接待人员在称呼上要掌握一些常用的习惯性的称呼，在为客人提供服务时正确使用，以免造成误会。

> **特别提示**
>
> 美国人比特·杜波尔曾经说过："如果你能记住一个人的姓名，他就可能给你带来一百个新朋友。"

1. 一般称呼

男宾无论其年龄大小与婚否，可统称为"先生"。女宾则应该根据其婚姻状况来确定称呼：对已婚女子称"夫人"（东南亚国家称"太太"）或"女士"；对未婚女子称"小姐"；对婚姻状况不明的女宾，可称"小姐"或"女士"。对成年女士贸然称呼"夫人"，很有可能因为误解而激起对方的恼怒。以上称呼可以连同姓名、职衔、学位一起使用，如"史密斯先生"、"格林太太"、"布朗小姐"、"总裁先生"、"法官先生"等。

2. 称呼职务

在公务活动中，可以对方的职务相称。例如，称其为"部长"、"经理"、"处长"、"校长"，等。

对在政府部门、企业公司任职的人来说，称呼他们的职务是对他们的尊重和赞美，这种称呼方式在我国最为常用。如果知道其姓氏，在其所担任的职务前加上则会更礼貌，如王市长、李经理、赵厂长、张主任等，称职务会给对方以尊严感和荣誉感。对职务高的官方人士，如部长以上的高级官员，可称之"阁下"。例如"总统阁下"、"大使先生阁下"等。对有高级官衔的妇女，也可称"阁下"。但在美国和德国等国家没有称"阁下"的习惯，对这些国家的相应人员，应称"先生"或"女士"。

3. 称呼职业

对没有职务的人，我国习惯以对方的职业为特点来称呼，如周老师、刘秘书、王律师、司机师傅、导游女士等。这种称呼方式也能很好地体现出对对方的礼貌和尊重，较有亲切感。

4. 按与对方的关系称呼

对同事、同学、朋友、邻居等彼此熟悉的人，称呼一般简单随便。除了可用以上称呼职务或职业的方式外，为了体现亲切感，对比自己年长者，可在其姓氏前加一个"老"，如老李、老马；而比自己年幼者可称其小李、小马；关系更好的还可称呼对方的名字。

5. 特殊性的称呼

对君主制国家的王室成员和神职人员应该用专门的称呼。如在君主制国家，按传统习惯称国王、王后为"陛下"，如"国王陛下"、"王后陛下"；称王子、公主、亲王为"殿下"；对有爵位的人士可称爵位，也可称"阁下"或"先生"。知其姓名的，称其姓名和职称，如"福特神父"；不知其姓名的，称其职称和先生，如"传教士先生"、"牧师先生"等。

对军人，一般称军衔。知其姓名的，可称其姓名和军衔，如"莫利上校"；不知其姓名的，称其军衔和先生，如"上校先生"等。有些国家对将军、元帅等高级军官也称"阁下"，如"戴维斯将军阁下"。

职场人士在与客人沟通的过程中，切忌使用"喂"来招呼客人，即使客人离你较远，也应该使用敬称。切记，不能对客人使用不礼貌、不尊重的称呼。

【相关链接】

接待工作中的称呼禁忌

进行人际交往，在使用称呼时，一定要回避以下几种错误的做法。其共同的特征，是失敬于人。

1. 使用错误的称呼

使用错误的称呼，主要由于粗心大意，用心不专。常见的错误称呼有以下两种。

① 误读：误读，一般表现为念错被称呼者的姓名。比如"郇"、"查"、"盖"这些姓氏就极易弄错。要避免犯此错误，就一定要做好先期准备，必要时不耻下问，虚心请教。

② 误会：误会，主要指对被称呼的年纪、辈分、婚否以及与其他人的关系作出了错误判断。比如，将未婚妇女称为"夫人"，就属于误会。

2. 使用过时的称呼

有些称呼，具有一定的时效性，一旦时过境迁，若再采用，难免贻笑大方。比方说，在法国大革命时期，人们彼此之间互称"公民"；在我国古代，对官员称为"老爷"、"大人"。若将它们全盘照搬进现代生活里来，就会显得滑稽可笑，不伦不类。

3. 使用不通行的称呼

有些称呼，具有一定的地域性，比如，北京人爱称人为"师傅"，山东人喜欢称呼"伙计"；但是，南方人听来，"师傅"等于"出家人"，"伙计"肯定是"打工仔"。中国人把配偶称为"爱人"，小孩称为"小鬼"。而外国人则将"爱人"理解为进行"婚外恋"的"第三者"，将"小鬼"理解为"鬼怪"、"精灵"。可见，相同的称呼理解起来却"南辕北辙"，容易产生误会。

4. 使用不当的行业称呼

学生喜欢互称为"同学"，军人经常互称"战友"，工人可以称为"师傅"，道士、和尚可以称为"出家人"，这并无可厚非。但以此去称呼"界外"人士，想表示亲近，没准对方不仅不领情，反而产生被贬低的感觉。

5. 使用庸俗低级的称呼

在人际交往中，有些称呼在正式场合切勿使用。例如"兄弟"、"朋友"、"哥们儿"、"姐们儿"、"磁器"、"死党"、"铁哥们儿"，等等一类的称呼，就显得庸俗低级，档次不高。它们听起来令人肉麻不堪，而且带有明显的黑社会人员的风格。逢人便称"老板"，也显得不伦不类。

6. 使用绰号作为称呼

对关系一般者，切勿自作主张给对方起绰号，更不能随意以道听途说来的对方的绰号去称呼对方。至于一些对对方具有侮辱性质的绰号，例如，"北佬"、"阿乡"、"鬼子"、"鬼妹"、"拐子"、"秃子"、"罗锅"、"四眼"、"肥肥"、"傻大个"、"北极熊"、"黑哥们"、"麻秆儿"，等等，则更应当免开尊口。另外，还要注意，不要随便拿别人的姓名乱开玩笑。要尊重一个人，必须首先学会去尊重他的姓名。每一个正常人，都极为看重本人的姓名，而不容他人对此进行任何形式的轻践。对此，在人际交往中，一定要予以牢记。

（资料来源：http：//www.51test.net/show/1203080.html）

二、问候礼仪

问候礼通常简称为问候、问好、问安，或者称之为打招呼。它是指在与他人相见时，以专用的语言或动作向他人询安问好。见面打招呼是最普通的礼仪，它发生在瞬间，却影响久远。一句简单的问候，"早晨好"、"下午好"、"晚上好"，或者说一声"您好"，就能表达对客人的尊敬。对熟人不打招呼，或者别人给你打招呼你装作没听见，都是不礼貌行为。

在工作中，接待人员在需要问候接待对象时，应注意如下 3 个问题。

1. 问候次序

如果同时遇到多人，特别在正式会面的时候，宾主之间的问候要讲究一定的次序。

① 一个人问候另一个人：一个人和另外一个人之间的问候，通常是"位低者先问候"。即身份较低者或年轻者首先问候身份较高者或年长者。

② 一个人问候多人：这时候既可以笼统地加以问候，比如说"大家好"，也可以逐个加以问候。当一个人逐一问候许多人时，既可以由"尊"而"卑"、由长而幼地依次而行，也可以由近而远依次而行。

2. 问候态度

问候是敬意的一种表现，态度上需要注意以下内容。

① 要主动：问候别人，要积极、主动。当别人首先问候自己后，要立即予以回应，不要不理不睬摆架子。

② 要热情：问候别人的时候，通常要表现得热情、友好。毫无表情或者表情冷漠的问候不如不问候。

③ 要自然：问候别人的时候，要主动、热情，自然大方。矫揉造作、神态夸张，或者扭扭捏捏，反而会给人留下虚情假意的不好印象。

④ 要专注：问候的时候，要面含笑意，以双目注视对方的两眼，以示口到、眼到、意到，专心致志。不要在问候对方的时候，眼睛已经看到别处，让对方不知所措。

3. 问候内容

"您好"是最常用的问候语，适用于任何场合、任何时间，但切忌一味地使用"您好"。职场人员应当根据具体的时间和地点，选择合适的问候语。

与客人初次见面时,应主动对客人说:"您好!欢迎光临!"或"您好,见到您很高兴。"若是已认识的客人则说:"××小姐(××先生),欢迎再次光临……"或"××小姐(××先生),我们一直在恭候您的再次光临。"

在一天之中不同的时间问候客人,应注意采用不同的问候语,如"早上好"、"您早"、"中午好"、"晚上好"等。

与西方人打招呼,一定不要用中国人见面时常用的"你上哪儿去呀?"或"你到哪儿去了?"等问候语,这会被他们认为是想要探知别人隐私的失礼行为。也不要见面就问:"你吃过饭了吗?"这样问往往会被误解成你要请他们一起用餐。

当前在国际交往中,问候用得比较多的是"您好",需要注意的是在关系比较熟悉的情况下才使用这样的招呼用语;在关系不太熟悉的情况下,或是为了表示尊重,比较有把握的问候用语是"早晨好!"、"下午好!"、"晚上好!"。

在美国,人与人问候比较随便,大多数情况下,只要不是初次见面,都可以用"您好"来打招呼,很少讲究身份、年龄和级别等;欧洲人就不那么随便了,比如年轻人对年长者、身份低的人对身份高的人,就不宜使用最简单的用语"Hello"(你好)来打招呼,而应该用"早晨好"、"下午好"、"晚上好"等用语来打招呼。

在巴基斯坦及中东地区国家,由于多信奉伊斯兰教,问候的第一句话是"真主保佑",以示祝福。

 特别提示

在你发现前方有熟人时,打招呼的时候不要从身后喊对方,应该从对方的身边绕到前面再问候,突然从身后上来就拍肩膀已经很不礼貌了,惊吓对方更是失礼。

【参考案例】

语言的艺术

在一家涉外宾馆的中餐厅,此时正值中午时分,用餐的客人很多,服务小姐忙碌地在餐台间穿梭着。

有一桌有好几位外宾在用餐,其中一位外宾在用完餐后,顺手将自己用过的一双精美的景泰蓝食筷放入了随身带的皮包里。服务小姐在一旁将此景看在眼里,不动声色地转入后堂,不一会儿,捧着一只绣有精致花案的绸面小匣,走到这位外宾身边说:"先生,您好,我们发现你在用餐时,对我国传统的工艺品——景泰蓝食筷表现出极大的兴趣,简直爱不释手。为了表达我们对您如此欣赏中国工艺品的感谢,餐厅经理决定将您用过的这双景泰蓝食筷赠送给您,这是与之配套的锦盒,请笑纳。"

这位外宾见此状,听此言,自然明白自己刚才的举动已被服务小姐尽收眼底,颇为惭愧。只好解释说,自己多喝了一点,无意间误将食筷放入了包中,感激之余,更执意表示希望能出钱购买下这双景泰蓝食筷,作为此行的纪念。餐厅经理亦顺水推舟,按最优惠的价格,记入了主人的账上。

聪明的服务小姐既没有让餐厅受损失，也没有令客人难堪，圆满地解决了事情，并收到了良好的交际效果。

（资料来源：职业餐饮网）

三、赞美的技巧

赞美他人，是我们在日常生活中常常碰到的。要建立良好的人际关系，恰当地赞美他人是必不可少的。美国一位著名社会活动家曾推出一条原则："给人一个好名声，让他们去达到它。"事实上被赞美的人宁愿作出惊人的努力，也不愿让你失望。赞美能激发他人满足自我的强烈需求。一个人具有某些长处或具有了某些成就，他还需要得到社会的承认。如果你能以诚挚的敬意和真心实意地赞扬满足一个人的自我，那么任何一个人都可能会变得更令人愉快，更通情达理，更乐于协作。因此，你应该努力去发现你能对周围人赞美的小事，寻找他们的优点，形成一种赞美的习惯。

赞美是对他人的行为、举止及进行的工作给予正面的评价，赞美是发自内心的肯定与欣赏。赞美的目的是传达一种肯定的信息。你所赞美的人会因有了激励更自信，想要做得更好。

【参考案例】

一位游客在参观故宫的时候，忍了3个小时没有抽烟，走到神武门门口时，下意识地取出了香烟，随即又发现仍然在古建筑之中，就又迅速地将烟收了回去。此时，细心的导游看在了眼里，立刻以显微放大的方式进行表扬。导游说："张先生刚才想抽烟，但是还是克制了自己的欲望，将烟收了回去，可见他的文物保护意识在参观故宫的过程中得到了极大的升华。大家应该向他学习，现在请大家用掌声鼓励一下。"大家热烈鼓掌，掌声使张先生的脸上绽开了灿烂的笑容。不仅张先生非常高兴，而且全团的气氛也十分活跃。在参观故宫这样的古建筑群时旅游团的气氛稍微严肃了点，而这样的调侃有效地活跃了旅游团的参观氛围，为故宫的游览画上了一个圆满的句号。

（资料来源：http://www.zztrc.edu.cn/art/2014/314/art_159_29983.html）

1. **赞美的态度要真诚**

每个人都珍视真心诚意，它是人际沟通中最重要的尺度。美国专门研究社会关系的卡斯利博士曾说过："大多数人选择朋友都是以对方是否出于真诚而决定的。"古人说得更好："精诚所至，金石为开。"如果你在与人交往时不是真心真意，那要与他建立良好的人际关系是不大可能的。所以在赞美时，你必须确定你赞美的人确实有此优点，并且要有充分的理由赞美他。

2. **赞美的内容要具体**

赞美要依据具体的事实评价，除了用广泛的用语如："你很棒！"、"你表现得很好!"、"你不错!"最好还加上具体事实的评价。例如:"你的调查报告中关于技术服务人员提升服务品质的建议,是一个能针对目前问题的最好的解决方法,谢谢你提出对公司这么有用的办法。""你这次处理客户投诉的态度非常好,自始至终婉转、诚恳,并针对问题提出解决方案,你的做法正是我们期望员工能做的标准典范。"

3. 注意赞美的场合

在众人面前赞美,对被赞扬人而言,当然受到的鼓励是最大的,这是一个赞扬他人的好方式,但公开赞扬最好是能被大家认同及公开评价的事项。例如:业务竞赛优胜者,或是社会大众认同的义举,对公司产生重大的贡献,在公司服务20年的资深员工等,这些值得公开赞扬的行为都是在公平竞争下产生的,或是已被社会大众或公司全体员工认同的。

4. 赞美技巧的运用

(1) 锦上添花式

锦上添花式的赞美就是好上加好,不过所添之"花"必须有特色。我们用锦上添花的方法赞美同事、朋友时,一定要有真诚的态度。这时的同事、朋友已经有了"锦",不一定需要别人的"花"了,如果赞美没有真诚的态度,就容易引起对方的反感甚至是误会;而如果所添之"花"有特色,就能够引起对方的共鸣。

(2) 雪中送炭式

雪中送炭式的赞美是最具有功德性的赞美,在人们最需要他人鼓励的时候能够听到我们的一声真诚的赞美,将有十分明显的激励作用,能够更加坚定他人奋发努力的信心。在同事、朋友遇到困难或者心情不太愉快的时候,我们可以使用这种赞美方式,抓住同事、朋友的某个特点或某一件事情赞美他们,使同事、朋友获得真诚的鼓励。

(3) 笼统模糊式

笼统模糊式的赞美主要适宜浅层次的赞扬,属于策略性的赞美。一般多用于与同事、朋友相关的各种主客观的整体性因素的表扬,比如,对大多数同事、朋友所代表的整个企业的表扬、对友人家乡的各种情况的赞扬等。

(4) 具体清晰式

具体清晰式的赞美主要是赞美的内容要具体,最好具体到赞美什么、为什么赞美等内容。比如,听说某一同事、朋友的家乡在杭州,你就赞美说:"杭州可是一个好地方啊,俗话说'上有天堂,下有苏杭',白居易也抒发了'未能抛得杭州去,一半勾留是此湖'的慨叹。这些对杭州的吟咏、赞美不能不使没去过杭州的人愈发向往杭州,不能不使去过杭州的人愈发怀念杭州。"不用说,无论多么有个性的同事、朋友听了都会由衷地感到高兴的,都会理解你的善意。

(5) 直接鼓励式

在一般社交礼仪中,直接鼓励式的赞美多用于有地位级差的情况,即多用于从高到低的情况。但是在组织中,即使你的身份地位低于同事、朋友,也可以使用直接鼓励式赞美同事、朋友。比如，一位年长的同事非常准时地按照约定的时间到指定地点集合了。你就应该立刻进行直接性的表扬："您真是太准时了，长辈人的时间观念就是强啊，公德修养就是高啊！"你的年长同事、朋友决不会因为你是年轻人，就会对你的这种赞美不以为然的。

（6）间接迂回式

间接迂回式的赞美主要是含蓄地表达赞美意向，从而不露痕迹地巧妙地称赞对方，让对方在不知不觉中潜移默化地受到融洽气氛的感染。如果要间接地赞美某一个同事、朋友，可以从他的职业、籍贯、民族、习俗、地域、特产、气候特点等方面进行。比如，可以赞美同事、朋友："到底是教师啊，素养就是高。"、"真是天堂出靓女呀，杭州的女孩子就是漂亮。"、"听说您的母校非常有名，出了许多优秀的人才。"、"您是山东人呀，山东真是太厉害了，中国一些大名牌都让你们山东给包了。"这些赞美虽然不是直接针对同事、朋友，但有时候比直接赞美他的效果更好，受到恭维的同事、朋友一样会喜不自禁、眉开眼笑的。他们会生出一种自豪感，为自己的职业、家乡、民族和习俗等感到由衷的骄傲。

（7）对比显长式

对比显长式的赞美常常是以他人之短来对比赞美对象之长。使用这种方式，一定要特别讲究表达方式，追求良好的表达效果。首先，赞美对象的"长"是清晰而具体的，比较对象的"短"则应该是笼统而模糊的，不能指向特定对象，否则，就会影响赞美的效果。其次，比较时不能当着有"短"的一方的面说，否则就会伤害这一方，赞美的效果同样要受到影响。比如，你赞美一位老年同事的毛衣外套，说："您的外套真是太好看了，这种花色与款式的妙处只有像您这样有眼光的长辈才能发现，现在的年轻人就不太会体会其中的审美效果了。"老年同事听了以后当然高兴，但是一定不能当着年轻同事说这种话，否则，会引起年轻同事的不满。

（8）显微放大式

抓住每一个具体的小事及时赞扬，表现出一种十分细致的体贴入微，这会使同事、朋友感到由衷的高兴。一个人值得赞美的地方不仅是因为其具有明显的优点或长处，而且还蕴藏着许多不明显的或尚未明显表现出来的可贵之处。我们运用显微放大的方式赞美同事、朋友，有助于进一步发掘同事、朋友的各种潜能，从而进一步发挥他们的积极性。

 特别提示

沟通时，细节的处理上遵守一定的既成惯例。

1. 注意倾听

在交谈时，倾听可以通过专注的眼神和语言表现出来，倾听对方谈话时应注视对方，全神贯注，眼神是自然、柔和的。还应适时地配合对方的谈话，用语言或身体来表示自己在认真聆听对方的谈话。例如，适当的点头、微笑、手势等以及配合语言，如"是吗？"、"真遗憾啊！"等都表明自己在认真倾听，会使谈话气氛更加活跃、融洽。

2. 谨慎插话

交谈中不应当随便打断别人的话，要尽量让对方把话说完再发表自己的看法。如确实想要插话，应向对方打招呼："对不起，我插一句行吗？"但所插之言不可冗长，一两句点到即可。

3. 礼貌进退

加入别人谈话之前应先打招呼，征得对方同意后方可加入。相应地，他人想加入己方交谈，则应以握手、点头或微笑表示欢迎。如果别人在个别谈话，不要凑上去旁听。若确实有事需与其中某人说话，也应等到别人说完后再提出要求。谈话中若遇有急事需要处理，应向对方打招呼并表示歉意。值得注意的是，男士一般不宜参与妇女圈子的交谈。

4. 注意交流

交谈是一个双向或多向交流过程，需要各方的积极参与。因此在交谈时切勿造成"一言堂"的局面。自己发言时要给其他人发表意见的机会，别人说话时自己要适时发表个人看法，互动式促进交谈进行。

【参考案例】

一见如故的秘密

有一个五岁大的女孩，她有着优美的歌声，她的天赋从一开始就颇堪造就。当她长大时，她的家人了解她需要专业声乐训练，就请了一个很有名的声乐老师来训练她。这位老师造诣很深，是一个十分苛求完美的老师。不论何时，只要这女孩一想到放弃或节奏稍微不对，他都会很细心地指正。经过一段时间以后，她对教师的崇拜日益加深。即使年龄相差很大，而且他的严格远胜于鼓励，但是她最后还是嫁给了他。他在婚后继续教她，但是她的朋友发现她那优美自然的腔调已有了变化，带着拉紧、硬邦邦的音质，不再是以前那种清爽而刺激的声调了。渐渐地，邀请她去演唱的机会越来越少。最后，他们几乎不邀请她了。而这时，她的先生，也是她的老师死了。以后几年，她很少演唱，或根本没有演唱。

她的才能很少用到，直到又有一位推销员追求她为止。有时候，当她正在哼着小调，或一个乐曲旋律时，他会惊叹歌声的美妙。"再唱一首，亲爱的，你有全世界最美的歌喉。"他总是这样说。事实上，他可能不知道她唱得是好是坏，但是他确实非常喜欢她的歌声，所以他一直对她大加赞扬，她的自信心开始恢复了，她又开始前往世界各地演唱，稍后，她嫁给了这位"良好的发现者"，又重新开始了成功的歌唱生涯。

有人说赞美不过是几句话的空气而已，但是应强调，那位推销员对她的称赞出于诚挚、真心。衷心赞美事实上是最有效的教导与驱动。赞美似乎把空气放得太多了，但是就像我们用来注满汽车轮胎的空气一般，能为我们解决人生高速公路上的一些疑难问题。赞美别人，仿佛用一支火把照亮别人的生活，也照亮自己的心田，有助于发扬被赞美者的美德和推动彼此友谊健康地发展，还可以消除人际间的龃龉和怨恨。赞美是一件好事，但绝不是一件易事。赞美别人时如不审时度势，不掌握一定的赞美技巧，即使你是真诚的，也会变好事为坏事。所以，开口前我们一定要掌握一下技巧。

（资料来源：http://blog.163.com/suchuang_zxc/blog/static/961697112010094131529/）

案例分析

你把照顾金鱼和给盆栽小西红柿浇水的任务交给了孩子，可他不是一天喂两次金鱼就是3天忘了喂食，更想不起要给小西红柿"喝水"了。但是最近3天，他却很好地完成了任务。你心里虽然满意，嘴里却说："你这几天终于记住了自己该做的事，真是太阳从西边出来了！明天可别再忘了！"

请问这样的赞美对吗？该怎样赞美？

思考与练习

一、判断题

1. 雅语是在与师长或身份、地位较高的人交谈时使用的语言。（　　）
2. 在公共汽车上或地铁车厢内遇到熟人要主动大声招呼对方。（　　）
3. 观看足球比赛时，当自己崇拜的球队失利时，要冷静对待，不应出现过激行为，要使用文明语言鼓励队员。（　　）
4. 对陌生人和初次交往者称呼较为随便，不受限制。（　　）
5. 交谈是建立良好人际关系的重要途径，也是日常接待的主体。（　　）
6. 在与人交谈时，如果无其他重要约会，最好少看自己的手表。（　　）
7. 初次见面可以谈健康问题。（　　）
8. 与人交谈时要目不转睛地盯着对方看。（　　）
9. "年龄"不属于隐私类话题，可以在交谈中使用。（　　）
10. 交谈时应该是等对方把话说完，再进行发言。（　　）
11. 在闲谈的时候要注意选择安全性话题。（　　）
12. 与人交谈时要注意聆听。（　　）

二、选择题

1. 问候是敬意的一种表现，以下不属于态度上需要注意的是（　　）。
A. 要主动　　　　B. 要刻意准备　　　　C. 要热情　　　　D. 要自然
2. 称呼有其特殊性，以下不属于称呼特殊性的是（　　）。
A. 教授　　　　B. 殿下　　　　C. 阁下　　　　D. 牧师先生

用电话做生意时，也不能忘记微笑。

项目四
商务办公礼仪

◎ **知识目标**
1. 掌握办公室相处的基本礼仪。
2. 掌握接待的基本位次礼仪。
3. 掌握电梯及行进间礼仪。
4. 掌握乘车位次礼仪。
5. 掌握固定电话、手机等的使用礼仪。

◎ **技能目标**
1. 理解办公室接待礼仪规范，强调在具体的接待工作中得以良好实施。
2. 根据各种位次礼仪，深层次理解工作环境中如何体现对他人的尊重。
3. 会正确拨打和接听工作电话。

◎ **实战目标**
1. 培养学生的组织与协调能力，使学生具备基本职场接待能力。
2. 通过演练，改善员工商务形象和接待水平。
3. 增强人际沟通能力。

学习任务一　办公室礼仪

一、与同事相处的礼仪

同事关系相处和谐，才能发挥"一加一大于二"的团队功能。能不能和同事和谐相处，进行良好的协调和沟通，是现代职业人士的重要素质。

1. 团结合作

团结合作的同事关系是任何一个现代组织所必需的。如何创造一个团结合作的同事关系呢？

（1）密切合作

在现代社会中，要想在事业上取得成功，首先就要提倡一种荣辱与共的团队精神。在具体工作中，和自己平级的同事之间，既要有分工，更要讲合作。只有大家团结一致，才能维护本单位的共同利益，才能做好本职工作。比如工作时间外出时，应该向同事打个招呼。倘若领导或熟人来找，也好让同事有个交代。

（2）积极交流

和同事之间的密切合作，首先有赖于双方的互相信赖和积极交流。假如"老死不相往来"，则难有成功的合作可言。同事之间的交流，应当是有来有往，双向沟通。同时，还要注意使交流有助于完成本职工作，要使交流持之以恒。

（3）热忱关心

对同事，在工作上、生活上要给予热忱的关心。既要讲事业，又要重友情。相互之间要重义轻利，彼此体贴。

（4）宽大为怀

平级的同事之间，不存在服从与被服从的关系，而只存在着合作共事的关系。共事中难免会产生分歧，甚至由此而引发矛盾。遇上这种情况，要以工作为重，非原则问题就不要去争辩谁是谁非。不要小肚鸡肠、心胸狭窄、钩心斗角、难为对方。

（5）不搞小集体

大家一起工作，共事久了，肯定会和同事间的关系有疏密之分。但是切不要将亲密关系在办公室里张扬，如小声交头接耳，突然哈哈大笑，做事你我不分，都会惹来别人的反感或不悦。

（6）不侵权行事

每个人都在自己的职权范围内活动，尊重他人的职权，支持同事和下属的工作，不应该以任何借口，采取任何形式干涉别人的工作，侵犯他们的职权。

（7）物质往来要清楚

同事之间相互借钱、借物或馈赠礼品等物质上的往来切忌马虎。即使是小的款项，也应记在备忘录上，以提醒自己及时归还，以免引起不必要的误会。向同事借钱、借物，如果相对金额比较大或价值比较大，要主动打张借条，以增进同事对自己的信任。如果所借的钱或物不能及时归还，必须向对方说明情况。在物质利益方面无论是有意或者无意地占了对方的便宜，都会在对方的心理上引起不快，从而降低自己的可信度，影响彼此的关系。

（8）不推卸责任

自己的职务、职责要明确，坚决克服工作扯皮、推卸责任、诿过他人等不良行为和作风。

2. 摒弃私情

工作时公是公，私是私，不能把私人情感、好恶带到工作上来。

哪怕在家里或者在上班时间之外，个人情绪上别扭，只要到了单位，都应该放下思想包袱，调整心态，不能再把那种别扭劲儿、不好的情绪带到工作中来。

即使对某个同事有意见，那也仅是私人情感，工作中该配合还是要配合，该协作还是要协作，不能因此影响了整体工作安排。

有些单位设有质量监督、巡视等检查部门，设立的初衷是为了提高工作质量和效率，而不是故意与某些岗位或人员为难。所以，具体执行者在落实时就要明确秉公办理、不徇私情，任何一项执行的细节都要有据可依，被执行者同样也应认识到这是工作上的需要而不是故意和谁过不去。

很多大单位的员工往往来自五湖四海，同事关系当中就有了"同乡"这样的概念。这样的关系在非工作时间，可以因地缘关系而拉近彼此的感情，促进心灵的沟通，但在工作上不能因此厚此薄彼，甚至对其他人有所排斥。

3. 换位思考

不同的教育背景、不同年龄、不同工作岗位和身份的人，思维方式、办事方式也都各有千秋。所以，工作中必须经常换位思考，才能有一个和谐的同事关系。

工作中，最烦人的莫过于自己不懂却要充内行人去指指点点，用外行的话去挑剔自己不了解的专业。如果遇到这种情况，没有必要太在意，就是因为他们不是本专业的，所以才会有这些让人啼笑皆非的挑剔。

另外，工作中如果遭受到背后议论或嫉妒，有些难相处的同事因自身的原因与你发生争执、产生冲突、破坏你的工作热情，这样的情况并不少见，要学会体谅。

不能因为他们有这样那样的缺点就大惊小怪，揪住不放。要善于"举大德，赦小过，无求备于人"。古人说："水至清则无鱼，人至察则无徒"，任何人都有优点和缺点。只要立足工作，从实际出发，换位思考，容人之过，谅人之短，对他们以诚相待、一视同仁、宽以待人，就一定能和他们愉快相处、共同进步、共同发展。

4. 学会关心

工作场合，同事之间是要摒弃私人感情，但并不意味着起码的人情事故都没有。学会关心，不仅是关心同事本人，更要通过关心同事，体现出你对这个团队的关注和呵护。比如同事生日、结婚、升迁、乔迁等，都可以表达祝贺；同事身体不舒服甚至生病时，应表达同情和问候；同事买了新衣服，适时适当地赞美一下；同事出差时，可以嘱咐他们一路上照顾好自己，并祝他们马到成功；出差回来的时候，要表达问候等。不能成为一个"不食人间烟火"的另类。

【参考案例】

怎样与意见分歧者共事

虽在同一部门，有时也很难避免有同事与你意见不同。

由于人人的背景不同、性格有异，加上大家以前在不同的学校生活、学习，有不同意见或对事情有不同的处理方法十分普遍。

假如持这些不同意见的人只是另一部门的同事，或平时很少有机会合作，当然问题不大。不过，如果这些人是同一部门的同事，或常常有机会合作的，若出现问题，究竟是坚持己见，一意孤行，还是妥协下来？

如果双方在职位上有高低之分，不论如何，最后的决定权自然在职位高的人身上。如对方的职位高，或资历比你深，在大家意见不同时，如他以职级压你，你也没有什么办法。如果大家意见不同，但并不存在着对错之别，在对方以职位压下来时，不妨让一让步。但如果自己很清楚对方的办法有问题，而对方不接受你意见的话，最好在开会时记录下自己的提议，以便日后真的出错，而上级责怪下来时，有所交代。

假如对方职级比你低，最后的决定权自然在你身上。这时，不妨冷静下来，仔细分析对方的意见，即使不接受，也应留意对方的提案中，是否点出自己意见的弱点，需要加以修改。

最难处理的，便是大家不高不低，这时只好请上级仲裁了。

一个竞争对手往往更能指出自己的不足之处，所以不要以敌视的眼光对待那些意见不同的人，因为往往能帮你把计划进一步改善的，便是这些人的意见。

（资料来源：刘平.商务礼仪.北京：中国财经出版社，2005.）

二、与上级相处的礼仪

 特别提示

上级领导是一个单位或部门的灵魂。尊重领导，是下属的天职，是上下级之间良好关系的前提和基础。

1. 不乱传话

每个人都有自己的缺点和隐私，只是缺点大小不同，或者隐私是否为别人所知而已。和领导在一起久了，大家都熟悉了，难免多多少少会知道领导的一些不为人知的隐私，或者了解到领导的一些缺点。这些事情即使知道了，也不能作为同事间茶余饭后的谈资、四处扩散。这是对领导人格的起码尊重。

领导也是人，所以在私下场合难免会和他认为关系比较亲近的下属不经意透露一些单位尚未公布或者尚未正式形成决策的事情。如果你听到了，就当听到了就行，既不能随便评论，更不能当作"独家猛料"四处传播。否则，既不利于单位的安定团结、影响单位形象，又会影响单位的决策、机密。

2. 不越职权

不越自己的职权行事，这也是尊重领导的表现。

在通常情况下，每个人只有一位直接领导，一般情况下应该只向直接指挥自己的领导请示和汇报情况，不应越级请示汇报，不应接受多头领导。没有获得授权，也不能代替领导或者其他同事行使本应属于他们的职权。

不越职权，还体现为要服从工作安排。下属对其主管领导或领导的安排应该服从，即便有意见或不同想法，也应执行，对领导指挥中的错误可以事后提出意见，或者执行中提出建议，这是形成高效能指挥系统必不可少的条件。

从某种意义上来说，支持领导既是下属的一项义务，也是尊重领导的具体体现。支持领导，重在表里如一。把本职工作做好了，认真地完成领导所下达的各项任务，就是对领导最大的支持，同时也是在行使自己的职权。在日常工作中，切忌对领导阳奉阴违、口是心非。

【参考案例】

小洁在一家外企公司当秘书，她的新上司也是一位女士，第一天上任和小洁握手时，这位气质高雅的总经理微微皱了一下眉头。善于观察的小洁敏锐地发现，原来自己用了和上司同一品牌的香水。

从第二天起，小洁身上再也没有和总经理一样的香味。她立即改用低一个档次的其他品牌香水，而且在服饰上、发型上、言行举止上绝不同女上司"争奇斗妍"。在交际场合，总是让总经理处于鲜明突出的中心位置。小洁虽然学历高，能力强，但处处谦恭，甘当陪衬，深受总经理的赏识，半年后被提拔为总经理助理。

3. 维护尊严

（1）领导理亏时，给他台阶下

常言道：得让人处且让人。对领导更要这样，领导也是人，并不总是正确的，但领导又都希望自己正确。所以没有必要凡事都和领导争个孰是孰非，得让人处且让人，在适当的时候要给领导台阶下，维护领导的尊严。

（2）领导有错时，不要当众纠正

如果错误不明显、无关大碍、其他人也没发现，可以"装聋作哑"。如果领导的错误明显，确有纠正的必要，最好寻找一种能使领导意识到而不让其他人发现的方式纠正，让人感觉领导自己发现了错误而不是下属指出的，如一个眼神、一个手势甚至一声咳嗽都能解决问题。

（3）提建议时要讲究方法，考虑场合

不要当众提建议，应该选择在领导不忙、心情较好、没有其他人在场的时候。提建议时不要急于否定领导原来的想法，而要先肯定领导的大部分想法，然后有理有据地阐述自己的见解。

（4）不推卸责任

要明确自己的责任，避免工作中的扯皮、办事拖拉、推卸责任、诿过他人等不良的工作作风。

（5）适时汇报工作

工作进展到一定程度，或者遇到了会影响工作进度的重大困难，都应主动向领导汇报，或者让领导主动掌握工作进度，或者请领导提出指示意见。

（6）维护领导的核心形象

领导是一个单位或者部门的核心，在公众场合的时候，下属无论在形象上还是举止上都要维护好领导的地位，不应在风头上盖过领导。

【参考案例】

电视剧《亮剑》中，师长李云龙原配夫人逝世多年后，与护士小田坠入爱河。李师长亲自来小田家提亲，小田父亲就是不同意这门亲事。李云龙就一直站在院子里，直到老人家同意他娶小田为止。警卫员在边上调皮地笑着，李云龙严肃地说："你可是学过保密条令的啊，这件事情绝对不允许你告诉别人。"

试想，如果这件事情被其他战友知道，就会变成大家茶余饭后的笑料，难免会使李师长尴尬。事实上警卫员事后也没乱传，这也正是尊重领导的体现。

（资料来源：http：//www.jiangshi.org/article/37287.html）

4. 应对批评

受到领导的批评，会产生不愉快心理。被批评者有怨言也正常，因为产生错误的原因是多方面的。但是，对领导的批评，首先要做到正确对待。每个人都要理解：尽管批评的分寸、口气、方式等不一定适宜，或有偏颇，或有出入，但是，领导的出发点都是为了把工作做好。同时，要学会换位思考。哪一级领导，都要对他的下属负责。领导总喜欢高标准地要求自己的下属，希望他们工作上不出纰漏，尽善尽美。所以，要体谅领导，努力克制缓解自己的对抗情绪。如果领导真的批评错了，也不能当面反驳领导，可以私下选择一个适当的时机跟领导说明白，领导一定会对你有个好印象。一个会尊重领导的下属，也同样会受到领导尊重的。

案例分析 1

小郑来单位已经一年了，但不论是同科室还是其他部门的同事或领导，都和他相处得不太融洽。倒并不是其他人故意冷落他，用同事们的话说，小郑"什么事都不和别人沟通"。

正如同事们所说的，无论生活上，还是工作上的事情，小郑能不和别人沟通就不和别人沟通，喜欢自己一个人"闷着干"。也因此小郑常常和同事们的工作进度不一致，出现工作失误，甚至影响整体进度的事也时有发生。

小郑的工作进展情况从不主动向领导汇报，再大的事情也不向领导请示，都按自己的想法操作，越权做事的事情经常发生。

1. 请分析小郑的行为有什么问题。
2. 小郑应如何改变他的工作现状呢？

 案例分析 2

一位领导在公司会议上表彰有成就的人员，其中有一个同事叫张靓，领导在念她的名字时说成了张倩，叫了几遍无人应声，有的人已经开始在底下笑了，甚至还带着嘲讽：连这个字都不认识！这时，张靓怯生生地站了起来，说了一遍自己的名字。领导当时也有些不自然了。这时，公司的打字员站起来说："对不起，我打字的时候疏忽了，下次我一定注意。"这位打字员为领导解了围，一个月后，她获得了提升。

1. 请分组讨论张靓做法有何问题？如果你是张靓，你会如何处理？
2. 请分组讨论打字员的做法有何可取之处？

学习任务二　商务接待礼仪

一、接待前的准备

 特别提示

接待是组织与外界联系的直接途径，接待工作的好坏将直接影响组织的形象以及组织与公众的关系。因此，在接客、待客、送客的过程中，接待者都要讲究一定的礼仪规范，通过自如得体的接待礼仪，表现优美的风度、典雅的气质和高尚的情操，让每一位来访的客人都感到受尊重，并留下美好的印象。

1. 确定接待规格

要确定接待工作中应该由哪位管理人员出面接待、陪同、以及接待时用餐、用车、活动安排等一系列接待活动的规格等。公务接待必须要根据来访者的身份确定接待规格。接待规格是从主陪人的角度而言的。接待规格有3种：高规格接待、对等接待、低规格接待。确定接待规格一定要考虑到多方面的因素，并不是规格越高越好。经常用高规格接待会影响领导的工作。

（1）高规格接待

所谓高规格接待，就是主要的陪同人员比主要来宾的职务高的接待方式。如一公司副总经理接待上级单位派来了解情况的工作人员，或接待一位重要客户，而该客户的职务不过是某公司部门经理。采取高规格接待的目的是要表示对对方的重视和礼遇。

（2）对等接待

所谓对等接待，就是主要的陪同人员与主要来宾的职务相当的接待方式。这是最常用的接待规格。来宾是什么级别，本单位也安排相应级别的人接待作陪。

（3）低规格接待

所谓低规格接待，就是主要的陪同人员比主要来宾的职务低的接待方式。这种接待规格常用于基层单位，比如某上级领导到下属企业视察，其企业最高领导的职务也不会高于该领导，这就属于低规格接待。这种接待要特别注意热情、礼貌，否则很容易让人觉得有种受冷落的感觉。

高规格接待固然能表现出重视、友好，但它会占用主陪人的很多时间，经常使用会影响主陪人的正常工作。低规格接待有时是因单位的级别造成的，有时是另有原因，用得不好，会影响与对方的关系。对等接待是最常用的接待方式。

接待人员首先要了解客人的身份，据此确定由谁来出面接待最合适。另外，影响到接待规格的还有如下一些因素。

① 对方与我方的关系。当对方的来访事关重大或我方非常希望发展与对方的关系时，往往以高规格接待。

② 一些突然的变化会影响到既定的接待规格。如上司生病或临时出差，只得让他人代替，遇到这类情况，必须向客人解释清楚，向客人道歉。

③ 对以前接待过的客人，接待规格最好参照上一次的标准。

④ 接待规格的最终决定权在上司那里。当接待规格定下来以后，工作人员应当把我方主要陪同人员的姓名、身份以及日程安排告知对方，征求对方意见，得到对方认可。

2. 接待前的物质准备

（1）环境准备

整齐干净的环境会让来宾有舒适、规范、郑重其事的感觉。如果要张贴欢迎海报、横幅，一定要张贴在显眼的地方。

接待环境应该清洁、整齐、明亮、美观、无异味。接待环境包括前台、会客室、办公室、走廊、楼梯等处。

前台或会客室应摆放花束、绿色植物，表现出"欢迎您"的气氛，这样会使客人产生好感。

办公桌上的文件、文具、电话等物品要各归其位、摆放整齐。不常用的东西和私人用品，应该放到抽屉里固定的地方，以便使用时立即就能找到。

（2）办公用品准备

① 前厅：为客人准备的椅子，让客人站着等候是不礼貌的。椅子的样式应该线条简洁、色彩和谐。

② 会客室：桌椅摆放整齐，桌面清洁，没有水渍、污渍。墙上可挂与环境协调的画，也可挂公司领导与国家领导人的合影，或某次成功的大型公关活动的照片，以提高公司的信誉度。桌上可放一些介绍公司情况的资料。另外，茶具、茶叶、水果、饮料要准备齐全。一般客人可以用一次性纸杯，重要客人还是用正规茶具为好。会客室应有良好的照明及空调设备，还应有电话以方便联系。复印机、传真机等即使不放在会客室，也不要离得太远。客人走后，要及时清理会客室，清洗茶具、烟灰缸，开窗换新鲜空气，然后关好门。否则，下一批客人会感到不受重视。

③ 交通食宿准备：在客人到来之前，要事先了解客人乘坐的交通工具，如果是带车来访，只要在门口做好准备即可；如果是乘汽车、火车、轮船、飞机而来，要做好接站的准备。要安排好客人的食宿。为客人选择住宿地点，既要考虑来宾的身份，又要符合本单位的具体规定。另外，选择的住宿地要考虑到交通、环境、卫生、饮食、气温、朝向等因素，还要考虑到来宾有无特殊的宗教信仰或生活习惯。如果是外宾，应优先考虑安排他们入住国际连锁酒店，这样无论在环境、语言还是饮食上，更符合他们自己的习惯。

3. 接待前心理准备

无论来访的客人是预约的还是未预约的，是易于沟通的还是脾气急躁的，都要让对方感到自己是受到欢迎、得到重视的。接待客人要抱有"感谢光临"的态度和心理。当客人很多或难于应对的时候，要暗示自己，"别急，别急，一件一件解决，总能办完"。当客人发火或急躁时，不要受其影响，是自己的问题就应道歉；是公司的或其他人的问题，作为接待人员也应该道歉，因为接待人员被客人看作是公司的代表。看到同事在招待客人，要有主动协助的精神，不能认为不是自己的客人就不予理睬。

4. 接待前知识准备

（1）了解来宾的基本情况

接待的准备工作是为接待好客人而做的。要想使接待工作做好，就必须事先详细了解客人的情况。比如来访者的人数、姓名、性别、年龄、职务、所搭乘的交通工具、到达的具体时间，甚至还应该包括饮食习惯、民族以及宗教信仰。这样的话就方便安排接待、住宿、用餐，以及可以一定程度上规避忌讳、冲突的发生等。了解来访者的具体身份，也便于安排接待规格。

（2）自我情况的了解

要考虑到此次接待将要讨论的问题，对客人谈什么，怎么谈，承诺什么，怎样承诺，询问什么，怎么询问等问题，要做到心中有数。这样的话，当谈到这些问题的时候，才能迅速、规范地做出反应，以免被动。

（3）业务知识和能力的准备

接待人员要熟悉本企业的发展历史、产品特点、规格、种类，部门设置及领导员工的情况；准备与接待有关的各项资料，如当地宾馆、名胜古迹、游览路线，娱乐场所的名称、地点、联系方式，以及本市的政治、经济、文化等情况。

5. 制订接待计划

与来访一方联络协商，并得到上级的同意后，制订出接待的详细计划，如来访的具体起止时间、来访期间活动的日程安排等。接待计划应该得到上级或主管经理人员的批准，并及时传送给来访一方，让其心中有数。

接待计划的主要内容有以下 3 项。

（1）确定接待规格

接待规格决定了其他的陪同人员、日程安排及经费开支。包括谁到机场、车站迎接；谁全程陪同；宴请的规格、地点；住宿的宾馆等级、房间标准等，这些都受到接待规格的制约，都要在计划中写清楚。涉及的具体内容有：

① 主要陪同人员；

② 主要工作人员；

③ 住宿地点、标准、房间数量；

④ 宴请时间、标准、人数；

⑤ 会见及会谈时间、地点、参与人员。

（2）拟订日程安排

为了让所有有关人员都准确地知道自己在此次接待活动中的任务，提前安排好自己的时间，保证接待工作的顺利进行，可制订并填写如下两份表格，印发给各有关人员。

① 人员安排表。包括时间、地点、事项、主要人员、陪同人员。

② 日程安排表。日程安排要具体，包括日期、时间、活动内容、地点、陪同人员等内容。

（3）提供经费列支

接待经费列支包括：

① 工作经费，如租借会议室、打印资料等费用；

② 住宿费；
③ 餐饮费；
④ 劳务费，如讲课、演讲、加班等费用；
⑤ 交通费；
⑥ 参观、游览、娱乐费用；
⑦ 纪念品费；
⑧ 宣传、公关费用；
⑨ 其他费用。

【参考案例】

周公吐哺

周公是西周时期著名政治家。他说："吾文王之子，武王之弟，成王之叔父也，又相天下。吾于天亦不轻矣，然吾一沐三握发，一饭三吐哺，起以待士，犹恐失天下之士。"位高权重的周公唯恐怠慢客人，曾在洗澡时多次中断洗浴，在吃饭时多次将来不及咽下的食物吐出来，立即出去迎客。周公堪称礼贤下士的待客典范，留下了"周公吐哺，天下归心"的千古佳话。

（资料来源：黄海燕，王培英. 旅游服务礼仪. 天津：南开大学出版社，2006.）

二、接待座次

 特别提示

接待座次的安排体现出礼仪的规范和对来宾的尊重。招待来客时，特别是在专门的会客室、贵宾室、接待室招待来宾，宾主双方的具体座次，往往是一个十分敏感的问题，不能有所疏忽而失礼于人。

1. 会晤时的座次排列

会晤，亦称会面、会见，一般是指在较为正式的场合，与他人郑重其事地见面。在接待活动中，凡正式会晤多属礼节性活动，通常不会安排主客双方就实质性的问题进行深入磋商，但却可以直接反映出主客双方关系的现实发展程度。

我国民间在接待来宾时，有一条古老的规矩是"坐，请坐，请上座"。由此可见，让座问题在接待工作中的重要性。处理这一问题时，一方面要注意把上座让给来宾就座；另一方面，在就座之时，为了表示对客人的敬意，主人应请客人先行入座。按照约定俗成之礼招待来宾。

座次的安排主要遵循以下4个原则：面门为上；以右为上；以远为上；居中为上。那么所谓上座，在接待客人时通常指的是：主客并排就座时的右座；距离房门较远的座位；宾主对面就座时面对正门的座位；以进门者面向为准，位于其左侧的座位；较高的座位与较为舒适的座位,往往也被视为"上座"。

在正常情况下,适用于会晤场合的座次排列主要有以下几种情况。

(1) 相对式

相对式排座,指的是宾主双方面对面就座。此种方式显得主次分明,往往易于使宾主双方公事公办,保持适当距离。它多用于公务性会晤,具体又分为以下几种情况。

① 双方就座后,一方面对正门,另一方则背对正门。此时讲究"面门为上",即面对正门之座为上座,应请来宾就坐;背对正门之座为下座,宜由主人就坐,如图4-1所示。

② 双方就坐于室内两侧,且面对面的就坐。此时讲究进门后"以右为上",即进门时以右侧之座位为上座,应请来宾就坐,左侧之座为下座,宜由主人就坐,如图4-2所示。

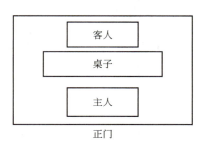

图 4-1 相对式排座(1)

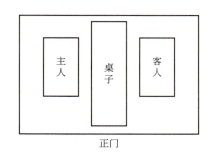

图 4-2 相对式排座(2)

具体座次排列应如图 4-3 所示。

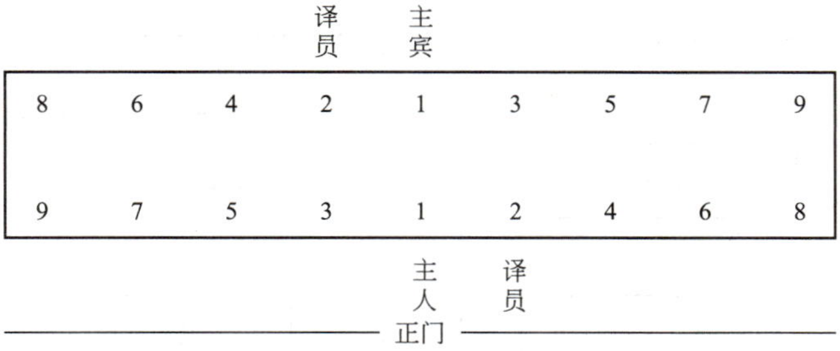

图 4-3 相对式具体座次图

(2) 并列式

并列式排座指的是主客双方并排就座,以暗示双方彼此"平起平坐",地位相仿,关系密切。它多适用于礼节性会晤,也分为以下两种情况。

① 双方一同面门而坐。此时讲究就坐后静态的"以右为上",即宜请来宾就坐于

自己的右侧（如图4-4所示）。若双方人员不止一名时，其他人员可各自分别在主人或主宾一侧按其地位、身份的高低，依次就坐（如图4-5、图4-6所示）。

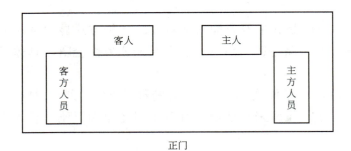

图4-4 并列式排座（双方一同面门）

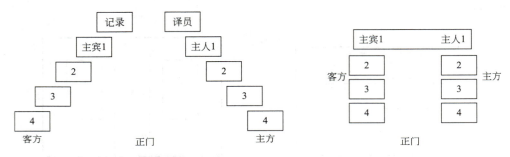

图4-5 并列式具体座次图（1）　　　图4-6 并列式具体座次图（2）

② 双方一同在室内的右侧或左侧就座。此时讲究"以远为上"或"内侧高于外侧"，即应以距门较远之座为上座，将其留给来宾；以距门较近之座为下座，将其留给主人（如图4-7、图4-8所示）。

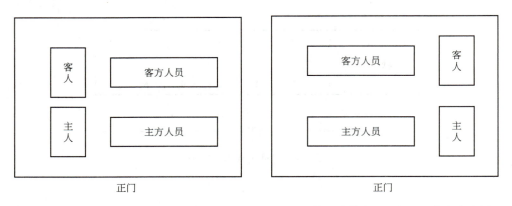

图4-7 并列式排座（双方一同在室内左侧）　　　图4-8 并列式排座（双方一同在室内右侧）

（3）居中式

所谓居中式排座，实际上是并列式排座的一种特例。它指的是当多人一起并排就座时，讲究"居中为上"，即以中央的位置为上座，请来宾就坐；以其两侧的位置为下座，由主方人员就坐，如图 4-9 至图 4-11 所示。

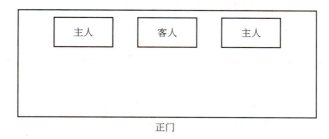

图 4-9　居中式排座（1）

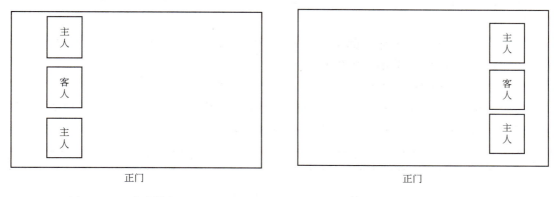

图 4-10　居中式排座（2）　　　　　　图 4-11　居中式排座（3）

（4）主席式

主席式排座，通常是指主方在同一时间、同一地点正式会见两方或两方以上的来宾。此时一般应由主方面对正门而坐，其他各方来宾则应在其对面背门而坐。这种排座方式好像主方正在以主席的身份主持会议，因此称之为主席式，如图 4-12 所示。有时，主人亦可以坐在长桌或椭圆桌的尽头，而请其他来宾就座于其两侧，如图 4-13 所示。

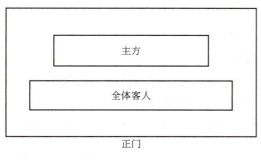

图 4-12　主席式排座（1）

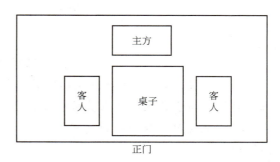

图 4-13　主席式排座（2）

（5）自由式

自由式就坐，是指进行具体会晤之时不进行正式的座次排列，而是由宾主各方的全体人员自由选择座位。它多适用于各类非正式会晤或者非正式举行的多边性会晤。

2. 合影的位次排列

一次较为正式的会面，主客双方往往需要合影留念。在涉外交往中，对此尤为讲究。

正式的合影，既可以排列座次，也可以不排列座次。需要排列座次时，应首先考虑到方便拍摄与否、场地的大小、人数的多少、身材的高矮、内宾或外宾等。

正式合影的人数，一般宜少不宜多。在合影时，主客双方一般均应站立。必要时，可安排前排人员就坐，后排人员可梯级站立。但是，通常不宜要求合影的参加者蹲着参加拍照。

合影时，若安排其参加者就坐，应先在座位上贴上便于辨认的名签。具体涉及合影的位次排序问题时，关键是内外有别。

（1）国内合影的位次安排

国内合影时的位次安排，一般讲究居前为上、居中为上和居左为上。通常，合影时主方人员居右，客方人员居左，如图4-14所示。

主5	主4	主3	主2	主1	客1	客2	客3	客4	客5

照相机位置

图4-14　国内合影的位次安排

（2）涉外合影的位次安排

在涉外场合合影时，应遵守国际惯例，宜令主人居中，主宾居右。简言之，就是讲究以右为尊，主客双方间隔排列。为了表示对客人的尊重，两侧最靠边的位置尽量安排主方人员站立，如图4-15所示。

主方人员	来宾	副主人	主宾	主人	副主宾	来宾	主方人员

照相机位置

图4-15　涉外合影的位次安排

【参考案例】

新颖的位次

2003年10月20~21日，在泰国首都曼谷举行的亚太经合组织第十一次领导人非正式会议，与会各国领导人集体合影，泰国礼宾部门抛弃常规，采用了一种新颖的方法。大体上按照与会者身材高矮排列：矮者在前，高者在后，实际效果不错，受到人们好评。

（资料来源：http://paper.people.com.cn/rmrbhwb/html/2010-02/20/content_451172.html）

三、接待实施

好的接待工作将给客人留下深刻的印象，并能够有效促进业务的达成，是提升公司形象的重要途径。接待工作需要按照以下流程依次完成，如图4-16所示。

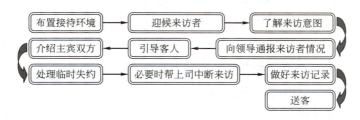

图4-16 办公室接待工作流程

迎客、待客、送客是接待工作中的基本环节，也是一整套接风送行的礼仪要求。这些环节的礼仪要求包括以下几点。

【相关链接】

接待3S

3S是指Stand up, Smile, See（eye-contact），即起立、微笑、目视对方（眼神的接触）。当客人到达时，接待人员应该做到：

Stand up，用身体语言表示欢迎之意，起立是最基本的礼貌；

Smile，微笑的魅力是无穷的，它会把欢迎和欣喜无言地传递给对方；

See（eye-contact），起身目视对方，眼神可以把你的诚意准确传达。

1. 迎客要热情

 特别提示

> 对远道而来的客人，要做好接站工作，要掌握客人到达的时间，保证提前等候在迎接地点。接站时还要准备一块迎客牌，上书"欢迎（恭迎）×××代表团"或"欢迎×××先生（女士）"或"×××接待处"等。同时，要高举迎客牌，以便客人辨认。

客人来访有两种情况。一种情况是客人事前预约了来访时间；另一种情况是客人事前未预约时间，突然来访。当接待人员看到来访的客人进来时，应马上放下手中的工作起立，面带微笑，有礼貌地问候来访者。

（1）基本的迎客语言

"您好，欢迎您！"

"您好，我能为您做些什么？"

"您好，希望我能帮助您。"

（2）热情迎接

① 如果客人进门时接待人员正在接打电话或正在与其他的客人交谈，应用眼神、点头、伸手等表示请进的肢体语言表达自己已看到对方，并请对方先就座稍候，而不应不闻不问或面无表情。

如果手头正在处理紧急事情，可以先告诉对方："对不起，我手头有点紧急事情必须马上处理，请您稍候。"以免对方觉得受到冷遇。

② 对前来欢迎的人不认识，应向客人一一进行介绍。客人进屋入座后，其他欢迎者若要离开，应礼貌地对客人说："你们谈吧，我有点事，失陪了！""您歇着吧，我待会儿再来看望您。"等一类的客气话，然后离开。

③ 遇到事先你并不知道的预约来访者时，当你问客人："事先约好时间了吗？"来访者答："约好两点钟见面。"你才知道这已是约好的客人，这时你一定要赶紧道歉："啊，真对不起，失礼了。"因为站在客人的立场来说，既然是约好时间才来的，却被问有没有约好，内心一定感到不太高兴，而且也显示出公司本身信息传达没做好，或是领导忘交代，所以一定要道歉。

④ 有些来访者事先并未预约面谈时间，属临时来访，作为接待人员，也应热情友好，让客人感觉是受欢迎的。然后询问客人的来意，再依当时的情况，判断适当的应对方法。若遇客人突然来访，不能因为事前未预约而面露不悦，而应满脸笑容迎上去，一边走一边说"稀客、稀客！"，"欢迎、欢迎！"，"见到您真高兴！"一类的话。当客人说："对不起，没有事先通知就来打扰您。"等道歉的话时，应马上回答说："没关系，我现在没有其他安排。"或者"没关系，我也正有事要与您商量。"等来宽慰对方，使客人放下失礼的"包袱"。如果需要领导接待，要先问清你的领导是否愿意和是否有时间接待。假如领导正在开会或正在会客，并同意见客，你便可以对临时来访者说："抱歉，经理正在开会，您可等一会儿。"如果领导没时间接待，你要记下对方的要求，日后予以答复，不能推诿、拖延或敷衍了事。

⑤ 来访者没有预先约定会谈时间，却突然来访，你向领导汇报，领导说不能会见，并请你找借口打发来访者，这时你的应对方式可以有以下两种情形。

一种是请示领导可否派人代理接见来客，如果领导同意派人代理，你可以告诉来访者"不巧，经理正在会客（或开会），我请××来与您谈，好吗？"

另一种是以既热情又坚定的态度回答领导确实无法接待的来客，帮助领导挡驾。接待人员还要学会在领导受到来访者纠缠不休时代为解围。

⑥ 上级、贵宾、外单位团队来访，应当组织适当规模的欢迎仪式。接到客人后，应致以问候和欢迎，同时作自我介绍。问候寒暄之后，应主动帮客人提取装卸行李。取行李时，最好不要主动去拿客人的公文包或手提包，因为里面一般是放置贵重物品或隐私物件的。将客人送到住宿处后，不宜久留，以便让客人尽快洗漱、休息，但别忘了告诉客人与你联系的方式及下次见面的时间。

（3）迎客中的礼节

① 握手：按传统习惯，我国在接待来客时的礼节一般是握手。宾主之间，主人

有向客人先伸手的义务，主人主动、热情、适时的握手会增加亲切感。

② 问候：如果是第一次来访的客人，接待人员可以说："您好！见到您很高兴。我是××办公室的秘书，请问您有什么事情需要我帮忙吗？"对曾经来过的客人，相别甚久，见面则说："您好吗？很久没见了。"客人即将离去时，应主动对客人说："请对我们的工作提出宝贵的意见。"分别时，则说"再会"、"祝您一路顺风"等。

③ 称呼：接待客人时的称呼，应视具体环境、场合，并按约定俗成的规矩而定。目前，在国内，政府机关多称"同志"；在企业界和社交场合多称男性为"先生"，称女性为"小姐"或"女士"；知道其职务时，在一定场合可称其职务，如"×处长"、"×经理"、"×厂长"等。用恰如其分的称谓来称呼客人，是礼仪素养的一种表现，也是与客人交谈的良好开端。

④ 接递名片：接递名片时，也要注意礼节。客人递过来名片时，应用双手接住。接过名片后，要认真仔细地看一看，并小声重复一遍名片上的名字及职务，以示确认。同时，还要向对方表示感谢。然后，很郑重地把名片放入名片夹内，或放进上衣上部的口袋里。千万不要看也不看即装入口袋，也不要顺手往桌上一扔，更不要往名片上压东西，这样会使对方感到受轻视。

如需要交换名片时，接待人员可以掏出自己的名片与对方交换。递送名片时，要用双手的食指和拇指拿住名片的左右端递过去，名片上有字的正面应朝向对方，便于对方立即阅读。

接待人员不要生硬地向客人索要名片，而应以请求的口气说："假如您方便的话，是否可留下名片，以便今后加强联系。"可以含蓄地向对方询问单位、电话号码等，如果对方带有名片，就会较自然地送上。

2. 待客应友好

（1）交谈

人们都通过语言进行情感交流和信息交流，所以接待人员与来访客人间的语言交流必不可少。接待人员在交谈时，必须精神饱满，表情自然大方，语气和蔼亲切。与客人交谈时要保持适当距离，不要用手指指人或拉拉扯扯。要善于聆听来访客人的谈话，目视对方以示专心。谈话中要使用礼貌语言并注意谈话内容，一般不询问女士年龄、婚否，不直接询问对方的个人私生活以及宗教信仰、政治主张等问题，不宜谈论自己不甚熟悉的话题。

（2）引见

接待人员在问清来访者的身份、来意后，需要领导出面会见或其他部门人员出面会见的，接待人员要在请示领导并得到领导同意后，为其引见。

① 接待人员在引领来访者时，要配合对方的步幅，在客人左侧前方1米处引导。在引路时，上身稍向右转体，左肩稍前，侧身向着来客，保持两三步距离，可边走边

向来宾介绍相关情况。

 特别提示

在并排行进时,总的原则是中央高于两侧,内侧高于外侧。一般情况下,应把内侧(靠墙一侧)让给职位高者、长辈或客人,以把方便留给尊者。

单行行进时,一般是前方高于后方,即若没有特殊情况时,应让尊者走在前面。

不过,公务场合,陪同人员在引领时,标准位置是陪同人员在客人的左斜前方约1米处。

② 转弯或上楼梯时,应先做指示性动作,让对方明白所往何处。

 特别提示

上楼梯时,尊者走在前方,但若遇到着裙装(特别是短裙)的女士,上楼时宜令女士居后,以免短裙走光。下楼梯时,一般尊者在后。

③ 如要乘电梯,则应先告诉客人楼层,然后在电梯侧面按住按钮,请客人先入电梯,接待人员进去后再按楼层键;下电梯时也应请客人先行。

 特别提示

在公共场合搭乘自动扶梯时应保持良好姿势,握住扶手,靠边站立,让出一侧通道给急需快速通过的人,在我国是"左行右立",在英国等国家是靠左边站立。

④ 到达会客室或领导办公室前要指明"这是会客室"或"这里就是……",进门前应先敲门表示礼貌。得到允许后,把门打开,左手扶门,右手示意"请进"。如果门是向外开的,接待人员拉开门后,侧身在门旁,用手扶住门,让客人先进入;如果门是向内开的,接待人员推开门后,自己先进入,扶住门后再请客人进入。一般右手开门,再转到左手扶门,面对客人,请客人进入门后再关上门,通常叫做"外开门客先入,内开门己先入"。

⑤ 到达会客室或领导办公室后,要引导客人就坐。在就坐时,要遵守"右为上,左为下"的礼节,用手势示意客人,请客人坐在上座。一般离门较远的座位为上座。

⑥ 客人落座后,接待人员要主动用消过毒的干净杯子为客人倒好茶水并双手递上,手指不能触及杯口,并有礼貌地说:"请用茶。"

 特别提示

倒茶时要讲究"茶七酒八"的规矩,不要太满。

敬茶时应先客后主,如客人较多,应按级别或长幼敬до。从客人右侧递过茶杯,右手递上,手指不要搭在茶杯口上,也不要让茶杯撞到客人手上。如妨碍客人交谈,应先说一声"对不起"。

（3）介绍

接待人员引领来访者进入会客室或领导的办公室后，当领导与来访者双方见面时，如果是第一次来访的客人，应由接待人员简洁地将双方的职务、姓名、来访者的单位和来访的主要目的作一介绍。如果双方已是熟人，多次见面打过交道，则可免去这一过程。介绍时，手势动作应文雅、礼貌，一般用右手做介绍。手臂向被介绍者微伸，手心向上，四指并拢，切不可伸出一只手指指指点点地介绍。要注意介绍时的基本礼节。

3. 礼貌送客

当接待人员与来访者交谈完毕或领导与来访者会见结束时，接待人员一般都应有礼貌地送别客人。"出迎三步，身送七步"是迎送宾客最基本的礼仪。

① 亲切相送：当客人起身告辞时，接待人员应马上站起来相送。切忌没等客人起身，接待人员先于客人起立相送，这是很不礼貌的。若客人提出告辞，接待人员仍端坐在办公桌前，嘴里说"再见"，而手中却还忙着自己的事，甚至连眼神也没有转到客人身上，则更是不礼貌的行为。

② 注意客人物品：客人临走时主动帮助客人确认并拿取所携带的行李物品，这是一种体贴客人的行为，不要让客人回头再来一趟，还可减轻自己保管客人物品的麻烦及责任，对双方都有好处。当客人带有较多或较重的物品，送客时应帮客人将行李小心提送到车上，安放好行李后，向客人作一下交代。

③ 告知路线：客人离开前应询问是否熟悉回程路线及搭乘交通工具的地点和方向，尤其对远道而来的来访者更应表达关心之情。一般情况下要帮客人预订好返程票。

④ 目送远离：礼貌送客时，只说一声"再见"，有时显得太简单，不妨加上一两句话，如"今天能和你谈话很高兴"、"今天谈话受益很大，谢谢"、"欢迎下次再来"。一般接待人员在接待完成后应站在门口鞠躬相送，目送客人离开，当客人偶然注意到你有礼的态度时，心中会感到十分温馨。一般的客人送到楼梯口或电梯口即可，重要的客人则应送到办公楼外或单位门口。身份地位愈高的贵宾通常也愈有礼貌，往往于上车后将车窗摇下挥手道别，因此接待人员不可于客人上车后就离去，而应等客人的车辆启动时，面带微笑，挥手告别，目送车子离开后才能离开。

四、接待乘车座次礼仪

汽车是在商务迎送活动中使用最多的交通工具。商务人员在乘坐轿车外出，尤其是当乘坐轿车外出参加较为正式的应酬时，或是与他人一同乘坐轿车时，应当使自己的所作所为处处符合礼仪规范的要求。在乘车礼仪中，最重要的问题是轿车上的座次排序。

商务礼仪中确定任何一种轿车上座次的尊卑，应当考虑的问题有：车的驾驶者、车的类型、座次的安全系数、嘉宾的本人意愿这4个基本要点。

1. 车的驾驶者

何人驾驶轿车，是关系座次尊卑的头等大事。通常认为：轿车的座次应以后排为上座，前排为下座。这一规定的基本依据，是因为轿车的前排座，即驾驶座与副驾驶座最不安全。

所谓轿车座次的后排为上座、前排为下座，实际只是在由专职司机驾驶车辆时，即由出租车司机或单位的专职司机开车时，才有此讲究。若是主人亲自开车时，情况就截然不同了。

符合商务礼仪规范的做法如下。

① 若主人亲自开车，前排的副驾驶座为上座。车上只有一名客人时，则客人应务必就座于前排。如果客人偏要坐到后排去，那就表示自己对主人极度地不友好、不尊重。主人会由于你的表现而对你产生失望的情绪。

② 车上若有其他人在座，至少应当推举一人为代表，坐在副驾驶座上作陪。通常应推举其中地位、身份最高者，在副驾驶座上就座。如果他于中途下车，则应立即依此类推"替补"上去一个，总之始终不能让该座位"空空如也"。

③ 当全家外出时，轿车应由男主人驾驶，在其身旁的副驾驶座上就座的应当是女主人。他们的孩子，则应当坐在后排座位上。

④ 如果主人夫妇开车接送客人夫妇，则男女主人的座次应如前面一样，客人夫妇应当坐在后排。

⑤ 若主人一人开车接送一对夫妇，则男宾应就座于副驾驶座上，而请其夫人坐在后排。

2. 车的类型

轿车的类型不同，其座次的尊卑也不一样，这时显而易见的，在我国，车辆座次排序有以下几种情况。

（1）双排五人座轿车

若乘坐小双排座轿车，驾驶座居左，由专职司机开车时，座次的尊卑应当是：后排上，前排下，右为尊，左为卑。具体而言，除驾驶座外，车上其余4个座位的顺序，由尊而卑依次应为：后排右座，后排左座，后排中座，前排副驾驶座，如图4-17所示。应当特别说明的是，按照国际惯例，乘坐有专职司机驾驶的轿车时，通常不应当让女士在副驾驶座上就座。

由主人亲自驾驶双排座轿车时，车上其余4个座位的顺序，由尊而卑依次应为：副驾驶座，后排右座，后排左座，后排中座，如图4-18所示。

图 4-17 双排五人座轿车（1）

图 4-18 双排五人座轿车（2）

（2）三排七人座轿车

由专职司机驾驶三排七人座轿车时，车上其余 6 个座位（中排为 2 个折叠座椅）的顺序，由尊而卑依次应为：后排右座，后排左座，后排中座，中排右座，中排左座，副驾驶座。如图 4-19 所示。

由主人亲自驾驶三排七人座轿车时，车上其余 6 个座位的顺序，由尊而卑依次应为：副驾驶座，后排右座，后排左座，后排中座，中排右座，中排左座，如图 4-20 所示。

图 4-19 三排七人座轿车（1）

图 4-20 三排七人座轿车（2）

（3）三排九人座轿车

由专职司机驾驶三排九人座轿车时，车上其余 8 个座位的顺序，由尊而卑依次应为：中排右座，中排中座，中排左座，后排右座，后排中座，后排左座，前排右座，前排中座，如图 4-21 所示。

由主人亲自驾驶的三排九人座轿车座次，车上其余 8 个座位的顺序，由尊而卑依次应为：前排右座，前排中座，中排右座，中排中座，中排左座，后排右座，后排中座，后排左座，如图 4-22 所示。

图 4-21 三排九人座轿车（1）

图 4-22 三排九人座轿车（2）

图 4-23 越野车座次

（4）越野车和其他多排座客车

越野车，又叫吉普车，属轻型越野客车，大都是四座车。不管由谁驾驶，越野车上座次由尊而卑均依次为：副驾驶座，后排右座，后排左座，如图 4-23 所示。

多排座客车，指的是四排以及四排以上座位的大中型客车。不论由何人驾驶，均以前排为上，以后排为下；以右为尊，以左为卑；以距离前门的远近来排定其具体座次的尊卑。

 特别提示

为了更好地体现对客人的尊重，轿车尊者先上车，一般客车尊者后上车。

3. 座次的安全系数

乘坐轿车外出，除了迅速、舒适之外，安全的问题也是不容忽视的。从某种意义上讲，甚至应当将安全作为头等大事来对待。

客观地讲，在轿车上，后排座比前排座要安全得多。最不安全的座位，当数前排右座。最安全的座位，则当推后排左座（驾驶座之后），或是后排中座。

4. 嘉宾的本人意愿

在遵守以上礼仪规范的同时，不要忘了尊重嘉宾本人的意愿和选择，并应将这一条放在最重要的位置。如果不是出席一些重大的礼仪性场合的话，对轿车上座次的尊卑，不宜过分地墨守成规。应当认定：必须尊重嘉宾本人对轿车座次的选择，嘉宾坐在哪里，就认定那里就是上座。即使嘉宾不明白座次，坐错了地方，也不要对其指出或纠正。

以上这四个因素往往相互交错，在具体运用时，可根据实际情况而定。

 特别提示

若宾主不乘坐同一辆轿车时，依照礼仪规范，主人乘坐的车辆应行驶在前，目的是为了开道和带路。若宾主双方乘坐的车辆不止一辆时，仍应当是主人乘坐的车辆在前，客人乘坐的车辆居后。它们各自的先后顺序，亦应由尊而卑地由前往后排列，只不过主方要派一辆车垫后，以防止客方的车辆掉队。

案例分析

重要的引资对象济南××公司派程副总经理，乘飞机前往深圳××公司访问。可是，原来准备亲自接待来宾的韩总经理临时有急事，不能分身。

请问，深圳××公司应如何解决下列问题：

1. 迎接人员将改由谁担任？
2. 接待规格是哪种？
3. 如何举行，列出接待计划。

实战演练

办公接待礼仪实训

实训项目：办公接待场景模拟。

实训目标：通过模拟训练，培养同学自觉得体的接待礼仪意识，提高职场自我调节能力。

实训学时：1学时。

实训方法：

① 将学生分组，每组4～5人。由学生分组练习，教师指导。

② 通过人为设置的场景（如办公室、接待室、公众场合等环境），模拟职场人员在不同场合所应具备的姿态、表情和所表现出来的气质、修养及办公礼仪规范。

③ 回放考核过程，学生进行自我评价，教师总结点评学生存在的个性与共性的问题。

实训准备：职业装、数码照相机、电话、大屏幕教室等。

会谈礼仪实训

实训项目：会谈礼仪。

实训目标：通过对会谈礼仪的训练，使学生掌握会谈礼仪的基本知识并在模拟实践中灵活运用。

实训学时：1学时。

实训方法：情景模拟。

中方宏达集团代表团与韩国三创集团代表团会谈，按照会谈礼仪的程序与要求布置"会场"，进行会谈活动，选出几位同学分别扮演中方宏达集团人员、韩国三创集团人员、服务人员等相关人员。

实训考核：以组为单位，对每组的模拟操作进行考核，评分。考核内容见表4-1所示。

表4-1 会谈礼仪训练考核表

姓名：_____

服务流程	操作标准	配分	得分
准备工作	① 当主办人提前到达活动现场时，服务人员要迎至厅内的沙发上就座，用茶杯上茶； ② 当主办人到门口迎接外宾时，服务人员应将茶杯端上，放在每人的茶杯垫盘上	10分 10分	
会谈间服务	① 宾主来到会谈桌前时，服务人员上前拉椅让座； ② 当记者采访和摄影完毕后，服务人员分别从两边为宾主递上毛巾，宾主用完后，应立即将毛巾收回； ③ 会谈中如上牛奶、咖啡、干果等，应先把已装好的糖罐奶罐（加勺）、咖啡（加勺）、干果盘一次上桌； ④ 会谈活动时间较长时，可视宾客具体情况及时续水，续换铅笔等； ⑤ 会谈休息时服务人员应及时整理好座椅、桌面用品等，在整理时，要特别注意不要弄乱和翻阅桌上的文件、本册等	10分 20分 15分 10分 15分	
收尾工作	会谈结束时，照顾宾客退席后，按照善后工作程序做好收尾工作	10分	
总分		100分	

会见礼仪实训

实训项目：会见礼仪。

实训目标：通过对会见礼仪的训练，使学生掌握会见礼仪的基本知识并在模拟事件中灵活运用。

实训学时：1 学时。

实训方法：情景模拟。

商务部部长接见俄罗斯代表团，按照会见的一般程序与要求布置"会场"，进行会见活动，选出几位同学分别扮演中方人员、俄罗斯代表团成员、服务人员等相关人员。

实训考核：以组为单位，对每组的模拟操作进行考核，评分。考核内容见表 4-2 所示。

表 4-2　会见礼仪训练考核表

姓名：_____

服务流程	操作标准	配分	得分
准备工作	① 会见厅内的光线和温度应根据实际情况和主要宾客的要求而定，一般夏季在 24～25℃，冬季在 20～22℃为宜； ② 宾客到达时，服务人员要利用主人到门口迎接的间隙，迅速整理好茶几上的物品，然后，用茶杯上茶，注意杯把一律朝客人的右手一侧	10 分 10 分	
递送毛巾	① 宾主入座后，由两名服务人员从主要外宾和主人处开始递送毛巾（若是一名服务人员递毛巾，要先从外宾处开始递送，然后再给主人）； ② 及时收回毛巾，保持台面整洁	15 分 10 分	
提供冷饮	① 上茶饮的礼宾顺序与上毛巾相同； ② 上茶饮时，托盘中的饮品种类要齐全，摆放要整齐	15 分 5 分	
会间续水	会见期间的续水一般 30 分钟一次，续水用较小的暖瓶，并带小毛巾一块。续水的礼宾顺序与上毛巾相同	15 分	
收尾工作	① 会见结束后，及时打开厅室门，并检查活动现场； ② 在主人送走宾客后返回时，及时给主要首长递送热毛巾，并送主要首长和年老及行动不便者首先上车	10 分 10 分	
总分		100 分	

学习任务三　电子通信礼仪

一、办公电话礼仪

【知识储备】

电话礼仪注意事项

1. 避免做电话机器

电话本身是没有任何感情色彩的，使用电话是为了交流、沟通，拉近彼此的距离。所以，一定要给电话赋予感情色彩，达到使对方"闻其声如见其人"的效果。要达到这样的效果，就要做到以下几点。

（1）要避免感情机械化

有些人会错误地认为电话只是传达声音，所以只要发出声音，并把声音传到电话那一头就行，因为对方不可能从电话中看见我们在做什么。所以，往往表情是机械而没有活力的。而对方从电话里听到的声音可能就会是平淡的、呆板的，甚至是不愉快的。

拿起电话机之前，就需要用声调表达出友谊和微笑。正是因为对方不能从电话中看见笑容，所以声调就要负起全部的责任。你的声调要充满笑意，比平时高兴的时候还要有更多的笑意。

（2）要注意语速语调

声音通过电话后音调会有一点改变。所以，在电话里语音要适中，音量也要适中。嘴要正对着话筒，咬字要清楚，一个字一个字地说。特别是说到数目、时间、日期、地点等内容的时候，最好要和对方确认好。而且，说话更要注意音调的抑扬顿挫，以弥补"机械化"的缺陷。

2.表现文明

电话的形象，不仅代表个人形象，更是单位形象的化身，所以在电话中必须要做到"三文明"：语言文明、态度文明、举止文明。

（1）语言文明

通话的时候，不仅不能使用不文明的语言，而且还要熟练使用"电话基本文明用语"。它们具体指的是如果是给对方打电话，在对方拿起电话的时候，首先要向接电话的人热情地问好："您好！"或"你好！"，然后再说其他的话。不要一上来就"喂"对方，或是开口就说事情，让对方莫名其妙。

在问候对方后，接下来要自报家门，以便让接电话的人明白是谁打来的电话。在电话里的自我介绍，通常应该报上本人的全名、单位名称和职务。

如果是接电话，首先也要说"您好"或"你好"，接下来可以自报家门，以便让对方知道有没有打错电话。如果是直线电话，可以说单位简称，如果是分机电话，可以说部门名称，或者直接说姓名。

终止通话前，准备放下话筒的时候，要先说"再见"。如果少了这句礼貌用语，就会感觉通话终止得有些突然，让人难以接受。

（2）态度文明

首先要严禁厉声呵斥、态度粗暴的无理表现。但也没必要低三下四，阿谀奉承。

对方电话如果需要总机接转，不要忘记对总机的话务员问上一声好，并且还要加上一声"谢谢"。另外，"请"、"麻烦"、"劳驾"之类的词，也要经常挂在嘴边。

碰上要找的人不在，或需要接听电话的人代找，或代为转告、留言的话，态度同样要文明而有礼貌。

通话的时候，如果电话忽然中断，依礼需要由打电话的人立即再拨过去，并说明通话中断可能是线路故障所致。不可以不了了之，或干等接电话的人打过来。

如果拨错了电话号码，要对接听的人表示歉意。绝不能一言不发，悄悄挂断了事。

（3）举止文明

通话的时候，在举止方面也要对自己有所要求。

要站好或坐端正，举止得体。不可以坐在桌角上或椅背上，也不要趴着、仰着、斜靠着或者双腿高架着。用电话要轻拿轻放。打电话的姿势虽然对方看不见，但不良姿势可以影响一个人的情绪和声音，使对方有所察觉。

无论如何，都不要在通话的时候把话筒夹在脖子上，抱着电话机随意走动。拨号的时候，不要以笔代手。也不可以边打电话边吃东西或喝水。这些不好的举止，对方在电话里完全就能听得出来。

通话的时候，不要发声过高，免得让受话人承受不起。标准的做法是：使话筒和嘴保持3厘米左右的距离，以正常、适中的音量就行了。

3. 挂断电话要讲究

铃响六声再挂电话。在拨打电话时，如果对方无人接听，一般等对方电话铃响过六声后，再挂断电话。重要的电话应在第一次拨号后，两分钟之内的时间再打过去一次。

拨打电话时，不要让对方电话响得过久，如果对方这时没在他的工位上，那么持久的电话铃声会干扰其他的工作人员工作，因此六声后，仍未有人接听则挂断电话。如果是其他人接听的电话，可请代接电话者帮忙叫一下，但一定要说声"谢谢"。

4. 勿假公济私

单位电话，当然是为了因公使用，不应该用来处理私人事情，这同样是基本的职业操守。有些外企公司在走廊或休息区专门配置了供员工拨打私人电话的投币电话，目的是让大家明白，每个人办公桌上的电话仅限于因公用途，而不是可以随意聊天或处理私人事务的。

特别提示

办公室座机电话，已成为现代职场使用频率最高的通信工具。接打电话的质量，反映了一个人对待工作的真实态度。对方通过你接、打电话的方式、表现，对你的形象、性格、素质会进行无限的描述、想象。

特别提示

一般情况下，如果是主动打出的电话，应该自己先挂电话；比较通行的借鉴方式，就是让尊者先挂电话。挂电话的方式，是先按断扣机键，然后再轻轻扣上电话机。

1. 打电话的礼仪

就打电话的实际流程来看，要注意以下3个方面。

（1）事先准备

为了获得最佳的通话效果，每次打电话之前都要做好充分准备。比如，把受话人的姓名、电话号码、通话要点等内容列出一张"清单"。这样一来，通话的时候就可以以此办理，不至于出现边说边想、缺乏条理的情况了。

这种方法简单易行，只要养成了习惯，就会成为自己的自觉行动。它不仅于己方便，而且也能使通话对象感到自己办事情有板有眼、训练有素。

（2）打电话时间

按照惯例，通话的最佳时间有二：一是双方预先约定的时间；二是对方方便的时间。双方预先约定的时间不必再做介绍。

对方方便的时间，可以理解为对方在工作的时间，而且是比较方便接电话的时间。这个时间段一般是上午9~11点和下午14~16点。这段时间是人们办公效率最高的时间，这段时间通话往往能够引起对方一定的重视，很快会收到有效答复。如果太早通话，对方可能还处于上班前的准备工作状态，没有完全安顿下来；如果临近下班时间打电话，对方可能已经在做下班准备了，注意力可能会不集中，影响事情的办理。中午休息的时间，也不要给对方打电话。

如果不是遇到十万火急的情况，不要在节假日、用餐时间和休息时间给别人打工作电话。

如果是打国际电话，必须要考虑时差。时差是由于世界各国所处地理位置不同而引起的时间差异，比如北京和纽约时差约13小时，如果北京时间下午14点给美国纽约打电话，那么美国纽约当时是凌晨1点钟左右。因此如果不注意时差问题，就会在错误的时间段给对方打电话，从而引起对方的不满。因此在拨打国际长途电话之前，一定要考虑到时差问题。

（3）通话长度

既然电话因公而打，就必须对通话的具体长度有所控制，因为在工作岗位上大家都很忙，不可能假借因公电话之名行煲电话粥之实。基本的要求是：以短为佳，宁短勿长。

作为因公的电话，刚开始基本的寒暄是必要的，但要点到为止，然后就开门见山、直奔主题。寒暄不要没完没了、本末倒置。交谈完毕后，再简单复述一下通话内容，然后就结束电话。

电话礼仪的"三分钟原则"，实际上就是"以短为佳，宁短勿长"基本要求的具体体现。但意思绝不是掐到三分钟的时候就断然挂电话，而是尽可能限制通话长度，以做到简练、明确，不要一件事反反复复地说，让对方听得厌烦。

如果是一次较长的电话交谈，在通话之初就要告诉对方这次通话的大致时间长度，在获得对方许可的情况下再继续。

2.接电话的礼仪

接电话的礼仪，可以分为本人受话、代接电话以及录音电话3个方面。

（1）本人受话

本人受话，就是自己亲自接听别人打给自己的电话。自己接听电话的时候，按照电话礼仪的要求，需要注意以下问题。

① 接听及时：接听电话是不是及时，实质上也反映着一个人待人接物的真实态度。一般情况下应该保证在电话铃响三声之内接听电话。但要避免在电话刚刚响起就接电话，否则说不准会让对方吓一跳。当电话响第二声以后接电话是最合适的时间。如果因为其他原因在电话铃响三声之后才接起的话，在接起电话后首先要说声："对不起，让您久等了！"

② 应对谦和：接电话的时候，受话人要努力使自己的所作所为合乎礼仪，要注意拿起话筒后，首先就要问好，然后自报家门。向打电话的人问好可出于礼貌；为了说明有人在接听。严禁以"喂"字开头，因为"喂"表示是希望先知道对方是谁，在等着对方告诉你。而且，如果"喂"时语气不好，就极容易让人反感。所以，接电话时的问候应该是热情而亲切的"您好！"。如果对方首先问好，就要立即问候对方，不要一声不吭，故弄玄虚。

至于要自报家门，则是为了告诉对方，这里是哪个单位或是哪个部门或是具体哪一位。

通话的时候，不应该心不在焉，更不要把话筒放在一旁，任其"自言自语"。在通话过程中，对打电话的人的态度要谦恭友好，尤其是在打来业务电话咨询或有求于己的时候，更要表现得不卑不亢、热情亲切。

通话终止的时候，不要忘记向发话人说声"再见"。如通话因故暂时中断后，要等候对方再拨进来。对重要的客人或上级，要主动拨回去，不要扬长而去，也不要为此而责怪对方。

接到误拨进来的电话，需要耐心、简短地向对方说明。如有可能，还要给对方提供必要的帮助，或者为其代转电话就行了，不要生气动怒，甚至出口伤人。

③ 主次分明：接听电话的时候，要暂时放下手中的工作，不要和其他人交谈，或做其他事情。如果正在和别人谈话，要示意自己在接电话，一会再说，并在接完电话后向对方道歉。同时也不要让打电话的人感到"电话打的不是时候"。但如果目前的工作非常重要，那么就要在接到电话后向来电者说明原因，表示歉意，并再约一个具体时间，到时候自己再主动打过去，当然要在通话的开始，再次向对方致歉。

纵然再忙，都不能拔下电话线，或者来电不接就直接挂断。这些都是非常不礼貌的行为。

（2）代接电话

每个人都会经常为同事代接、代转电话。代接电话的时候要注意以下方面。

① 礼尚往来：接电话的时候，假如对方找的不是你，不要表现出失望和不乐意

的情绪，也不要拒绝对方代找别人的请求，尤其是不要对对方所要找的人口有微词。更不能因为个人感情就硬说对方要找的人是"没这个人"。同事之间互相代接电话，也是互利互助的事情，所以要讲究礼尚往来，有来有往。

② 尊重隐私：代接电话，不要充当"包打听"的角色，不要向来电者询问对方和他所找之人的关系。当打电话的人有求于己，要求转达某事给某人的时候，要诚实守信、不曲解意思的转告，而且没有必要对不相干的人提及。

当所要找的人就在附近，也不要大呼小叫地找人。当别人来电话的时候，不要进行"旁听"，更不要插嘴。

在没有授权的情况下，不要随便说出对方所要找的人的私人手机号码。

③ 准确记录：如果要找的人不在，要先向来电者说明，再问对方需不需要帮忙转达。对来电者要求转达的具体内容，最好认真做好笔录。在对方讲完之后，还要重复一遍，以验证自己的记录是否正确无误。须记录别人电话时，要认真记下包括通话者单位、姓名、通话时间。

④ 及时传达：当接到寻找别人的电话，先要弄明白"对方是谁"、"现在找谁"这两个问题。如果对方不愿讲第一个问题，也不必勉强。如果对方要找的人不在，应该先以实相告，再询问对方有什么事情。

如果要找的人就在旁边，要立即通知。如果答应替打电话者代为传话，就要尽快落实，不要置之脑后，或是存心拖延时间。

不到万不得已的时候，不要把代人转告的内容，再托付其他人转告。否则，既容易使内容走样，还容易耽误时间。

（3）录音电话

录音电话现在被越来越多的单位所使用。在使用录音电话时要注意以下两个方面。

① 留言制作：使用录音电话，少不了要制作一段录音留言。留言的常规内容有问候语、电话机主的单位或是姓名、致歉语、留言的原因、对来电者的要求以及道别语等。

② 来电处理：工作中，如果不是十分必要则不必使用录音电话，如果使用就一定要做到"言必信，行必果"。在处理录音电话的时候要注意，对正常的来电，要及时进行必要的处理，不可以一拖再拖，或者置之不理。不要以录音电话为借口托词自己的疏忽和错误。

3. 接打电话的礼仪用语

（1）打出电话的礼仪用语

您好！我是××公司××部的×××，我要找贵公司经理×××先生。

您好！我是×××，我找×××经理。

（2）接听电话的礼仪用语

您好！××公司人力资源部×××，请讲。

您好！设计部，请讲。

（3）电话留言礼仪用语

您好！这里是×××公司×××部。本部门工作人员现在因公外出，请您在提示音响过之后留言，或者留下您的姓名和电话号码。我们将尽快与您联系。谢谢，再见。

【参考案例】

电话礼仪——公司的形象窗口

台湾爱迪森企管顾问有限公司的总经理巫文瑜女士讲了一个她自己经历的事情。有一次，台湾一家公司的老总邀请她到自己的公司去商谈一些事情，希望巫文瑜女士的公司为他策划一些事情。时间已经定好了。到了那天，巫文瑜女士准备去这家公司。出于礼貌，去之前，她先给这家公司的办公室打了一个电话，告诉对方自己要去了。但是对方拿起电话后第一句却是："喂，你是谁？"非常不礼貌，巫文瑜女士说："我是巫文瑜，请你告诉你们老总我一会儿就去见他。"对方却大声大气地说："他不在。"接着"啪"地一声挂了电话。巫文瑜女士很气愤，但她气量大，于是又打了第二个电话。这一次还没等她说话，对方就很不耐烦地说："已经告诉你了，他不在。烦人"。"啪"地一声又挂了电话。这一次巫文瑜女士真的生气了。从此以后，这家公司老总的邀请都被她婉言谢绝了，尽管这位老总保证不会再出现类似事件，而且还炒了那位员工的"鱿鱼"。就这么一个电话，这个公司的形象全被毁了。可见，电话礼仪对一个企业来说很重要，它是一个公司的形象窗口，不是个人小节，无足轻重。

（资料来源：杨丽.商务礼仪与职业形象.大连：大连理工大学出版社，2008.）

二、手机礼仪

手机是职业人士基本的通信工具。但不分场合、不分时机地滥用手机，已经成了职场礼仪和职业形象的杀手。手机礼仪越来越受到关注。在使用手机时应当注意以下礼仪规范。

 特别提示

不适合用手机的场合

① 在参加会议、宴会、舞会、音乐会，观看一些体育比赛，及参观各类展览等公共场合活动或身处电影院、图书馆时，应将手机铃声调至静音或震动，尽量不要使用手机。若有重要来电必须接听时，应避开众人后再开始与对方通话；如果实在不能离开，又必须接听，则要压低声音，一切动作以不影响在场的其他人为原则。

② 在和客人洽谈时，关掉手机或者至少把手机调成震动状态是必要的，以免分散自己的精力，也是对对方的尊重。

> ③ 在驾驶车辆时，不能接打手机，否则由于精力的分散极易导致交通事故的发生。有些国家法律规定驾驶车辆时严禁接打手机，否则就触犯了法律。
> ④ 在飞机起飞和降落停稳前，一定要关闭手机。因为移动电话信号能干扰飞机导航系统，影响飞行安全。
> ⑤ 在加油站附近严禁使用手机，否则有可能酿成火灾。
> ⑥ 在医院探视病人时，一些医疗仪器设备附近不允许使用手机，否则会影响医疗设备的正常使用。
> ⑦ 此外，在一切标有文字或图示禁用手机的地方，均须遵守规定。

1. 手机的放置

工作场合，手机要放在合乎礼仪的常规位置，如随身携带的公文包里或者上衣的内袋里。不要在不用手机的时候将手机拿在手里或挂在上衣口袋外面，挂在脖子上或腰带上也不妥。

开会的时候可以把手机交给秘书、会务人员代管。也可以放在不起眼的地方，如背后、手袋里、衣服口袋里，但不要放在桌上。

2. 接打的声音

不管是接还是打，讲话的声音都要适度，没必要大声嚷嚷。特别是在公共场所更要注意，接听和拨打电话不要妨碍和影响别人，以免引起大家的侧目和反感；也不要当众表演，不注意自己的隐私。

如果遇到有些地方手机信号不好而导致无法接通的时候，可以先挂机，过一会儿再联络，千万不要大声一味"喂！喂！"地呼叫，以免对别人产生干扰、引起别人的反感。

3. 手机微信

在一切需要把手机调到震动状态或是关机的场合，如果微信的声音此起彼伏，和直接接打手机又有什么区别呢？一边和别人说话，一边查看手机微信，同样说明你对别人的不尊重、对谈话内容的不在意。

对微信内容的选择和编辑，应该和通话文明一样重视。通过你发出的微信，即使是你转发的，都意味着你赞同或至少不否定微信的内容，它反映了你的个人品味和水准。所以不要编辑或转发低俗、不健康的微信。

一般工作场合，手机应在震动状态；重要场合，手机应在静音状态；乘坐飞机时，手机应处于飞行模式或关机状态。

实战演练

电话礼仪实训
实训项目：电话用语。

实训目标：掌握电话用语的规范使用，并能熟练运用，以帮助从事工作的职场人员在服务场合能正确地使用电话用语，从而体现对接待对象的尊重。

实训学时：1学时。

实训方法：

① 将学生分组，每组5~6人。由学生分组练习，教师指导。

② 学生分组考核，用摄像机等记录学生考核过程。

③ 回放考核过程，学生进行自我评价，教师总结点评学生存在的个性与共性的问题。

实训准备：职业装、电话、大屏幕教室等。

实训考核：实训考核内容见表4-3所示。

表4-3 电话用语训练考核表

姓名：_____

程序	操作标准	评分标准	配分	得分
通话前准备	① 打电话前：备好电话号码，想好通话内容，慎选通话时间，挑准通话地点； ② 接听电话前：确保畅通，专人值守，预备记录	① 备好电话号码； ② 想好通话内容； ③ 慎选通话时间； ④ 挑准通话地点	2分 3分 2分 3分	
通话初始	① 通话初始问候； ② 双方自我介绍； ③ 双方进行确认	① 通话初始问候； ② 双方自我介绍； ③ 双方进行确认	5分 5分 5分	
通话中	① 内容紧凑； ② 主次分明； ③ 重复重点； ④ 积极呼应	① 内容紧凑； ② 主次分明； ③ 重复重点； ④ 积极呼应	5分 5分 5分 5分	
通话结束	① 再次重复重点； ② 暗示通话结束； ③ 感谢对方帮助； ④ 代向他人问好； ⑤ 互相进行道别； ⑥ 话筒轻轻挂上	① 再次重复重点； ② 暗示通话结束； ③ 感谢对方帮助； ④ 代向他人问好； ⑤ 互相进行道别； ⑥ 话筒轻轻挂上	5分 5分 5分 5分 5分 5分	
代接电话	① 若对方要找的人就在附近，应告诉对方"请稍候"然后立即去找，注意不要大声喊人，不要让对方等候过久； ② 若对方要找的人已外出，应告诉对方，并询问对方；请问您是哪位？是否有事需要转达，您愿不愿意留下姓名和电话？如对方有事需要转达，应认真记录，并尽快转达； ③ 若对方要找的人不便接听，可请对方稍后再打	① 当对方要找的人就在附近，告知对方后立即去找； ② 当对方要找的人已外出，应先告知，然后再询问对方； ③ 对方要找的人不便接听时，请对方稍后再打	5分 5分 5分	
做好电话记录	① 记录内容：来电时间，通话地点，来电人情况，主要内容及处理方式等； ② 电话记录精心保管； ③ 重要的电话记录，尤其是涉及行业秘密时，要严格进行保密； ④ 电话记录转达后，对其进行必要处理	① 记录内容全面； ② 记录簿精心保管； ③ 记录内容保密； ④ 对记录进行处理	3分 2分 2分 3分	
总分			100分	

思考与练习

一、判断题

1. 工作人员可利用节假日、午休或用餐时间打工作电话给他人。（　　）
2. 听到对方挂断电话后，方可收线，收线时要轻放电话。（　　）
3. 当对方要找的人就在附近时，要告知对方"请稍后"，然后立即去找，注意不要大声喊人，不要让对方等候过久。（　　）
4. 工作人员在与他人互通电话时，尤其是在接听电话时，不需要进行记录。（　　）
5. 对重要的电话记录，尤其记录涉及行业秘密时，要严格保密。（　　）
6. 电话语言要求礼貌、简洁明了，以准确地传递信息。（　　）
7. 早晨七点前、晚上十点后一般不宜给人打电话。（　　）
8. 假如是与上级、长辈、客户电话，无论你是接电话还是打电话，都最好让对方先挂断。（　　）
9. 见特别重要的客人时，手机调到震动就可以。（　　）
10. 使用手机短信时，尽量使用清楚明白的语言，不随意简化省略。（　　）

二、选择题

1. 双方通电话，应由（　　）挂断电话。
   A. 主叫先挂电话　　　　B. 被叫先挂电话
   C. 尊者先挂电话　　　　D. 不做要求，谁先讲完谁先挂，最好同时挂
2. 当您的同事不在，您代他接听电话时，应该（　　）。
   A. 先问清对方是谁　　　B. 先告诉对方他找的人不在
   C. 先问对方有什么事　　D. 先记录下对方的重要内容
3. 接电话时，拿起话筒的最佳时机应在铃声响过（　　）之后。
   A. 一声　　　　B. 两声　　　　C. 四声　　　　D. 六声
4. 在正常情况下，每一次打电话的时间最好遵循（　　）原则。
   A. 10分钟原则　　　　B. 5分钟原则
   C. 3分钟原则　　　　　D. 1分钟原则

在宴席上最让人开胃的就是主人的礼节。

项目五
商务酬宾礼仪

◎ **知识目标**
1. 掌握中餐桌次、位次礼仪。
2. 了解西餐桌次、位次礼仪。
3. 熟练中餐、西餐餐桌礼仪及商务接待的基本技巧。
4. 了解自助餐、茶会的基本礼仪。
5. 了解观看演出礼仪。

◎ **技能目标**
1. 掌握中餐宴会的接待及用餐技巧。
2. 了解西餐宴会的接待及用餐技巧。
3. 掌握自助餐、茶会的基本礼仪。

◎ **实战目标**
本项目内容的操作性较强。通过训练，学生应能够将中餐、西餐、自助餐、茶会等礼仪熟练、灵活地运用在商务接待中。

学习任务一　中餐宴会礼仪

【知识储备】

宴请的种类

国际上通用的宴请形式有宴会、招待会、茶会、工作餐等，至于采取何种形式，一般根据活动的目的、邀请对象以及经费开支等因素来决定。每种类型的宴请均有与之匹配的特定规格及要求。

1. 宴会

宴会是宴请活动中最常见的一种餐饮方式。举行宴会的目的通常是为了欢迎、告别、答谢、庆祝或者联谊。宴会与其他形式的宴请活动最大的区别是安排坐席，有招待员顺次上菜。宴会按其规格又有国宴、正式宴会、便宴和家宴之分。

（1）国宴

特指国家元首或政府首脑为国家庆典或为外国元首、政府首脑来访而举行的宴请活动，是规格最高的宴会。这种宴会庄严而隆重。按规定，宴会厅内悬挂国旗，宾主入席后乐队演奏国歌，主人与主宾先后发表讲话或祝酒辞，奏席间音乐。菜单和坐席卡上均印有国徽，出席者的身份规格高，代表性强，宾主均按身份排位就座，礼仪严格。

国宴有两个特点：一是讲究排场，对出席者的入场仪式及客人着装有一定规定，仪式隆重；二是对宴会厅的陈设、菜肴的道数、品种及服务人员的仪态都有严格规范。

（2）正式宴会

正式宴会通常是政府和团体等有关部门为欢迎应邀来访的宾客，或来访的宾客为答谢主人而举行的宴会。这种宴会形式除不挂国旗、不奏国歌以及出席者规格低于国宴外，其余的安排大致与国宴相同。正式宴会对赴宴者的着装、桌次和席位的摆设均有较高的礼仪要求，宾主均按身份排座就位。正式宴会分为早餐、午宴和晚宴，其中，最正式的是晚宴，其次是午宴。西方国家一般将正式宴会安排在晚20点以后举行，我国一般在晚18～19时开始。正式晚宴要安排好座次，在请柬上注明着装要求，席间有祝辞或祝酒。正式午宴一般在中午13时左右开始。

（3）便宴

便宴多用于招待熟悉的宾朋好友，是一种非正式的宴会。这种宴会形式简便，规模较小，不拘严格的礼仪，不用排席位，不作正式致辞或祝酒，宾主间较随便、亲切，用餐标准可高可低，由于其便于组织、气氛亲切、宾客可较随便，有利于日常友好交往。常见的便宴按举办的目的不同划分，有迎送宴会、生日宴会、婚礼宴会、节日宴会等。

（4）家宴

顾名思义就是在家中设宴招待客人，其特点是主人下厨烹调，家人共同招待，以示亲切、友好。它在社交和商务活动中发挥着尊敬客人和促进人际交往的重要作用，各国人士都有举行家宴的习惯。

相对正式宴会而言，家宴最重要的是要制造亲切、友好、自然的气氛，使赴宴的宾主双方轻松、自然、随意，彼此增进交流，加深理解，促进信任。

2. 招待会

招待会是一种灵活、经济实惠的宴请形式。一般备有食品和酒水，通常不排固定的席位，可以自由活动，常见的招待会主要分为冷餐会、自助餐和酒会3种。

（1）冷餐会

冷餐会的特点是一种立餐形式，不排座位。菜肴以冷食为主，也可冷热兼备，连同餐具一同摆设在餐桌上，供客人自取。客人可以多次取食，站立进餐自由活动，彼此交谈。当然，对老年人、体弱者要准备座椅，可由服务员接待。这种形式既节省费用又亲切随和，得到越来越广泛的采用。我国举行大型冷餐会，往往用大圆桌，设座椅，主桌安排座位，其余各席并不固定座位。食品和饮料均事先放置在桌上，招待会开始后，自行进食。冷餐会一般在室内、院落或花园中举行。

（2）自助餐

自助餐和冷餐会大致是相同的，只是现代自助餐的内容比较丰富，而且有比较多的热菜，甚至有厨师当场给你煎炒。

（3）酒会

也称鸡尾酒会，更显得活泼、方便。以酒水为主，略备小吃，不设座位，宾主皆可随意走动，自由交谈。这种形式比较灵活，便于广泛接触交谈。举行时间亦较灵活，中午、下午、晚上均可，持续时间在两小时左右。在请柬规定的时间内，宾客到达和退席的时间不受限制，可以晚来早退。酒会多用于大型活动，因此，客人可利用这个机会进行社会交际和商务交际。

（4）茶会

茶会是一种简便的招待形式，一般在下午16时左右举行，也有的在上午10时左右进行。其地点通常设在客厅，厅内摆茶几、座椅，不排席位。但若为贵宾举行的茶会，在入座时，主人要有意识地与主宾坐在一起，其他出席者可相对随意。在西方一般有早茶、午茶时间，即上午10时和下午16时左右，以请客人品茶为主，可略备点心小吃，也可选咖啡做主饮料。茶会的目的一般是交谈而非喝茶，因此，不同于东方的茶道。

（5）工作餐

工作餐是现代国际交往中又一非正式宴请形式，按用餐时间可分为，工作早餐、工作午餐和工作晚餐，进餐时，边吃边谈。这种形式多以快餐分食的形式，既简便快速，又符合卫生要求，此类活动多与工作有关，故一般不请配偶。双边工作进餐往往以长桌安排席位，便于宾主双方交谈、磋商。

【知识储备】

宴请邀请礼仪

各种宴请活动，一般均须对宴请对象发出邀请。这既是对宾客的通知，起提醒、备忘的作用，同时又是宴请必备的礼貌形式。邀请方式通常有书面、电话和口头邀请3种。正式宴请活动，多采用书面邀请的方式，由举办者发出请柬或邀请信、邀请电报；非正式宴会，则可以电话或口头邀请。

1. 书面邀请

（1）请柬

请柬是较常用的邀请形式。有市场统一印制的通用型，也有本单位特别印制的专用型。格式大同小异，常有精美的封面，内页写明宴请目的、被邀请人的姓名、宴请的类型、地点和时间。如若是涉外宴请，还应有中外文对照或直接用客人所在国文字印制。请柬一般不用标点符号，设计应美观大方，填写应字迹端正工整。请柬应视主宾之间的地理位置远近和通信联系的方便程度，提前一周收到为好，要在时间上给宾客留有余地，以便他们能安排好自己的工作。

正式宴会的请柬在制作和发送时，还应注意：如果事先已口头（或电话）预约过、通知过对方，仍应在宴会前正式发送一份请柬，以示正式和真诚；如能确定对方"一定会来"，可在请柬上注明客人在宴会上的桌号，以便他赴宴时，落座不乱。一份精美的请柬，不仅能起到礼仪、通知、备忘的作用，还是一份珍贵的纪念品。

（2）邀请信

和请柬相比，邀请信多为手写，也有电脑打印的。格式各不相同，内容要求详细，可以因事因人而异，文字可长可短。邀请信给人以亲切感，不像请柬那样显得刻板和公式化。

邀请信应写得诚恳热情，要把邀请目的、具体细节、邀请时间、地点交代清楚，还可以对应邀者提点有关服饰的建议和"回复"等方面的要求。具体包括：简短的问候和寒暄；阐明宴请的类型和设宴的原因；简略说明这次宴请安排的内容，如席间有无文艺表演和舞会的安排，是否要求客人做席间发言等；对远道客人的时间要求、服饰要求以及设宴地点的位置和交通车次介绍，并恳请对这次宴会给予协助和配合等；盛情邀请光临并要求寄回复，以便安排和落实座次。

2. 电话邀请

电话邀请和书面邀请一样，也要十分注重礼貌礼节。书面邀请，在撰写时还可有推敲的时间，而电话邀请，时间短促，通话时语言、语调必须使对方感受到盛情和诚意。所以通话前应写好说话提纲，或有腹稿，避免说话无层次，该表达的主要内容被遗漏，次要的话说得过多。电话邀请用语比书面要求更高，要从语音、语调上让对方感受到诚挚、亲切，以加深对方印象。如果不是被邀请者本人接电话，要建议接话人作好记录备忘，以便转告被邀请者。

3. 口头邀请

口头邀请，适用于非正式的或小范围的宴请。举办人有意设宴时，应先征询被邀主宾的意见，最好是彼此见面时，借机口头约请。口头邀请，有时不能一次得到对方的肯定答复，可再约时间敲定，或用电话表达邀请的诚意，以得到对方最后正式答复为准。口头邀请，也可委托别人传话转告，并请转告者尽快将原意告诉给被邀请者。口头邀请时表达必须认真诚恳，一旦商定，双方遵守信用。

随着经济的全球化与一体化，商界竞争已日益激烈。对商界人士而言，"功夫在诗外"，除了8小时之内的兢兢业业、恪尽职守、努力工作之外，在日常生活中成功的商务酬宾，往往有助于与商务伙伴建立良好关系，在无形之中对商务合作起到锦上添花的作用。

商界人士的酬宾活动主要包括商务宴会、舞会、音乐会和茶会等。

一、设宴及邀请礼仪

1. 设宴礼仪

如果要举办宴会。首先应确定设宴的目的、名义、邀请范围和对象，还应考虑恰当的形式，再慎重以不同方式发出。

（1）设宴目的

洽谈业务、签订合同、择日开张、扩大销售、加强联系等，都可是设宴的目的；庆祝节日、纪念庆典、开幕闭幕，也都常见。设宴目的不同，设宴的规格、内容、形式也就不同。所以设宴目的必须明确，不但举办人要清楚，还应尽可能让应邀者和具体承办者明了，彼此才好配合，达到宴请的目的，实现预期效果。

（2）邀请名义

以谁的名义出面邀请最为恰当，即为邀请名义。邀请名义要注意宾主身份对等，这是礼仪礼节性很强的考虑。邀请者与宴会的具体支持者是有区别的。一般来说，邀请者应与被邀请的主要宾客，在身份、职别、专业等方面尽量对等对口。邀请名义既可以单位名义，也可以个人名义，即使以单位名称邀请，也应签注主要领导人的姓名，以示庄重。

（3）宴请对象和范围

宴请对象是指设宴招待的主要宾客，也就是举办宴会请什么人，请多少人，请到哪一级别，同时也包括请一些有关单位和本单位的相关人员作陪。一般以设宴目的、宾主身份、国际惯例及主要宾客所在地的习惯做法为依据。若是多边关系，还要考虑政治因素。宾主赴宴的总人数，以偶数为好。

（4）宴请形式

宴请形式依设宴目的和宴请的范围之需，综合拟订。一般来说，设宴目的隆重、宴请范围广泛，应以正式的、高规格的宴会形式为主；日常交往、友好联谊、人数较多的，以冷餐会形式或酒会形式更合适；群众性节日活动，以茶会形式居多。

近年来，国际国内礼宾工作有简化趋势，宴请范围趋于缩小，形式也在简化。

2. 中餐宴会菜单的确定

点菜既是学问又是艺术。根据我们的饮食习惯，与其说是"请吃饭"，倒不如说成是"请吃菜"。因此在宴请来宾时对菜单的安排马虎不得。

（1）投其所好

要考虑顾客的口味和符合他们的审美取向。一般人都有尝鲜的心理，会品尝一些新颖但不怪诞的菜肴。因此在点菜时，可对外来宾客介绍一些本地的特色菜，对本地宾客介绍一些新颖的特色菜。

（2）量力而行

根据宴请的规格，提供量力而行的最佳组合，点菜时必须注意不仅要吃饱、吃好、吃出水平、吃出文化，而且必须量力而行。如果为了讲究排场，在点菜时大点、特点，甚至乱点，不仅对自己没有好处，相反还会遭到来宾的嘲笑。尤其是外宾，他们极不提倡浪费。

（3）点菜技法

有些情况下可以请专门的点菜师帮助点菜。在自己点菜时要注意以下几个方面。

① 中餐特色菜：在邀请外宾时，一定要注意选择一些有明显中国特色的菜品，如饺子、炸春卷、煮元宵等。

② 本地特色菜：在宴请外地客人时，选择一些有名的地方菜品应该是很受客人喜爱的，如西安的羊肉泡馍、湖南的毛家红烧肉、北京的烤鸭和涮羊肉等。

③ 餐馆特色菜：选择一份本餐馆的特色菜，说明主人的细心和对被请者的尊重。

④ 主人特色菜：在家里宴请宾客时，主人一般都是要露一手的。

> **特别提示**
>
> 宴会菜单主要根据来宾口味特点、宴会规格档次确定，一般是由宴会主办方与餐厅负责人共同商议决定，其中要避免出现下列菜肴。
>
> 1. 触犯个人禁忌的菜肴
>
> 不少人在饮食方面都有个人的禁忌，例如，有人不吃鱼，有人不吃鸡蛋，有人不吃辣椒等。对此一定要在宴请宾客之前有所了解。
>
> 2. 触犯民族禁忌的菜肴
>
> 世界上许多民族，都有自己本民族的饮食禁忌。掌握这种具有普遍性的饮食禁忌，有助于款待外宾和少数民族同胞。
>
> 3. 触犯宗教禁忌的菜肴
>
> 在所有的饮食禁忌之中，宗教方面的饮食禁忌最为严格。

二、中式宴请桌次与座次

中国餐饮礼仪可谓源远流长。据文献记载，在周代，饮食礼仪已形成一套相当完善的制度。

作为汉族传统的古代宴饮礼仪，自有一套程序：主人折束相邀，临时迎客于门外。宾客到时，互致问候，引入客厅小坐，敬以茶点。客齐后导客入席，以左为上，视为首席，相对首座为二座，首座之下为三座，二座之下为四座。客人坐定，由主人敬酒让菜，客人以礼相谢。席间斟酒上菜也有一定的讲究：先敬长者和主宾，最后才是主人。宴饮结束，引导客人入客厅小坐，上茶，直到辞别。如今，这种传统宴饮礼仪在我国大部分地区仍保留完整。

现代受西餐传入的影响，一些西餐礼仪也被引进。如分菜、上汤、敬酒等方式也因合理卫生的食法被引入中餐礼仪中。中西餐饮食文化的交流，使得我国的餐饮礼仪更加科学合理。

现代较为流行的中餐宴请礼仪是在继续传统与参考国外礼仪的基础上发展而来的。

1. 中式宴请的尊位确定

在中式宴请中确定尊位一般有以下两种方式。

① 一席宴请时，根据房门来确定尊位。一般情况下，面朝门的中央位置可作为尊位，如图5-1所示。

② 多席宴请时，尊位一定位于主桌。在主桌上，面向其他桌方向的中央位置可作为尊位，如图5-2所示。

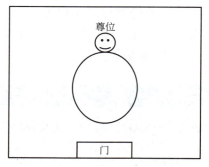
图5-1　一席宴请的尊位确定

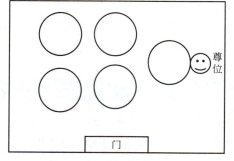
图5-2　多席宴请的尊位确定

2. 中式宴请的桌次排序

（1）中式宴请桌次排序的原则

在中餐宴请活动中，往往采用圆桌形式。宴请时如果客人较多，就会出现多桌次宴请的情况。每个桌子的摆放次序，我们称之为桌次。在国际商务宴请中，一般遵循的桌次原则是，主桌在主席台边，根据餐厅形状，右高左低，高近低远。即桌次高低以离主桌位置远近而定，离主桌越近，桌次越高；离主桌越远，桌次越低。平行时的桌次排序为右高左低。

特别提示

在安排桌次时,所用餐桌的大小、形状要基本一致。除主桌可以略大外,其他餐桌都不要过大或过小。

(2)中式宴请的台形布置

① 两席宴请:当两席横排时,桌次以右为尊,左为卑,如图5-3所示。这里所说的左右,是指进入房间后,面对正门的位置来确定的。当两席竖排时,桌次讲究以远为上,以近为下,如图5-4所示。这里所讲的远近,是以距离正门的远近而言。

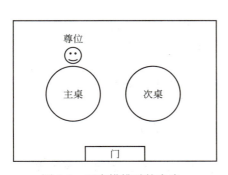
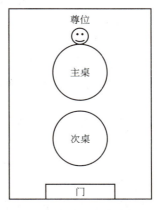

图5-3 两桌横排时的桌次　　　　　图5-4 两桌竖排时的桌次

② 三席及以上宴请:在安排多席宴请的桌次时,除了要注意"面门定位"、"以右为尊"、"以远为上"等规则外,还应兼顾其他各桌距离主桌的远近。通常,距离主桌越近,桌次越高;距离主桌越远、桌次越低,如图5-5所示。

三席宴请设计:品字形,也称三角形。

四席宴请设计:方形或菱形。

五席及五席以上宴请设计:梅花形、梯形、长方形。

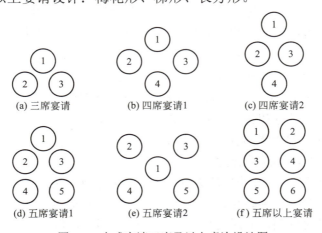

图5-5 中式宴请三席及以上桌次设计图

> **特别提示**
>
> 为了确保在宴请时赴宴者及时、准确地找到自己所在桌次,可以在请柬上注明对方所在的桌次,在宴会厅入口悬挂宴会桌次排列示意图,安排引位员引导来宾按桌就坐,或者在每张餐桌上摆放用阿拉伯数字书写的桌次牌。

3. 中式宴请的座次排序

【知识储备】

中式便餐座次排序遵循的原则

排列中式便餐的座次,一般遵循以下四个原则。

1. 右高左低原则

两人一同并排就座,通常以右为上座,以左为下座。这是因为中餐上菜时多以顺时针方向为上菜方向,居右坐的人因此要比居左坐的人优先受到照顾。

2. 中座为尊原则

三人一同就座用餐,坐在中间的人在座次上高于两侧的人。

3. 面门为上原则

用餐时,按照礼仪惯例,面对正门的都是上座,背对门的都是下座。

4. 特殊原则

高档餐厅里,室内外往往有优美的景致或高雅的演出,供用餐者欣赏。这时,观赏角度最好的座位就是上座。在某些中低档餐厅用餐时,通常以靠墙的位置为上座,靠过道的位置为下座。

(1) 中式商务宴请座次排序的一般原则

在商务宴请中的座次排序非常复杂,其中最重要的排序依据是职务的高低,其次是交际语言、业务类别和性别搭配。一般座次排序时,主客双方一二号座次排序都尽可能按职位排列。后面人员的座位安排除职位外,还要兼顾是否有共同语言,是否有业务关系,是否性别相同等。

特别强调的是在一些国家的商务宴请中习惯于将不同性别的人交叉安排就座,以体现男女平等。还有些国家习惯于将相同性别的人安排在一起就座,以照顾不同性别之间不同的话题爱好。

(2) 中式宴请的座次排序特点

① 在宴请座次排序中,最大的特点是每张桌都安排主、客双方的顺序座次,即主方一号、二号、三号等和客方一号、二号、三号等。

② 每张桌的座次排序都以主方一号为中心。

(3) 中式宴请的具体座次排序

① 男女主人共同宴请时的排序方法,如图5-6所示。这种排法是男主人坐上席,女主人位于男主人对面。主副相对,以右为贵。宾客通常随男女主人,按右高左低的顺序依次成对角飞线排列,同时要做到主客相间。国际惯例是男主宾安排在女主人右侧,女主宾安排在男主人右侧。

② 第一主人、第二主人均为同性别人士或正式场合下宴请时的排序方法，如图 5-7 所示。这种排法主副相对，按"以右为贵"的原则，依次按顺时针排列座次，同时主客相间。

③ 单主人时的座次排序。这种排法以主人为中心，其余人员按"以右为贵"的原则，依次按"之"字形飞线排列，如图 5-8 所示。

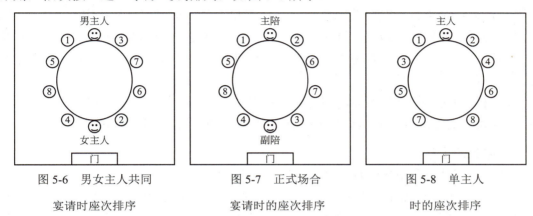

图 5-6　男女主人共同宴请时座次排序

图 5-7　正式场合宴请时的座次排序

图 5-8　单主人时的座次排序

【知识链接】

我国国宴小常识

我国国宴一般都设在人民大会堂和钓鱼台，但人民大会堂承担要多一些，这里的宴会厅能同时容纳 5000 人。国宴制订的菜谱，一般以清淡、荤素搭配为原则。基本上固定在四菜一汤，这是当年周恩来总理定的标准，一直延续至今。

国宴的菜，汇集了全国各地的地方菜系，经几代厨师的潜心整理、改良、提炼而成，主要考虑到首长、外宾都能吃，像国宴的川菜，少了麻、辣、油腻，苏州、无锡等地的菜少放了糖等，目前的国宴菜都是在原来地方菜的基础上，做了改进。

如今，国宴的菜系，已被称为"堂菜"，讲究清淡、软烂、嫩滑、酥脆、香醇，以咸为主，较温和的刺激味辅之。据说这种烹调风格适应性很强，基本可满足中外大多数宾客的口味要求，如海参鸡块中的鸡块，既可烧也可蒸。

国宴菜品的菜名，仍很"原始"，除少数"引进"的地方菜保留原名（如佛跳墙、富贵蟹钳、孔雀开屏、喜鹊登梅）外，大多数菜名的命名比较务实，如麻辣鸡、芦笋鲍鱼等。菜名朴实，是国宴的一个特点。一是使用者一看菜单即可知是什么菜；二是可避免太花哨，使名与菜，穿凿附会，名实不符，同时在对外活动中，又可利于菜名翻译时准确无误。

三、中餐上菜及餐具使用礼仪

1. 走菜顺序

各种菜肴在后厨准备好后，摆上餐桌的过程，称为走菜。宴会走菜顺序的合理与否，事关宴会的气氛、客人的食兴，它可以体现主人的文化素养和对客人的尊重。

宴会的上菜顺序不仅要依当地风俗习惯进行，而且还要视客人情况适当调整，一般次序是冷菜、热炒或大菜、甜菜、点心，质量高的头菜在较前面上席。

中餐的走菜顺序主要有两种，这两种走菜顺序最大的区别是汤的位置。

其中以粤菜为代表的顺序是先上头盘（也叫冷拼或者凉菜），其次是老汤，然后是热菜，最后是果盘。在热菜部分，又分辅菜和主菜（有的地方又称主打菜），主菜一般以海鲜、各种肉品为主，只有一道，辅菜以蔬菜为主，可以多上几盘。这一派菜系中，汤在热菜前上，认为汤先上一来可以暖胃，二来可以清口，三可以保证食量有度。而主食则可以随时取用。

以川菜为代表的其他菜系，则将汤放在主菜之后，一般的走菜顺序是：冷菜（冷拼）、热菜、主食、汤。这一派认为汤可以起到清口的作用，可以调和整个宴会的口味。

2. 中餐的上菜

（1）上菜时机和服务位置

① 上菜时，可以将凉菜先行送上席。当客人落座开始就餐后，餐厅员工即可通知厨房做好出菜准备，待到凉菜剩下 1/3 左右时，餐厅员工可送上第一道热菜。当前一道菜快吃完时，餐厅员工就要将下一道菜送上，不能一次送得过多，使宴席上放不下，更不能使桌上出现菜肴空缺的情况，让客人在桌旁干坐，这既容易使客人感到尴尬，也容易使其在饮过酒后，没有菜可供下酒，使客人喝醉。

② 餐厅员工给客人提供服务时，一般要以第二主人作为中心，从宴席的左面位置上菜，撤盘时从宴席第二主人的右侧位置。上菜或撤盘时，都不应当在第一主人或主宾的身边操作，以免影响主客之间的就餐和交谈。

（2）上菜中的习惯与礼貌

① 菜肴中有孔雀、凤凰图案的拼盘应当将其正面放在第一主人和主宾的面前，以方便第一主人与主宾的欣赏。

② 第一道热菜应放在第一主人和主宾的前面，没有吃完的菜则移向副主人一边，后面的菜可遵循同样的原则。

 特别提示

> 遵循"鸡不献头，鸭不献尾，鱼不献脊"的传统礼貌习惯，即在给客人送上鸡、鸭、鱼一类的菜时，不要将鸡头、鸭尾、鱼脊对着主宾。而应当将鸡头等朝右边放置。上整鱼时，由于鱼腹的刺较少，肉味鲜美嫩滑，所以应将鱼腹而不是鱼脊对着主宾，表示对主宾的尊重。

3. 中餐主要餐具的使用

（1）筷子的使用礼仪

① 忌敲筷。即在等待就餐时，不能坐在餐桌边，一手拿一根筷子随意敲打，或

用筷子敲打碗盏或茶杯。

② 忌掷筷。在餐前发放筷子时，要把筷子一双双理顺，然后轻轻地放在每个人的餐桌前；距离较远时，可以请人递过去，不能随手掷在桌上。

③ 忌叉筷。筷子不能一横一竖交叉摆放，不能一根是大头，一根是小头。筷子要摆放在碗的旁边，不能搁在碗上。

④ 忌插筷。在用餐中途因故需暂时离开时，要把筷子轻轻搁在桌子上或餐碟边，不能插在饭碗里。

⑤ 忌挥筷。在夹菜时，不能把筷子在菜盘里挥来挥去，上下乱翻，遇到别人也来夹菜时，要有意避让，谨防"筷子打架"。

⑥ 忌舞筷。在说话时，不要把筷子当作刀具，在餐桌上乱舞；也不要在请别人用菜时，把筷子戳到别人面前，这样做是失礼的。

⑦ 忌舔筷。不要"品尝"筷子，不论筷子上是否残留有食物，都不要去舔它。

⑧ 忌迷筷。不要在夹菜时，筷子持在空中，犹豫不定取哪道菜。

⑨ 忌粘筷。在就餐过程中，即使很喜欢某道菜，也不要似筷子粘住了菜盘，不停地夹取。

⑩ 忌剔筷。不要将筷子当牙签使用。

（2）匙的使用礼仪

在一般情况下，尽量不要单用匙去取菜。用匙取食物时，不宜过满，免得溢出来弄脏餐桌或自己的衣服。必要时，可在舀取食物后，在原处"暂停"片刻，待汤汁不再滴流后，再移向自己享用。使用匙时要注意下列 4 点事项。

① 使用汤勺时要用右手。右手执筷同时又执汤勺是最忌讳的。

② 用勺子取用食物后，应立即食用，不要把它再次倒回原处。

③ 若取用的食物过烫，不可用匙将其折来折去，也不要用嘴对它吹来吹去。

④ 食用匙里盛放食物时，尽量不要把勺子塞入口中，或反复吮吸它。

 特别提示

中餐礼仪小知识

由于中餐的特点和食用习惯，参加中餐宴会或聚餐时，尤其要注意以下几点。

① 上菜后，不要先拿筷，应等主人邀请，主宾动筷时再拿筷。取菜时要相互礼让，依次进行，不要争抢。取菜要适量，不要把对自己口味的好菜一人"包干"。

② 为表示友好、热情，彼此之间可以让菜，劝对方品尝，但不要为他人布菜；不要擅自做主，不论对方是否喜欢，主动为其夹菜、添饭，让对方为难。

③ 不要挑菜，不要在共用的菜盘里挑挑拣拣、翻来覆去、挑肥拣瘦。取菜时，要看准后夹住立即取走；不能夹起来又放下，或取走后又放回去。

四、中餐就餐礼仪

1. 餐前礼仪

① 参加宴会，首先必须把自己打扮得整齐大方，这是对别人也是对自己的尊重。还要按主人邀请的时间准时赴宴。除酒会外，一般宴会都请客人提前半小时到达。如因故在宴会开始前几分钟到达，不算失礼。但迟到就显得对主人不够尊敬，非常失礼了。

② 当走进主人家或宴会厅时，应首先跟主人打招呼。同时，对其他客人，不管认不认识，都要微笑点头示意或握手问好；对长者要主动起立，让座问安；对女宾举止庄重，彬彬有礼。

③ 入席时，自己的座位应听从主人或招待人员的安排，因为有的宴会主人早就安排好了。如果座位没定，应注意正对门口的座位是上座。应让身份高者、年长者以及女士先入座，自己再找适当的座位坐下。

④ 入座宜从左侧进入，轻拉椅背，女士由男士或服务生代劳，然后慢慢入座。坐的姿势要端正，女士双腿应并拢，男士自然即可。双手不可靠在桌面或邻座的椅背上，更不要弯腰驼背用餐，显得没有精神。坐姿要维持端正，但不要僵硬不自然，并注意与餐桌保持适当的距离。

⑤ 用餐时应该正装，不要中途脱外衣。脱下的长外套不可直接披在椅背上，大衣、外套等应交给服务员放置衣帽间保管。

⑥ 手机最好关机，或转成震动模式，如有紧急电话需接，请离座至适当场地接听。

⑦ 手提包、钥匙、手机、香烟、打火机等私人物品，不可放在桌上妨碍他人用餐，应放进手提包内，再将手提包放在背部与椅背间，而不是放在餐桌或地上。

2. 就餐礼仪

① 一道菜上桌后，通常须等主人或长辈动手后再去取食。若需使用公筷，应先用公筷将菜肴夹到自己的盘中，然后再用自己的筷子慢慢食用。夹菜时，要等到菜转到自己面前时再动筷，夹菜一次不宜过多，也不要把夹起的菜再放回菜盘中，又伸筷夹另一道菜，这是非常不礼貌的动作。如果遇到邻座夹菜要避让，谨防筷子打架。

② 同桌如有外宾，不用反复劝菜，也不要为其夹菜，因为外宾一般没有这个习惯。以前为宾客夹菜表示中国人的好客之道，现在应让宾客依自己的喜好取用菜色，较合乎时宜也较卫生。

③ 用餐时，碗盘器皿不可拿在手上，应用筷子取一口大小的食物送至口中，不可一次把过多的食物塞入口里。

④ 骨、刺要吐出时，应用餐巾或以右手遮口，隐秘地吐在左手掌中，再轻置于骨盘中，不可抛弃在桌面或地上。

⑤ 有骨或壳的食物，应避免用手剥咬，可用筷子或汤匙取食为宜。

⑥ 很烫的食物，不可用嘴吹冷匆忙送入口中，应等稍凉后再取食。

3. 餐后礼仪

① 用餐完毕后，必须等男女主人开始送客之后，才能离座。

② 客人未离开前，绝对不可大声喧哗或批评客人。

③ 送客时，应该提醒其所携带或是寄存的物品，并且鞠躬致意，尽量等客人完全离开视线后再返回座位。

④ 餐后不宜当着客人面结账，也不宜拉拉扯扯抢着付账，如真要抢着付账，应找适当的时机悄悄地去结账。

【相关链接】

水果的功效（一）

人们习惯在饭后吃水果，以为这样可以帮助食物中的蛋白质、脂肪、糖类等营养物质消化吸收。目前，一些营养学家认为，饭后吃水果，日久会导致消化功能紊乱。因为食物进入胃内需经过1~2小时消化后才能慢慢被排出，而水果极易被吸收，不需在胃中久留，它是单糖类食物，如在胃中停留时间过长，易引起腹胀、腹泻或便秘等症。营养学家认为，饭前1小时吃水果最好。这样，可以使人体免疫功能保持正常。

水果是人们喜爱的食品，它甘甜可口，营养丰富，还有防病治病的功效。

1. 香蕉

香蕉含有丰富的维生素和矿物质，从香蕉中可以很容易地摄取到各式各样的营养素。其中钾能防止血压上升及肌肉痉挛，而镁则具有消除疲劳的效果。香蕉有清热、解毒、生津、润肠的功效，适用于痔疮出血、大便干结、肺燥咳嗽及发热症状。人体如果缺钾，会出现全身软弱无力，胃肠无法蠕动，从而出现腹胀、肠麻痹，严重者还会影响心肌收缩，引起心律失常，诱发心力衰竭，而香蕉中含有丰富的钾，每天吃上一根香蕉，就可以满足人体内钾的需求，同时还可以稳定血压，保护胃肠道。

特别提醒：香蕉含易为婴儿吸收的果糖，对水泻不止的乳糖酶缺乏儿，可作为主食喂养。因其含有大量的钾，故胃酸过多、胃痛、消化不良、肾功能不全者应当慎用。

保存时不要放入冰箱，在10~25℃条件下适宜储存，每天食用1~2个即可，切不可太过量。

2. 柚子

柚子营养价值很高，含有丰富的糖类、有机酸、维生素A、维生素B1、维生素B2、维生素C、维生素P和钙、磷、镁、钠等营养成分。柚子味甘酸、性寒，具有理气化痰、润肺清肠、补血健脾等功效，能治食少、口淡、消化不良等症，还能帮助消化、除痰止渴、理气散结。由于柚肉中含有非常丰富的维生素C以及类胰岛素等成分，故有降血脂、减肥、美肤养容等功效。

此外，由于柚子含有生理活物质皮苷，可降低血液黏滞度，减少血栓形成，故而对脑血管疾病，如脑血栓、中风等也有较好的预防作用。

特别提醒：脾虚泄泻的人吃了柚子会腹泻，因为他们对食物营养的吸收和转化能力较弱，粗纤维的柚子可能未消化完毕就被排出体外，造成所谓湿热的错觉。另外，柚子不能与药品同服。每天食用量最好不超过200克，服药期间禁止食用。

3. 山竹

山竹富含多种矿物质、维生素，对体弱、营养不良、病初愈者都有很好的调养作用。具有降燥、清凉解热的作用。体质虚寒者少吃尚可，多吃不宜。由于山竹富含蛋白质和脂肪，对皮肤不太好、营养不良的人群有很好的食疗效果，饭后食用还能分解脂肪，有助于消化。

特别提醒：肥胖者和肾病、心脏病患者要少吃，糖尿病患者不能食用，一般人过多食用会引起腹泻（当吃多引起腹泻时，吃些榴梿可缓解病情）。

山竹可以放在冰箱中保存半个月左右，每天适用量为3个左右。

4. 猕猴桃（又名奇异果）

鲜猕猴桃中维生素C含量在水果中是最高的，它还含有丰富的蛋白质、糖类、多种氨基酸和矿物质元素，都为人体所必需。其味酸，性寒。有解热、止渴、通淋之功效，对食欲不振、消化不良、黄疸、尿道结石、痔疮等有良好的改善作用。猕猴桃果和汁液有降低胆固醇及甘油三酯的作用，亦可抑制致癌物质的产生，对高血压、高血脂、肝炎、冠心病、尿道结石有预防和辅助治疗作用。

特别提醒：由于猕猴桃性寒，易引起腹泻，故不宜多食。脾胃虚寒者更应慎食。先兆性流产、月经过多和尿频者忌食。

还未成熟的果实可和苹果放在一起，有催熟作用，保存时间不宜太长。每天适用量为1个。

5. 橘子

橘子含有丰富的糖类（葡萄糖、果糖、蔗糖）、维生素、苹果酸、柠檬酸、食物纤维以及多种矿物质等。其具有润肺、止咳、化痰、健脾、顺气、止渴的药效。尤其对老年人、急慢性支气管炎以及心血管病患者来说更是不可多得的健康水果。由于橘子中含有丰富的维生素C和烟酸等，它们有降低人体中血脂和胆固醇的作用，所以，冠心病、血脂高的人多吃橘子很有好处。

特别提醒：橘子多吃会出现口干舌燥、咽喉干痛、大便秘结等症状，同时为避免其对胃黏膜产生刺激而引起不适，最好不要空腹吃橘子。胃肠、肾、肺功能虚寒的老人也不可多吃，以免诱发腹痛、腰膝酸软等病症。每天适用量为2～3个。

6. 芒果

芒果含有丰富的胡萝卜素及维生素，蛋白质和脂肪的含量较少，糖类含量丰富。

其味甘、性凉，是解渴生津的水果。有益胃止呕、生津解渴及止晕眩等功效，甚至可治胃热烦渴、呕吐不适及晕车、晕船等症。另外，芒果含有丰富的维生素A、维生素C，有益于视力健康、延缓细胞衰老、预防老年痴呆症、抑制动脉硬化、预防癌症的功效。

特别提醒：芒果性质带湿毒，患有皮肤病或肿瘤的人群，应禁止食用。每天适用量为1个。

7. 杨桃

新鲜杨桃糖类的含量丰富，所含脂肪、蛋白质等营养成分，对人体有助消化、滋养、保健功能。其具有下气和中、清热止渴、生津消烦、利尿、解毒、醒酒，降低血脂、胆固醇、血糖，提高机体免疫力等功效。用于防治风热咳嗽、口渴烦躁、咽喉疼痛、口腔炎、牙痛、肝病、小便不利、结石症、坏血病、食毒酒毒等。

特别提醒：饭后吃杨桃，有助于消化。保存时不能放入冰箱冷藏。每天适用量为1个。

8. 葡萄

葡萄的营养丰富，味甜可口，主要含有葡萄糖，极易为人体吸收，同时还富含矿物质元素和维生素。其性平，味甘酸，无毒，历来被食疗专家列为补血佳品，并可舒缓神经衰弱和疲劳过度，同时它还能改善心悸盗汗、干咳少痰、腰酸腿痛、筋骨无力、脾虚气弱、面浮肢肿以及小便不利等症。另外，葡萄所含热量很高，而且葡萄中大部分有益物质可以被人体直接吸收，对人体新陈代谢等一系列活动可起到良好作用。

特别提醒：吃葡萄后不能立刻喝水，否则很快就会腹泻，但这种腹泻不是细菌引起，泄完后会不治而愈。每天适用量为100克。

案例分析

某市与日本某市缔结友好城市，在一著名饭店举办了一场大型的中餐宴会。邀请本市最著名的演员到场助兴。这位演员到达后，费了很多时间才找到了自己的位置。当他入座后发现与其同桌的许多客人都是接送领导和客人的司机，演员感到自尊心受到了伤害，没有同任何人打招呼就悄悄离开了饭店。当时宴会组织者并没有觉察到这一点，一直等到宴会进行中主持人拟邀请这位演员演唱时，才发现演员并不在现场。幸好主持人灵活，临时改换其他演员顶替，才算没有出现冷场。

思考：

1. 演员为什么不辞而别？
2. 座次安排有何不妥？
3. 情况发生后该如何处理？

实战演练

中餐位次礼仪实训

实训项目：中餐位次礼仪。

实训目标：通过该项目的训练，使学生掌握中餐座次顺序的基本知识，并能够在交际场合正确选择自己的座次，显示出职场礼仪风范。

实训学时：1学时。

实训方法：情景模拟。

盛达商贸有限公司的张副总经理、办公室韩主任等4人，在世纪大酒店388中餐厅宴请腾诗软件开发公司的赵副总经理、市场拓展部邹经理等一行4人。

学生分组、分角色扮演主方和客方。

学生了解门、窗等参照物的方位，左、右方向确定的标准，并根据标准取座位入座。

思考与练习

一、判断题

1. 宴请中的国际惯例是桌次高低以离主桌远近而定，基本原则是左高右低，内尊外低，桌数较多时，要摆桌次排。　　　　　　　　　　　　　　　　（　　）

2. 宴会开始前或进行一段时间后，可为餐者准备湿毛巾，用于擦脸擦汗。（　　）

3. 桌次礼仪的判断方式是以背对餐厅或礼堂的厅堂为正位，横向以右为大，以左为小，纵向以前为大，以后为小。　　　　　　　　　　　　　　　（　　）

4. 当宴请对象、时间和地点确定后，应提前1~2周制作、分发请柬。（　　）

5. 宴会规格一般应考虑宴会出席者的最高身份、人数、目的、主人情况等因素。
　　　　　　　　　　　　　　　　　　　　　　　　　　　　　　　（　　）

二、选择题

1. 就餐完毕后，餐巾应当放在（　　）。

　A. 桌上　　　　　B. 椅子上　　　　　C. 食碟上　　　　　D. 随身带走

　E. 交给服务人员

2. 就餐中，以下选项不正确的是（　　）。

　A. 入座宜从左侧进入

　B. 背对门口的座位是上座

　C. 如有紧急电话可离座至适当场地接听

　D. 手机最好关机或转成震动模式

3. 以下不属于中餐座次排序遵循原则的是（　　）。

　A. 右高左低原则　　　　　　　　　　B. 中座为尊原则

　C. 面门为上原则　　　　　　　　　　D. 左高右低原则

学习任务二　西餐宴会礼仪

【知识储备】

西式宴请的形式

西式宴请的形式很多，客人一定要注意它们的名称和活动方式，提前做好准备。

1. 晚宴

晚宴一般都是较为正式的，依其正式程度又可分为正式、半正式与非正式三种。赴宴者应依宴会正式的程度注意自己的言行举止与衣着。通常，官方场合、商业的正式晚宴必须盛装赴宴，餐具的安排及取用也比较繁复，而一般家庭式晚宴，则以半正式或非正式为多。

2. 午宴

午宴对餐宴礼仪及赴宴者的穿着要求并不严格，因此，身着便服赴宴即可。

3. 早午宴

早午宴属于非正式的餐宴，目的是希望在餐宴结束后，受邀人仍有时间外出购物，办理其他事务等。

4. 室外宴会

室外宴会有室外举行的野餐（picnic）及烤肉（barbecue）等，这类宴会与季节密切相关。春夏之季，美国人喜爱各式户外活动，所以宴客也偏好在户外举行。这类宴会最为轻松，没有繁文缛节的拘束，也没有服饰妥当与否的烦虑。轻松自在的心情是参加宴会最主要的要求，切忌太过正式或华丽的衣服，以免在轻松随意的场合中显得突兀。

5. 鸡尾酒会欢迎会

这种欢迎会常见于大型学术讨论会或重要演讲后，其目的是主办单位为向参会者或演讲人表示欢迎之意，属于比较轻松的非正式的宴会。

欢迎会上常备的食物有奶酪夹饼干、肉球（meat ball）或是蔬菜条蘸酱。参加鸡尾酒会不应太早到或太晚到。进餐时，一般左手拿饮料，右手握手，并注意保持手的清洁与暖度。与人交流时不要东张西望，和贵宾谈话不可占用太长的时间，不能影响他人与贵宾谈话的机会。如果主人开始收起吧台，代表酒会已结束应告辞了。

6. 正式鸡尾酒会

有些鸡尾酒会是用以促进宾客间交流的，若与自助式晚宴（buffet）合办，通常要在请柬上写明。也有的鸡尾酒会是单独举行的，不与晚宴合二为一，这类鸡尾酒会会在请柬上注明宴会的起讫时间。

7. 男士晚宴

这类宴会多在男士俱乐部或餐厅举行，也偶有于家中举行，多为庆祝某特殊事件而办。如为某人饯行，或庆祝某人告别单身生活，于婚前邀男性朋友所举办之宴会。

此晚宴仅邀请男士,女士通常不在受邀之列。所以,尽管是女主人也不可出席该晚宴。

8. 女士茶会

传统的茶会(tea party)专限女士参加,多半是三五好友于午后相聚,闲话家常。通常气氛轻松,穿着也以便服为主。若该茶会专为某人而办,或庆祝某个特殊事件时,则属正式茶会,必须着正装。有一点需注意,国外宴会晚上17点以后才会供应含酒精饮料。

9. 自带食物

如果请柬最上方注明BYOF(bring your own food)、Pot-Luck,通常客人可以带上家乡特色、口味的食物,与其他客人共享。

10. 自带饮料

如果可以自带饮料,通常在请柬上会注明BYO。

一、西式宴请桌次与座次

1. 西式宴请的准备

(1)确定宴请对象、规格和范围

其依据是宴请的性质、目的、主宾人的身份、国际惯例及经费等。

(2)确定宴请的时间、地点

宴请的时间应对主、客双方都合适。驻外机构举行较大规模的活动,应与驻在国主管部门商定时间。注意不要选择对方的重大节日、有重要活动或有禁忌的日子和时间。

宴请的地点可分为两种情况:如是官方正式隆重的活动,一般安排在政府、议会大厦或宾馆内举行;其余单位宴请则按活动性质、规模大小、形式等实际可能而定。

(3)发出邀请及请柬

宴会邀请一般均发请柬,亦有手写短笺、电话邀请。邀请不论以何种形式发出,均应真心实意、热情真挚。

请柬内容包括活动时间及地点、形式、主人姓名。行文不用标点符号,其中人名、单位名、节日和活动名称都应采用全称。中文请柬行文中不提被邀请人姓名(其姓名写在请柬信封上),主人姓名放在落款处。请柬格式与行文方面,中外文本的差异较大,注意不能生硬照译。请柬可以印刷也可手写,手写字迹要美观、清晰。西式请柬多半是白色单面印制,字体简单扼要。无论是字体或格式,请柬的设计都要以大方得体为原则。请柬一般以对方提前一周收到为宜。

请柬信封上被邀请人的姓名、职务要书写准确。国际上习惯对夫妇两人发一张请柬,我国如遇需凭请柬入场的场合则每人一张。正式宴会,最好能在发请柬之前排好席次,并在信封下角注上席次号。请柬发出后,应及时落实出席情况,准确记载,以便调整席位。

西式请柬的左下角通常写着 R.S.V.P. 字样，附有电话号码和人名，这表示客人接到请柬后最好依照上面标注的电话给予回复，以便主人确认赴宴人数并提前做好准备。

另外，在请柬的右下角则有简单的 Dress Code，表示餐宴应该穿哪种衣服才不会失礼。要想穿着得体，赴宴前需了解此次宴请的性质和规格。

 特别提示

西餐宴请的服装是依照本次餐宴的规格而定的，通常的选择如下。
Formal（正式）男士穿燕尾服或晚礼服；女士穿晚礼服或国服。
Informal（非正式）男士穿西服；女士穿洋装或是膝盖以下的礼服。
Casual Elegant（正式休闲）男士穿非正式休闲西服；女士穿过膝盖的套装或礼服。

下面介绍几种请柬格式。

① 正式宴会请柬举例。

为欢迎×××州长率领的美国×××州友好代表团访问青岛谨订于××××年×月×日（星期×）晚×时在××饭店××阁举行酒会

敬请光临

R.S.V.P

山东省人民政府

② 英文邀请参加活动的正式请柬举例。

On the occasion of the 45th anniversary of the founding of the People's Republic of China Zhejiang Provincial People's Government requests the pleasure of your company at a National Day reception on 29th September（Thursday），1994 at 6：00p.m. In the Banquet Hall，Villa 1 XiZi Guest Hotel

R.S.V.P. Tel：×××××××　　　　　　　　　　　　　　　　　Dress：Formal

注：左下角"R.S.V.P."表示请回复，右下角为联系电话，"Dress：Formal"表示请着礼服。

［为庆祝中华人民共和国成立四十五周年谨订于一九九四年九月二十九日（星期四）晚六时在西子宾馆一号楼宴会厅举行国庆招待会］

（4）订菜

宴请的菜谱根据宴请规格，在规定的预算标准内安排。选菜不应以主人的喜好为标准，主要考虑主宾的口味喜好与禁忌。菜的荤素、营养、时令与传统菜及菜点与酒品饮料的搭配要力求适当、合理。不少外宾并不喜欢我国的山珍海味。地方上宜以地方食品招待，用本地名酒。菜单经主管负责人同意后，即可印制，菜单一桌备2～3份，至少1份。

（5）现场布置

宴会厅和休息厅的布置，取决于活动的性质和形式。官方正式活动场所的布置，应该严肃、庄重、大方，不宜用霓虹灯作装饰，可用少量鲜花（以短茎为佳）、盆景、刻花作点缀。如配有乐队演奏席间乐，乐队不要离得太近，乐声宜轻。最好能安排几曲主宾家乡乐曲或他（她）所喜欢的曲子。

（6）餐具的摆放

根据宴请人数和酒、菜的道数准备足够的餐具。餐具上的一切用品均要清洁卫生，桌布、餐巾都应浆洗洁白熨平。玻璃杯、酒杯、筷子、刀叉、碗碟，在宴用之前应洗净擦亮。

① 中餐具的摆放：中餐用筷子、盘、碗匙、小碟、小杯等。小杯放在菜盘上方，右上方放酒杯，酒杯数与所上酒的品种相同。餐巾叠成花插在水杯中，或平放于菜盘上。我国宴请外国宾客，除筷子外，还摆上刀叉。酱油、醋、辣油等佐料，通常一桌数份。公筷、公勺应备有筷、勺座，其中一套放于主人面前。餐桌上应备有烟灰缸、牙签。

② 西餐具的摆放：西餐具有刀、叉、匙、盘、杯等。刀分食用刀、鱼刀、肉刀、奶油刀、水果刀，叉分食用叉、鱼叉、龙虾叉，匙有汤匙、茶匙等，杯有茶杯、咖啡杯、水杯、酒杯等。会上有几道酒，就配有几种酒杯。公用刀叉一般比食用刀叉略大。西餐具的摆法是：正面放食盘（汤盘），左手放叉右手放刀，面包奶油盘在左上方。

如图5-9为西餐座位餐具酒具摆法，图5-10为西餐用餐中尚未吃完时刀叉摆放方法，图5-11为西餐已吃完时刀叉摆放方法。

图5-9　座位餐具酒具摆法

图5-10　尚未吃完时刀叉摆放方法

图5-11　已吃完时刀叉摆放方法

2. 西式宴请桌次与座次排列

正式宴会一般均排席位，也可只排部分客人的席位，其他人只排桌次或自由入座。国际上的习惯，以主人为基准，右高左低，近高远低。桌数较多时，要摆桌次牌。西餐宴会使用的长条桌，根据人数与餐厅形状拼成不同形状。酒会一般摆设小圆桌或茶几。

同一桌上，席位高低以离主人的座位远近而定。外国习惯，男女掺插安排，以女主人为准，主宾在女主人右上方，主宾夫人在男主人右上方，如图5-12、图5-13所示。我国习惯按各人本身的职务排列，以便于谈话，如夫人出席，通常把女方排在一起，即主宾坐男主人右上方，其夫人坐女主人右上方。礼宾顺序并不是排席位的唯一依据，尤其是多边活动，更要考虑到客人之间的政治关系，政见分歧大、两国关系紧张的要尽量避免安排在一起。此外还要适当照顾到各种实际情况。席位排妥后要着手写座位卡。我方举行的宴会，中文写在上面，外文写在下面。

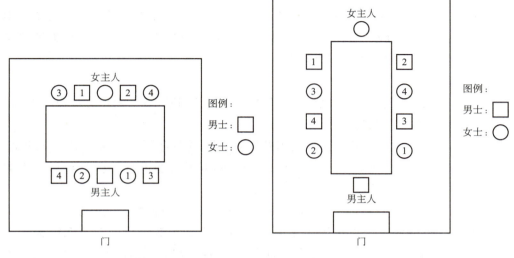

图 5-12　西式宴请横桌座次排序　　　　图 5-13　西式宴请竖桌座次排序

3. 西式宴请菜序礼仪

（1）前菜

又称为开胃菜，是在正式餐食前所供应的小菜，目的是增进食欲。前菜通常带有地方色彩，以季节性材料为原则，量不多，不能抢去主菜的风采。

（2）汤

英文说法 eat the soup 意思是"吃汤"，而不说 drink the soup"喝汤"，所以汤是一道菜色，而不视为饮料，侍者会从左边供应，喝汤应避免发出声是最起码的礼貌。西餐汤匙的使用多采用英式由内往外（由外往内是法式），汤匙横拿略倾斜前端靠近嘴边喝汤，当汤喝得差不多时，应用左手轻轻地将近身的汤碟边提起，再由里向外用汤匙盛汤，并注意不可发出汤匙和盘子摩擦的声音。

（3）主食

又称中间菜，基本菜色包括牛肉、羊肉、猪肉、各种家禽及其蛋类和鱼贝类。

① 肉类：咀嚼时要注意应将嘴巴合起来，避免发出声音，并将口中食物吞下后，再送新的食物入口，咀嚼食物时要注意不要讲话，如有人表达想交谈之意，可用点头等肢体语言表示意会。待咽下食物，喝口饮料水顺口，并用餐巾擦拭后再对答。

禽类如鸡肉的食用方法是，用刀将胸脯及两腿间切为两块，正式的场合不可用手取食，美式的吃法则用手拿起食用。

② 意大利面及米饭：此二道菜色大多当配菜使用，有时也会当主菜。

③ 蔬菜：一般主菜含脂肪较多，为帮助消化，平衡营养，配菜多会搭配蔬菜料理。

（4）附餐

① 奶酪：在正餐中甜点和水果未出前，可切片奶酪（cheese）配饼干或面包。吃过甜点和水果就不吃奶酪了。

② 甜点：一般蛋糕类甜点，是直接使用小叉子分割取食，较硬的甜点才需用刀切割后，再用小叉子分割取食。小块的硬饼干，可以直接用手取用，其他如冰淇淋或布丁及奶酪等甜点，则可用小汤匙取食。

（5）水果

① 梨、苹果和柿子：不可用手拿起来大口大口的咬，应用水果刀切成多瓣后，用刀去皮和核，然后用叉取食。

② 西瓜、柚子：此类多汁的水果用匙取食，西瓜多籽不宜列入正式餐宴的菜单，因为籽太多，客人吃的时候必须不断地吐籽，再用手将西瓜籽放到盘籽里，不太雅观，所以应选用无籽西瓜较适宜。

③ 木瓜：上桌前所有的籽应已清除干净，到时就用汤匙挖果肉取食。

④ 葡萄：此种粒状水果可用手拿来吃。方法有二，其一为用左手拿葡萄，右手持刀尖将籽取出后食用。其二为将整颗葡萄送入口中咀嚼，如需吐皮和籽，先吐入掌中，再放入盘内。

⑤ 香蕉：用手剥皮后，放置盘内，用刀叉切片取食。

⑥ 桃子及瓜类：通常餐厅会先削皮切片，可用小叉子取食。

⑦ 草莓：通常放在小碟中，用匙或叉取食均可。

⑧ 新鲜菠萝：用一把利刀切去菠萝头尾两端及外皮，再将剩下的果肉分切成圆形的薄片，可用吃甜点的叉子和汤匙食用。

二、西式宴请的礼仪规范

吃的礼仪，不同的国家或文化常存在着许多差异，你认为挺礼貌的举动，如代客夹菜、劝酒，欧洲人可能感到很不文雅；虽有许多不同，但还是有许多规则是大多数国家通用。

1. 预订饭店或接受赴宴邀请

（1）提早预约餐厅

越高档的饭店越需要事先预约。预约时，不仅要说清人数和时间，也要表明是否要吸烟区或视野良好的座位。如果是生日或其他特别的日子，可以告知宴会的目的和预算。在预定时间内到达是基本的礼貌。

（2）接受他人邀请时，应尽早回复

接到请柬后尽快答复，是最起码的礼节，特别是指定了席位的宴会，如不及早告知缺席，主办方面来不及补充人员，造成席位的空缺，既不礼貌，又很浪费。现在一般采用电话答复，简单快捷。用书信的形式，婉转地说明一下不能出席的理由则更好。

2. 着装

吃饭时穿着得体、整洁是欧美人的常识。去高档的餐厅，男士要穿着整洁的上衣和皮鞋；女士要穿套装和有跟的鞋子。如果指定穿正式服装的话，男士必须打领带。再昂贵的休闲服，也不能随意穿着上餐厅。此外最重要的是手一定要保持干净，指甲修剪整齐。进餐过程中，不要解开纽扣或当众脱衣。如主人请客人宽衣，男客人可将外衣脱下搭在椅背上，不要将外衣或随身携带的物品放在餐台上。

3. 入座

进入西餐厅后，需由侍应带领入座，不可贸然入位。最得体的入座方式是从左侧入座。当椅子被拉开后，身体在几乎要碰到桌子的距离站直，侍应会把椅子推进来，腿弯碰到后面的椅子时，就可以坐下来。手肘不要放在桌面上，不可跷足。

大家就座之后，正式筵席就要开始，自此之后，宾主都不会再站起来，直到筵席结束为止。席间如果需要什么，女士可以示意一旁的男士请其代劳，而男士如果需要什么，就挥手请侍应来到跟前服务。

不可在进餐时中途退席。如有事确需离开应向左右的客人小声打招呼。用餐时，坐姿端正，背挺直，脖子伸长。上臂和背部要靠到椅背，腹部和桌子保持约一个拳头的距离，两脚交叉的坐姿最好避免。记得要抬头挺胸着吃，在把面前的食物送进口中时，要以食物就口，而非弯下腰以口去就食物。

4. 餐巾

西餐餐巾一般用布，餐巾布方正平整，色彩素雅。经常放在膝上，在重礼节场合也可以放在胸前，平时的轻松场合还可以放在桌上，其中一个餐巾角正对胸前，并用碗碟压住。餐巾布可以用来擦嘴或擦手，沿对角线叠成三角形状，或平行叠成长方形状，拭擦时脸孔朝下，以餐巾的一角轻按几下。

 特别提示

用餐巾过程中，千万要注意不要有如下失礼之举。
① 不要当成围兜般（塞）在衣领或裤头。
② 不要用餐巾擦拭餐具、桌子，会有看不起主人之意。
③ 不要用餐巾拭抹口红、鼻涕或吐痰，不要用餐巾擦眼镜、抹汗，应改用自己的手帕。
④ 不要在离席时将餐巾布掉落在地上。
⑤ 不要把餐巾布用得污迹斑斑或者是皱皱巴巴。
⑥ 不要将吃剩食物放到餐巾布上。

5. 取食

服务员上菜的原则是左上右下，而一桌人的上菜原则，是会由女主人或主宾的位置开始。在西式餐宴的活动里面，一般人都会遵守女士优先的原则，因此女主人是最受尊荣的地位。

取食时不要站立起来，坐着拿不到的食物应请别人传递。有时主人劝客人添菜，如有胃口，添菜不算失礼，相反主人会引以为荣。对自己不愿吃的食物也应要一点放在盘中，以示礼貌。当参加西式自助餐时，别一次就把食物堆满整个盘子。盘子上满满的食物让人看起来认为你非常贪得无厌。每次拿少一点，不够再取。

6. 刀叉的使用

① 使用刀叉有两种常规方法。其一为英国式，要求就餐时，右手持刀，左手持叉，一边切割，一边叉而食之。其二为美国式，要求仍是左叉右刀，但先将餐盘中食物全部切割好后，双手交换刀叉，右手持叉吃食。

② 西餐的餐具顺序是由外而内，也就是由最外手的刀叉开始使用，一直用到最内的一副刀叉为主食结束。

③ 吃到一半还要继续的时候，刀叉是呈八字形放在餐盘内，如果吃完不准备继续，那就要把刀叉成平行放在盘内右侧，这时候侍应就会收起。

④ 切割食品时，不要弄出声响。

⑤ 切割食品时，双肘下沉，讲究姿态美观。

7. 招呼侍应者

在一流餐厅里，客人除了吃以外，诸如倒酒、整理餐具、捡起掉在地上的刀叉等事，都应让侍应去做。侍应会经常注意客人的需要。若需要服务，可用眼神向他示意或微微把手抬高，侍应会马上过来。在国外，进餐时侍应会来问："How is everything?"如果没有问题，可用"Good"来表达满意。如果对服务满意，想付小费时，可用签账卡支付，即在账单上写下含小费在内的总额再签名。最后别忘记口头致谢。

8. 喝汤的礼仪

① 喝汤用汤匙，不能端起来喝。

② 汤匙由内向外舀汤，注意第一勺宜少，先试温度，浅尝，不用口吹热汤。

③ 喝汤不出声，一匙汤不分几次喝。

④ 汤将见底，可将汤碗倾斜，以便舀取。

⑤ 喝汤完毕，汤匙应搁在餐盘上。

9. 吃面包的礼仪

① 面包要撕成小片，撕一片吃一口，切不可直接用口咬着吃或用餐刀切割。

② 撕面包时，注意用餐盘盛接碎屑。

10. 喝咖啡的礼仪

我国目前生产的咖啡饮料品种主要有清咖啡、牛奶咖啡、速溶咖啡、咖啡茶等。前两种饮用时需加水煮沸，后两种直接用开水冲饮即可。食用时可加香料、冰淇淋、牛奶，且可热饮、冻饮。咖啡粉极易受潮，保管时要注意防潮。

喝咖啡时，应用小茶匙搅拌方糖，而不是用来舀饮。一经饮过，不宜将匙放入杯中；放方糖的方法：用方糖夹夹住方糖至杯垫上靠近咖啡杯的位置，用小茶匙舀方糖放入杯中；如果需加入炼乳和方糖，则应先放方糖再放炼乳，让方糖先溶解；在鸡尾酒会或冷餐会中，宾客自由走动，可左手端杯垫，右手持杯喝咖啡，再放置杯垫中；而在有固定席位的就餐过程中，则不需端杯垫，只需右手拇指、食指、中指捏住杯柄直接品饮。

【相关链接】

咖啡简介

咖啡是英文coffee的译音，是世界上消费最大的饮料之一。原产于非洲，在19世纪下半叶被引进我国台湾地区及海南岛。咖啡是将咖啡树的种子烤成棕色，磨成粉末制成的饮料。当今巴西、印度尼西亚有大量栽种，国内广东、广西、云南、福建也有种植。

咖啡含有咖啡因、脂肪、蛋白质、糖类、无机盐和多种维生素。饮用咖啡不仅能解渴，而且还能帮助消化、提神、解除疲劳、促进思考以及防暑等。

11. 西餐其他礼仪

① 吃整条鱼，应先将鱼头切去，然后将鱼椎取出，切块取食。口中鱼刺用餐叉接住放入餐盘，不可直接吐在餐盘中。

② 西餐吃面时，用餐叉卷绕放入口中，不可似中餐吸食。

③ 炸薯片、炸肉片、芹菜等食物，不用刀叉，可以用手取食。取食时，仅用拇指和食指拈取，食后可用餐巾拭手。

④ 在餐厅吃饭时就要享受美食和社交的乐趣，沉默地各吃各的会很奇怪。所以进餐时应与左右客人交谈，不要只同几个熟人交谈，左右客人如不认识，可先自我介绍。别人讲话不可搭嘴插话。音量要小心保持对方能听见的程度，别影响到邻桌。切忌大声喧哗。

⑤ 宴会结束时，主人首先站起来，宣布散席。先让女宾离席，然后是男宾。无论是离席或入席，男宾都要帮助女宾拉椅，协助离席或入席。离席后，不可急忙告退，应等待女主人出门送客，才可握手言别。

【相关链接】

美国人请客吃饭的礼仪

美国人性格外向，热情直爽，不拘礼节，他们的风俗礼仪存在着许多与众不同之处。美国人都有很强的时间观念，各种活动都按预定的时间开始，迟到是不礼貌的。

同美国人约会联系简单，打个电话，对方会很高兴地同意。

美国人也有礼尚往来的习惯，但他们忌讳接受过重的礼物，一则是美国人不看重礼品自身的价值，二来法律禁止送礼过重，从家乡带去的工艺品、艺术品、名酒等是美国人喜欢的礼物。除节假日外，应邀到美国人家中作客甚至吃饭一般不必送礼。

美国社会有付小费的习惯，凡是服务性项目均需付小费，旅馆门卫、客房服务等需付不低于1美元的小费，饭店吃饭在结账时收15%小费。美国人请客吃饭，属公务交往性质多安排在饭店、俱乐部进行，由所在公司支付费用，关系密切的亲朋好友才邀请到家中赴宴。美国人的食物因地区、民族不同而种类繁多，口味各异，汉堡包、"热狗"、馅饼、炸面圈以及肯德基炸鸡等都是风靡世界的食品，但美国人待客的家宴则是经济实惠、不摆阔气、不拘泥形式的。

通常的家宴是一张长桌子上摆着一大盘沙拉、一大盘烤鸡或烤肉、各种凉菜、一盘炒饭、一盘面包片以及甜食、水果、冷饮、酒类等。宾主围桌而坐，主人说一声"请"，每个人端起一个盘子，取食自己所喜欢的菜饭，吃完后随意添加，边吃边谈，无拘无束。

美国人将请客人吃顿饭、喝杯酒或到乡间别墅共度周末作为一种交友方式，并不一定要求对方做出报答，如有机会请对方到自家吃饭就可以了。吃完饭后，客人应向主人特别是女主人表示特别感谢。

三、西餐中的饮酒礼仪

【知识储备】

西餐宴会酒水分类

西餐宴会中所上的酒水，一般可以分为餐前酒、餐中酒和餐后酒3种。

1. 餐前酒

餐前酒是开始正式用餐前饮用，或在吃开胃菜时与之搭配的。在一般情况下，人们喜欢在餐前饮用的酒水有鸡尾酒、香槟酒。

（1）鸡尾酒

① 鸡尾酒简介：鸡尾酒源自西方，实际上是一种混合酒，其配方据说已有2000多种。传说从前外国有一位驸马，善于配置混合酒，很受宾客欢迎，应接不暇，忙乱中丢失了调酒的勺子，便信手拔下头饰上的鸡毛调制，因而得名"鸡尾酒"。现在，鸡尾酒已成为人们所喜爱的饮料。由于它色香俱全，光彩夺目，在欧美各国受到普遍欢迎，20世纪初传入我国。

② 鸡尾酒的调配：见后文介绍。

③ 鸡尾酒酒杯的使用：喝鸡尾酒时需用的酒杯，通常是呈倒三角形的高脚玻璃杯，不带任何花纹。因鸡尾酒要保持其冰冷度，所以手应接触其高脚部位，不能直接

触摸杯壁，防止其变暖而影响酒味。

（2）香槟酒

① 香槟酒的简介：法文"champagne"的音译。一种富含二氧化碳的起泡白葡萄酒。原产于法国香槟省，因此而得名。香槟酒是将白葡萄酒装瓶后加酵母和糖，放在低温（8～12℃）下发酵而制成的。酒精含量为13%～15%。

② 香槟与美食的搭配：香槟酒不仅可以作为开胃酒，更能与不同的菜肴以及甜品搭配。粉红香槟酒可以搭配法餐的鹅肝、火腿或家禽，也可以配中餐的红烧肉；白香槟酒则可以配法餐的羊羔肉，也可配中餐的清蒸鱼和白灼虾等。

③ 香槟酒的最佳饮用温度：香槟酒是发泡性葡萄酒的一种，历来受到人们的喜爱，被称为酒中之王。它能够增添宴会的气氛，适宜配合每一道菜喝，也适宜在餐后喝。香槟酒的最佳饮用温度应该是8～10℃。饮用前可在冰桶里放20分钟或在冰箱里放3小时。

④ 香槟酒酒杯：香槟酒的酒杯有两种：一种是高脚开口浅杯，另一种是状似切头的郁金香外形杯，后者是香槟酒的最佳搭配，这种形状的酒杯，其容量和高度使香槟酒的气泡有足够的空间上升到酒层的表面，而且这种酒杯还能维持酒的温度。酒杯的材质应该是十分细腻的玻璃，因为它会影响香槟入口的感觉。

2. 餐中酒

餐中酒又叫佐餐酒，是在正式用餐期间引用的酒水。西餐里的佐餐酒均为葡萄酒，葡萄酒是一种受欢迎的低度酒，酒精含量通常在14%～21%。

葡萄酒按颜色可分为白葡萄酒、玫瑰红葡萄酒和红葡萄酒3种。白葡萄酒和玫瑰红葡萄酒配鱼类；红葡萄酒配肉类。

（1）红葡萄酒

红葡萄酒是选择皮红肉白或皮肉皆红的酿酒葡萄，采用皮汁混合发酵，然后进行分离酿制而成的葡萄酒，这类酒的色泽应呈自然宝石色、紫红色、石榴红色等。

"红酒配红肉"中所说的红肉，即牛肉、羊肉和猪肉。吃这类肉时，应配以红葡萄酒。

红葡萄酒酒杯为高脚杯。红葡萄酒的最佳温度为15～20℃，因此，可以在室温下引用，不用冰镇。

（2）白葡萄酒

选择用白葡萄或者浅红色果皮葡萄酒酿酒，经过皮汁分离，取其果汁进行发酵酿制而成的葡萄酒，这类酒的色泽应近似无色、浅黄带绿或浅黄。

"白酒配白肉"中所说的白肉，即鱼肉、海鲜和鸡肉。吃这类肉时，须搭配白葡萄酒。

白葡萄酒酒杯为高脚杯，喝白葡萄酒时用手拿住下面的杯脚部分，不要用手包围上壁，以免手指和手掌热量传导到酒中，从而破坏酒味。白葡萄酒的最佳饮用温度是在5～10℃。

（3）敬葡萄酒的程序

宴请宾客时，上酒应注意以下规则：

① 酒质较轻的葡萄酒应比酒质较重的葡萄酒先上来供客人享用；

② 干葡萄酒先上，甜葡萄酒后上；

③ 酒龄较短的葡萄酒先于酒龄长的葡萄酒上；

④ 如果不想更换葡萄酒的品种，那么就应该变化葡萄酒的年份，同一品种的酒，按不同的年份划分先后敬上。

3. 餐后酒

餐后酒指的是在用餐之后，用来帮助消化的酒水。最有名的餐后酒，是有"洋酒之王"美称的白兰地酒。利口酒也属于餐后酒的一种。

（1）白兰地酒

① 白兰地酒的起源：白兰地酒最早起源于法国。它原来的意思就是"葡萄酒的灵魂"。目前世界上有很多地方生产白兰地酒，但最负盛名的两大白兰地酒产地干邑区（Cognac）和玛雅邑区（Armagnac）都位于法国的西南部，因此法国被称为"白兰地王国"。

② 白兰地的饮法：白兰地酒有两个主要饮法，净饮和鸡尾酒饮法。

净饮：大部分人认为白兰地是一种酒香非常浓郁的酒。因此，在净饮时宜用肚大口小的白兰地专用酒杯。这种酒杯适宜用手指和掌心将其握住，这样就可以用体温将酒轻微地加温让酒香从酒水中溢出。同时，酒香聚合在杯口。饮用时，可以轻微旋转酒杯，让酒香充分溢出，然后闻一闻再饮用。饮用时适合小口饮。

（2）利口酒

利口酒是英文Liqueur的音译，而Liqueur一词是拉丁语，意思是溶解，使之柔和，也可以解释为"液体"的意思。现代欧洲人多数喜欢把利口酒叫做"香甜酒"，我国港澳地区称利口酒为"刀妖酒"、"力乔酒"或"多彩之酒"。

在较正式的场合，饮用酒水是颇为讲究具体程序的。在常见的饮酒程序中，斟酒、敬酒、干杯应用最多。

1. 斟酒

通常，酒水应当在饮用前斟入酒杯。有时，男主人为了表示对来宾的敬重、友好，还会亲自为来宾斟酒。在男主人亲自斟酒时，必须端起酒杯致谢，必要时，还需起身站立，或欠身点头为礼。有时，亦可向其回敬以"叩指礼"。这种方法适用于中餐宴会，它表示在向对方致敬。

主人为来宾所斟的酒，应是本次宴会上最好的酒，并应当场启封。斟酒时要注意以下3点。

① 要面面俱到，一视同仁，切勿有挑有拣，只为个别人斟酒。

② 要注意顺序。可以以顺时针方向，从第一主宾开始，也可以先为尊长、嘉宾

斟酒。

③ 斟酒要适量。白酒与啤酒均可斟满，而洋酒则无此讲究。

2. 敬酒

敬酒亦称祝酒。它具体是指在正式宴会上，由男主人向来宾提议，为了某种事由而饮酒。在敬酒时，通常要讲一些祝愿、祝福的话。正式的宴会上，主人与来宾还会郑重其事地发表一篇专门的祝酒辞。因此敬酒往往是酒宴上必不可少的一项程序。

敬酒可以随时在饮酒的过程中进行，频频举杯祝酒，会使现场气氛热烈而欢快。

如果是致正式的祝酒辞，那应在特定的时间进行，首要考虑的是不影响来宾用餐。通常，致祝酒辞最适合在宾主入席后、用餐之前开始，有时也可以在吃过主菜之后、上甜品之前进行。

祝酒辞的内容应越短越好，千万不要长篇大论，喋喋不休，让他人等候良久。

在他人祝酒或致祝酒辞时，其他在场者应一律停止用餐或饮酒。应坐在自己的座位上，注视对方认真倾听。对对方的所作所为，不要小声讥讽，或公开表示反感对方的词语。

3. 干杯

通常是指在饮酒时特别是在祝酒、敬酒时，以某种方式劝说他人饮酒，或是建议对方与自己同时饮酒。在干杯时，往往要喝干杯中之酒，故称干杯。有的时候，干杯者相互之间还要碰一下酒杯，所以又叫碰杯。干杯时应注意以下几点。

干杯需要有人率先提议。提议干杯者，可以是致祝酒辞的主人、主宾，也可以是其他任何在场饮酒之人。

提议干杯时，应起身站立，右手端起酒杯，或者用右手拿起酒杯后，再以左手托付其杯底，面含笑意，目视他人，尤其是注视自己祝酒对象，口诵祝颂之辞，如祝对方生活幸福、节日快乐、工作顺利、事业成功以及双方合作成功等。

在主人或他人提议干杯后，其他人应当手持酒杯起身站立，即使滴酒不沾，也要拿起水杯。在干杯时，应手举酒杯，至双眼高度，口道"干杯"之后，将酒一饮而尽，或饮去一半，或适当的量。然后，还须手持酒杯与提议干杯者对视一下，这一过程方告结束。

在吃西餐时，祝酒干杯讲究只用香槟酒，而绝不可以用啤酒或其他葡萄酒替代。饮香槟干杯时，应饮去一半杯中之酒为宜，但也要量力而行。

在西餐宴会上，人们是只祝酒不劝酒，只敬酒而不真正碰杯。使用玻璃酒杯时，尤其不能彼此碰杯。

在西餐宴会上，越过身边之人，而与相距较远者祝酒干杯，尤其是交叉干杯，都是失礼的表现。

【相关链接】

X.O. 酒小知识

所有白兰地酒厂，都用字母来鉴别品质：

E 代表 especial（特别的）；

F 代表 fine（好）；

V 代表 very（很好）；

O 代表 old（老的）；

S 代表 superior（上好的）；

P 代表 pale（淡色而苍老）；

X 代表 extra（格外的）；

也就是说，X.O. 酒的含义就是格外老的酒，用中国人的话来讲就是陈年老酒。

法国的白兰地分成三星、V.S.O.P.、Napoleon、X.O. 等等级，V.S.O.P. 是 VERY SUPERIOR OLD PALE 的简称。

白兰地在装瓶出售时，在瓶身或标签上用以下几种等级符号来表示酒的储藏时间。

1-STAR：蕴藏期不少于3年。

2-STAR：蕴藏期不少于4年。

3-STAR：蕴藏期不少于5年。

V.O.：表示 10～12 年陈贮。

V.S.O.：表示 12～20 年陈贮。

V.S.O.P.：表示 20～40 年陈贮。

Napoleon：表示 40 年陈贮。

X.O.：表示 50 年陈贮。

X.：表示 70 年陈贮。

【相关链接】

水果的功效（二）

1. 苹果

苹果内含有糖类、蛋白质、脂肪、膳食纤维、多种矿物质、维生素和微量元素，可补充人体足够的营养。其具有安眠养神、补中益气、消食化积之功效。能改善消化不良、气壅不通症，榨汁服用，能够顺气消食。另外，食用苹果能够降低血胆固醇、降血压、保持血糖稳定、降低过旺的食欲、有利于减肥，苹果汁能杀灭传染性病毒、治疗腹泻、预防蛀牙。

特别提醒：苹果含有大量的糖类和钾盐，摄入过多不利于心、肾保健，建议患有冠心病、心肌梗塞、肾病、糖尿病的人谨慎食用。保存时如和其他蔬菜水果放在一起，要用塑料袋包好，常温下可储存 10 天左右。每天适用量为 1～2 个。

2. 火龙果

火龙果含有一般植物少有的植物性蛋白及花青素、丰富的维生素和水溶性膳食纤维，对重金属中毒具有解毒的功效。另外，火龙果对咳嗽、气喘有独特疗效，还有预防便秘、防老年病变、抑制肿瘤等多种功效。由于火龙果富含多种维生素和矿物质，高纤维、低热量，对糖尿病、高血压、高胆固醇、高尿酸等现代流行疾病有很好的疗效，其中磷的含量相当高，可促进细胞膜的生成，亦是美容、保健佳品。

特别提醒：火龙果很少有病虫害，几乎可以不使用任何农药就可以满足其正常的生长，因此，火龙果是一种绿色环保果品和具有一定疗效的保健营养食品。在保存时，因是热带水果不宜放入冰箱，建议现买现食或放在阴凉通风处。每天适用量为1个。

3. 菠萝

菠萝果味香美，酸甜适口，有消烦解渴和增进食欲的功效。其味甘、性温，具有解暑止渴、消食止泻之功效，为夏令医食兼优的时令佳果。由于其含有菠萝酵素，常被用来治疗心脏病、烧伤、脓疮和溃疡等，有很好的效果。

特别提醒：食用菠萝时应注意不要空腹暴吃，果肉切片后，一定要先在盐水中浸泡十几分钟后才能食用。可放入冰箱中保存1周，阴凉通风处可保存3~5天。每天适用量为100克。

4. 木瓜

木瓜能理脾和胃、平肝舒筋，可走筋脉而舒挛缩，为治一切转筋、腿痛、湿痹、脚气病的要药。可治疗风湿性关节炎、腰膝酸痛、脚气病、小腿肌肉痉挛、消化不良、吐泻、腹痛等疾病。其含有番木瓜碱、木瓜蛋白酶、凝乳酶、胡萝卜素等，并富含17种以上氨基酸及多种营养元素，其中所含的齐墩果成分是一种具有护肝降酶、抗炎抑菌、降低血脂等功效的化合物。

特别提醒：经常食用具有平肝和胃、舒筋活络、软化血管、抗菌消炎、抗衰养颜、抗癌防癌、增强体质之保健功效，是一种营养丰富、有百益而无一害的水果。常温下能储存2~3天，建议尽快食用。每天适用量为100克左右。

5. 哈密瓜

哈密瓜营养十分丰富，尤其铁的含量很高。其味甘、性寒，有利小便、除烦、止渴、防暑、清热解燥的作用，能治疗发烧、中暑、口鼻生疮等症状，是夏季解暑的最好水果之一，它对人体的造血机能有显著的促进作用，对女性来说是很好的滋补水果。

特别提醒：脚气病、腹胀、腹泻等患者要尽量少食或不食。哈密瓜属后熟果类，在阴凉通风处可储放2周左右。每天适用量以不超过100克为宜。

6. 橙子

橙子中含有丰富的果胶、蛋白质、钙、磷、铁及维生素B1、维生素B2、维生素C等多种营养成分，尤其是维生素C的含量最高。其具有生津止渴、疏肝理气、通乳、消食开胃等功效，有很好的补益作用。由于橙子中维生素C、胡萝卜素的含量高，能软化和保护血管、降低胆固醇和血脂，对皮肤干燥也很有效，非常适合在干燥的秋冬季节食用。橙子皮内含有的橙皮素还有健胃、祛痰、镇咳、止逆和止胃痛等功效。

特别提醒：过量食用会引起中毒症状，出现全身变黄等症。可放在阴凉通风处保存半个月左右，但不要堆在一起存放。每天的适用量为2～3个。

7. 柿子

柿子性寒，具有清热止渴、润肺止咳、凉血止血的功效。可以鲜柿1～2只去皮生食，作为热渴、口疮、燥咳和吐血病人的辅助治疗食品。其含有大量蔗糖、葡萄糖和果糖，有降低血压、预防动脉硬化之功效，而且柿子中维生素C和胡萝卜素的含量也较高，同时含碘丰富，因缺碘引起的地方性甲状腺肿大患者，食用柿子，很有帮助。

特别提醒：柿子虽营养丰富，但若食用不当，也会产生副作用。吃柿子时，切忌空腹食用，以免形成结石。另外，柿子还不能与蟹同食，食用后会出现呕吐、腹胀与腹泻等食物中毒现象。每天的适用量为100克左右。

8. 西瓜

西瓜的营养十分丰富，除含有大量水分外，在瓜瓤中几乎囊括了人体所必需的各种营养。葡萄糖、果糖、蔗糖、多种维生素、蛋白质及各种氨基酸、果酸和钙、磷、铁等矿物质，应有尽有。其味甘，性寒，有清热解暑、除烦止渴、通利小便等功效，可治暑热烦渴、热盛伤津、小便不利以及喉痹、口疮诸症，故有"天生白虎汤"之称。

特别提醒：西瓜吃多了易伤脾胃，所以多食会引起腹胀、腹泻、食欲下降，还会积寒助湿，导致秋季易发疾病并引起咽喉炎。每天的适用量最好不要超过200克。

案例分析

国外某投资集团十分看好中国某地独特的旅游资源，在有关部门的努力下，原则上决定巨资开发当地独特、优美的旅游资源。为了进一步落实投资具体事宜，该投资公司派出以董事长为团长的高级代表团来到该县进行实地考察。当地县政府对这次接待活动格外重视，接待规格之高是史无前例的。县政府在代表团到达当天举办盛大欢迎宴会，出席宴会的外方代表团成员共8人，中方陪同人员有100人。菜肴极其丰富，不仅有专门从海南空运过来的龙虾、鲍鱼，还专程从北京全聚德请来一级厨师制备地道的北京烤鸭，甚至还有当地特有的山龟、果子狸，其规模和档次甚至超过国宴。

然而，面对主人热情洋溢的祝酒辞以及丰盛的山珍海味，外方代表团成员没有中方陪客那样兴奋，对中方的盛情款待似乎并不领情。第二天，代表团参观了当地尚未开发的旅游资源。外方赞不绝口，但没有按照以前期望的那样签署投资协议。为什么对外方如此高规格的接待却没有起到任何效果？县政府领导百思不得其解。

思考：
1. 为什么我方对外方如此高规格的接待却没有起到任何效果？
2. 在用餐上我国存在哪些陋习？请展开讨论。

实战演练

西餐位次礼仪实训

实训项目：西餐位次礼仪。

实训目标：通过该项目的训练，使学生掌握西餐座次顺序的基本知识，并能够在交际场合正确选择自己的座次，显示出职场礼仪风范。

实训学时：1学时。

实训方法：情景模拟。

假设你是山东一家大型企业的主要负责人，为配合省里工作，准备迎接来自澳大利亚的参观团，你所在企业在刚投入使用的西餐厅设宴款待外宾，预计共8人，中方4人，外方4人。

① 为了让澳大利亚参观团更好地适应本地环境，根据"主随客意"的原则，特设西餐长条用餐桌。请为此次宴会安排座次。

② 席间准备了餐前酒（威士忌），餐中酒（红葡萄酒），餐后酒（白兰地），为了使出席本次宴请的中方人士更熟练地应对当时场景，要在宴请前对中方人士进行培训，请你教会他们不同酒杯的持杯方法。

③ 参观团中有一位外宾对用餐的景德镇筷子赞不绝口，用完餐后，这位外宾顺手把这双筷子放入了自己的提包。作为中方主要负责人，在看到这一场景后，你想既不令客人难堪，又要圆满的解决问题，你该怎么做呢？

学生分组、分角色扮演主方和客方。

学生了解门、窗等参照物的方位，左、右方向确定的标准，并根据标准取座位入座。

思考与练习

一、判断题

1. 正式西餐宴请时有服饰要求。　　　　　　　　　　　　　　　　（　　）
2. 正式宴会时，宴会厅要悬挂来访国以及东道国国旗。　　　　　　（　　）
3. 在西餐排定用餐位次时，主位一般应请男主人就座，而女主人则需退居第二主位。
　　　　　　　　　　　　　　　　　　　　　　　　　　　　　　（　　）
4. 西餐菜单可以是：汤-开胃菜-主菜-面包-点心甜品-咖啡。　　　（　　）
5. 咖啡杯或红茶杯的用法为：一般使用右手的拇指和食指握住杯耳端起，然后再

慢慢品尝。（ ）

二、选择题

1. 喝咖啡时，小茶匙的正确用法是（ ）。

A. 饮过咖啡后，可将匙放入杯中

B. 小茶匙可用于搅拌方糖，而不是用来舀饮的

C. 茶匙只能用来搅拌不能用于舀方糖

D. 小茶匙用完后可任意放置

2. 接到西餐邀请后要尽快给予答复，最迟不要超过（ ）。

A.6 小时　　B.12 小时　　C.15 小时　　D.18 小时　　E.24 小时

3. 西方人一般忌讳数字（ ）。

A.4　　　　B.8　　　　C.13　　　　D.16　　　　E.7

学习任务三　其他酬宾礼仪

一、鸡尾酒会礼仪

【知识储备】

鸡尾酒的概念

美国《韦氏辞典》对鸡尾酒的定义是：鸡尾酒是一种量少而冰镇的饮料。它以朗姆酒、威士忌或其他材料，如果汁、鸡蛋、比特酒、糖等，以搅拌法或摇荡法调制而成；最后再以柠檬片或薄荷叶等装饰。

（1）鸡尾酒的特点

按照美国鉴酒专家厄思勃（MR.Emhury）的定义，鸡尾酒具有以下特点。

① 鸡尾酒是能增加食欲的滋补剂。

② 能使紧张的神经舒缓，肌肉放松，疲劳的眼睛焕发光辉，可以创造热烈气氛，增进人际友情。

③ 有卓绝的口味。为此，饮用时，舌蕾应充分张开，使之尝到刺激的味道。如果太甜、太苦或太香，就会掩盖酒的品味，降低了酒的品质。

（2）调制鸡尾酒的原料

鸡尾酒是由 3 个基本成分组成：基酒、辅酒、配料和装饰物。

基酒主要以烈性酒为主，又称鸡尾酒的酒底，有金酒（Gin）、威士忌（Whiskey）、朗姆酒（Rum）、白兰地（Brandy）、伏特加（Vodka）、德基拉酒和中国白酒；也有些鸡尾酒用开胃酒、葡萄酒、餐后酒等做基酒；个别鸡尾酒不含酒精成分，也可称作长饮料，是用软饮料配制而成。

辅酒是指搭配酒水，一般有橙汁、菠萝汁、柠檬汁、西柚汁、苏打水、汤力水、番茄汁、雪碧、可乐、干姜水等，有时也需要少量的开胃酒或甜酒，分量很少，在7～8毫升。

鸡尾酒的常用配料有：糖、盐、糖浆、咸橄榄、丁香、蜜糖、红石榴汁、淡奶、可可粉、鲜牛奶、咖啡、奶油、鸡蛋清、青柠汁、小洋葱、玉桂枝、玉桂粉、豆蔻粉、辣椒油、安哥斯特比特酒和胡椒粉。

鸡尾酒的饰物有：红樱桃、绿樱桃、柠檬、橙、菠萝、苹果、桃、香蕉、黄瓜、西芹菜、鲜薄荷等。

1. 调制鸡尾酒的方法

（1）兑和法

兑和法是将配方中的酒水按分量直接倒入杯中，不需搅拌或作轻微的搅拌即可。但有时也需用酒吧匙贴紧杯壁慢慢地将酒水倒入，以免冲撞混合。比较常见的兑和鸡尾酒有：彩虹、烟火、千层糕、安琪儿之喜悦、王子等。

（2）调和法

调和法也称搅拌法。

调和法有两种：调和；调和与滤冰。

调和是把酒水按配方分量倒入酒杯中，加进冰块，用酒吧匙搅拌均匀（多用于柯林杯、平底杯）。

调和与滤冰是把酒水与冰块按配方分量倒进调酒杯，用酒吧匙搅拌，然后用滤水器过滤冰块，将酒水斟入杯中。

（3）摇和法

摇和是把酒水与冰块按配方倒进摇酒器中摇荡，摇匀后过滤冰块，将酒水倒入酒杯中。

（4）搅和法

搅和法是把酒水与冰块按配方分量倒进摇酒器中摇荡，摇匀后过滤冰块，将酒水放进电动搅拌机运转10秒钟，连冰块带酒水一起倒入酒杯中。

2. 鸡尾酒会礼仪

鸡尾酒会的招待品以酒水为主，略备小食品、小点心、小香肠等，置于小桌或茶几上，或由服务生拿着托盘，把饮料和点心端给客人。

参加鸡尾酒会，宾客可晚来早走，迟到不为失礼，早退也没有关系。如酒会请柬上注明有起讫时间，客人可在此段任意时间入席，来去自由，不受限制。但应避免提前时间到，推迟时间走，打搅主人的准备工作或过后休息。

鸡尾酒会不设座椅，客人站立取食、就餐，可随意走动。

服务生左手托盘在酒会中走动，来宾可自由选择食物。

建议用左手取饮料，以避免用又冷又湿的右手与人握手。

酒会中不使用刀叉。食品有的是用牙签穿着，有的没用牙签，需用手拿，因此需取一张纸巾，食后用来擦嘴、擦手。用完了纸巾，当服务员经过的时候，可交给他，或丢进垃圾箱，不能随意扔在地上。

二、自助餐礼仪

【知识储备】

自助餐，有时亦称冷餐会，它是目前国际上通行的一种非正式的西式宴会，在大型的商务活动中尤为多见。它的具体做法是，不预备正餐，而由就餐者自作主张地在用餐时自行选择食物、饮料，然后或立或坐，自由地与他人在一起或是独自一人用餐。

自助餐之所以称为自助餐，主要是因其可以在用餐时调动用餐者的主观能动性，而由其自己动手，自己帮助自己，自己在既定的范围之内安排选用菜肴。至于它又被叫作冷餐会，则主要是因其提供的食物以冷食为主。当然，适量地提供一些热菜，或者提供一些半成品由用餐者自己进行加工，也是允许的。

自助餐的特点

一般而言，自助餐有如下几条明显的长处。

1. 它可免排座次

正规的自助餐，往往不固定用餐者的座次，甚至不为其提供座椅。这样一来，既可免除座次排列之劳，而且还可以便于用餐者自由地进行交际。

2. 可节省费用

因为自助餐多以冷食为主，不提供正餐，不上高档的菜肴、酒水，故可大大地节约主办者的开支，并避免了浪费。

3. 可各取所需

参加自助餐时，用餐者碰上自己偏爱的菜肴。只管自行取用就是了，完全不必担心他人会为此而嘲笑自己。

4. 可招待多人

每逢需要为众多的人士提供饮食时，自助餐不失为一种首选。它不仅可用以款待数量较多的来宾，而且还可以较好地处理众口难调的问题。

1. 安排自助餐礼仪

安排自助餐的礼仪，指的是自助餐的主办者在筹办自助餐时规范性作法，一般而言，它又包括就餐的时间、就餐的地点、食物的准备、客人的招待4个方面的问题。

（1）就餐的时间

在商务交往中，依照惯例，自助餐大都被安排在各种正式的商务活动之后，作为其附属的环节之一，而极少独立出来，单独成为一项活动。也就是说，商界的自助餐多见于各种正式活动之后，是招待来宾的项目之一，而不宜以此作为一种正规的商务活动的形式。

因为自助餐多在正式的商务活动之后举行，故而其举行的具体时间受到正式的商务活动的限制。不过，它很少被安排在晚间举行，而且每次用餐的时间不宜长于一个小时。

根据惯例，自助餐的用餐时间不必进行正式的限定。只要主人宣布用餐开始，大家即可动手就餐。在整个用餐期间，用餐者可以随到随吃，大可不必非要在主人宣布用餐开始之前到场恭候。在用自助餐时，也不像正式的宴会那样，必须统一退场，不允许"半途而废"。用餐者只要自己觉得吃好了，在与主人打过招呼之后，随时都可以离去。通常，自助餐是无人出面正式宣告其结束的。

一般来讲，主办单位假如预备以自助餐对来宾进行招待，最好事先以适当的方式对其进行通报。同时，必须注意一视同仁，即不要安排一部分来宾用自助餐，而安排另外一部分来宾去参加正式的宴请。

（2）就餐的地点

选择自助餐的就餐地点，大可不必如同宴会那般较真。重要的是，它既能容纳下全部就餐之人，又能为其提供足够的交际空间。

按照正常的情况，自助餐安排在室内外进行皆可。通常，它大多选择在主办单位所拥有的大型餐厅、露天花园内进行。有时，亦可外租、外借与此相类似的场地。

在选择、布置自助餐的就餐地点时，有下列3点事项应予注意：

一是要为用餐者提供一定的活动空间。除了摆放菜肴的区域之外，在自助餐的就餐地点还应划出一块明显的用餐区域。这一区域，不要显得过于狭小。考虑到实际就餐的人数往往具有一定的弹性，实际就餐的人数难以确定，所以用餐区域的面积宁肯划得大一些。

二是要提供数量足够使用的餐桌与座椅。尽管真正的自助餐所提倡的，是就餐者自由走动，立而不坐。但是在实际上，有不少的就餐者，尤其是其中的年老体弱者，还是期望在其就餐期间，能有一个暂时的歇脚之处。因此，在就餐地点应当预先摆放好一定数量的桌椅。供就餐者自由使用。在室外就餐时，提供适量的遮阳伞，往往也是必要的。

三是要使就餐者感觉到就餐地点环境宜人。在选定就餐地点，不只要注意面积、费用问题，还须兼顾安全、卫生、温度、湿度诸问题。要是用餐期间就餐者感到异味扑鼻、过冷过热、空气不畅，或者过于拥挤，显然都会影响到对方对此次自助餐的整体评价。

（3）食物的准备

在自助餐上，为就餐者所提供的食物，既有其共性，又有其个性。它的共性在于，为了便于就餐，以提供冷食为主；为了满足就餐者的不同口味，应当尽可能地使食物在品种上丰富多彩；为了方便就餐者进行选择，同一类型的食物应被集中在一处摆放。

它的个性则在于，在不同的时间或是款待不同的客人时，食物可在具体品种上有所侧重。有时，它以冷菜为主；有时，它以甜品为主；有时，它以茶点主；有时，它还可以酒水为主。除此之外，还可酌情安排一些时令菜肴或特色菜肴。

一般而言，自助餐上所备的食物在品种上应当多多益善。具体来讲，一般的自助餐所供应的菜肴大致应当包括冷菜、汤、热菜、点心、甜品、水果以及酒水等几大类型。

通常，常上的冷菜有沙拉、泥子、冻子、香肠、火腿、牛肉、虾松、鱼籽、鸭蛋等。常上的汤类有红菜汤、牛尾汤、玉黍汤、酸辣汤、三鲜汤，等等。常上的热菜有炸鸡、炸鱼、烤肉、烧肉、烧鱼、土豆片等。常上的点心有面包、菜包、热狗、炒饭、蛋糕、曲奇饼、三明治、汉堡包、比萨饼等。常上的甜品有布丁、冰淇淋等。常上的水果有香蕉、菠萝、西瓜、木瓜、柑橘、樱桃、葡萄、苹果等。常上的酒水则有牛奶、咖啡、红茶、可乐、果汁、矿泉水、鸡尾酒等。

在准备食物时，务必要注意保证供应。同时，还须注意食物的卫生以及热菜、热饮的保温问题。

（4）客人的招待

招待好客人，是自助餐主办者的责任和义务。要做到这一点，必须特别注意下列环节。

一是要照顾好主宾。不论在任何情况下，主宾都是主人照顾的重要内容。在自助餐上，也并不例外。主人在自助餐上对主宾所提供的照顾，主要表现在陪同其就餐，与其进行适当的交谈，为其引见其他客人等。但是要注意给主宾留下一点供其自由活动的时间，不要始终陪伴其左右。

二是要充当引见者。作为一种社交活动的具体形式，自助餐自然要求其参加者主动进行适度的交际。在自助餐进行期间，主人一定要尽可能地为彼此互不相识的客人多创造一些相识的机会，并且积极为其牵线搭桥，充当引见者，即介绍人。应当注意的是，介绍他人相识，必须了解彼此双方是否有此心愿，而切勿一厢情愿。

三是要安排服务者。小型的自助餐，主人往往可以一身二任，同时充当服务者。但是，在大规模的自助餐上，显然是不能缺少专人服务的。在自助餐上，直接与就餐者进行正面接触的，主要是侍应。根据常规，自助餐上的侍应须由健康而敏捷的男性担任。它的主要职责是：为了不使来宾因频频取食而妨碍了同他人所进行的交谈，而主动向其提供一些辅助性的服务。比如，推着装有各类食物的餐车，或是托着装有多种酒水的托盘，在来宾之间巡回走动，听凭宾客各取所需。再者，他还可以负责补充食物、饮料、餐具等。

2. 享用自助餐礼仪

所谓享用自助餐的礼仪，在此主要是指在以就餐者的身份参加自助餐时，所需要具体遵循的礼仪规范。一般来讲，在自助餐礼仪之中，享用自助餐的礼仪对绝大多数人而言，往往显得更为重要。通常，它主要涉及下述 8 点。

（1）排队取菜

在享用自助餐时，尽管需要就餐者自己照顾自己，但这并不意味着他可以因此而不择手段。实际上，在就餐取菜时，由于用餐者往往成群结队而来的缘故，大家都必须自觉地维护公共秩序，讲究先来后到，排队选用食物。不允许乱挤、乱抢、乱加队，更不允许不排队。

在取菜之前，先要准备好一只食盘。轮到自己取菜时，应以公用的餐具将食物装入自己的食盘之内，然后即应迅速离去。切勿在众多的食物面前犹豫再三，让身后之人久等，更不应该在取菜时挑挑拣拣，甚至直接下手或以自己的餐具取菜。

（2）循序取菜

在自助餐宴会，如果想要吃饱吃好，那么在具体取用菜肴时，就一定要首先了解合理的取菜顺序，然后循序渐进。按照常识，参加一般的自助餐时，取菜时标准的先后顺序，依次应当是：冷菜、汤、热菜、点心、甜品和水果。因此在取菜时，最好先在全场转上一圈，了解一下情况，然后再去取菜。

如果不了解这一合理的取菜先后顺序，而在取菜时完完全全地自行其是，乱装乱吃一通，难免会使本末倒置，咸甜相克，令自己吃得既不畅快又不舒服。

（3）量力而行

参加自助餐时，遇上了自己喜欢吃的东西，只要不会撑坏自己，完全可以放开肚量，尽管去吃。不限数量，保证供应，其实这正是自助餐大受欢迎的地方。因此，在参加自助餐时，大可不必担心别人笑话自己，爱吃什么，只管去吃就是了。

不过，应当注意的是，在根据本人的口味选取食物时，必须要量力而行。切勿为了吃得过瘾，而将食物狂取一通，结果是自己"眼高手低"，力不从心，从而导致了食物的浪费。严格地说，在享用自助餐时，多吃是允许的，而浪费食物则绝对不允许。这一条，被世人称为自助餐就餐时的"少取"原则。有时，有人亦称之为"每次少取"原则。

（4）多次取菜

在自助餐上遵守"少取"原则的同时，还必须遵守"多次"的原则。"多次"的原则，即指"多次取菜"原则。它的具体含义是：用餐者在自助餐上选取某一种类的菜肴，允许其再三再四地反复去取。每次应当只取一小点，待品尝之后，觉得它适合自己的话，那么还可以再次去取，直至自己感到吃好了为止。换而言之，这一原则其实是说，在自助餐选取某菜肴时，取多少次都无所谓，一添再添都是允许的。相反，要是为了省事而一次取用过量，装得太多，必定会令其他人瞠目结舌。"多次"原则，与"少取"原则其实是同一个问题的两个不同侧面。"多次"是为了量力而行，"少取"也是为了避免造成浪费。所以，两者往往也被合称为"多次少取"原则。

吃自助餐的人都知道，在选取菜肴时，最好每次只为自己选取一种。待吃好后，再去取用其他的品种。要是不谙此道，在取菜时乱装一气，将多种菜肴盛在一起，导致其五味杂陈，相互窜味，则难免会暴殄天物。

（5）避免外带

所有的自助餐，不分是以之待客的由主人亲自操办的自助餐，还是对外营业的正式餐馆里所经营的自助餐，都有一条不成文的规定，即自助餐只许可就餐者在用餐现场里自行享用，而绝对不许可对方在用餐完毕之后携带回家。

（6）送回餐具

在享用自助餐时，既然强调用餐者以自助为主，那么用餐者在就餐的整个过程之中，就必须将这一点牢记在心，并且认真地付诸行动。在自助餐上强调自助，不但要求就餐者取用菜肴时以自助为主，而且还要求其善始善终，在用餐结束之后，自觉地将餐具送至指定处。

在一般情况下，自助餐大都要求就餐者在用餐完毕之后、离开用餐现场之前，自行将餐具整理到一起，然后一并将其送回指定的位置。在庭院、花园里享用自助餐时，尤其应当这么做。不允许将餐具随手乱丢，甚至任意毁损餐具。在餐厅里就座用餐，有时可以在离去时将餐具留在餐桌上，由侍应负责收拾。虽如此，也应在离去前对其稍加整理为好。不要弄得自己的餐桌上杯盘狼藉，不堪入目。自己取用的食物，以吃完为宜，万一有少许食物剩了下来，也不要私下乱丢、乱倒、乱藏，而应将其放在适当处。

（7）照顾他人

商界人士在参加自助餐时，除了对自己用餐时的举止表现要严加约束外，还须与他人和睦相处，多照顾周围人。对自己的同伴，特别需要加以关心，若对方不熟悉自助餐，不妨向其扼要地进行介绍。在对方乐意的前提下，还可向其具体提出一些有关选取菜肴的建议。对在自助餐会上碰见的熟人，亦应加以体谅。不过，不可以自作主张地为对方直接代取食物，更不允许将自己不喜欢或吃不了的食物"处理"给对方吃。

在用餐的过程中，对其他不相识的用餐者，应当以礼相待。在排队、取菜、寻位以及行动期间，对其他用餐者要主动加以谦让，不要目中无人，蛮横无理。

（8）积极交际

一般来说，参加自助餐时必须明确，吃东西往往属于次要之事，而与其他人进行适当的交际活动才是自己最重要的任务。在参加由商界单位所主办的自助餐时，情况更是如此。所以，不应当以不善交际为由，只顾自己躲在僻静之处一心一意地埋头大吃，或者来了就吃，吃了就走，而不同其他在场者进行任何形式的正面接触。

在参加自助餐时，一定要主动寻找机会，积极地进行交际活动。首先，应当找机会与主人攀谈一番，其次，应当与老朋友好好叙一叙。最后，还应当争取多结识几位新朋友。

在自助餐上，交际的主要形式是几个人聚在一起进行交谈。为了扩大自己的交际面，在此期间不妨多换几个类似的交际圈。只是在每个交际圈，多少总要待上一会儿时间，不能只待上一两分钟马上就走，好似蜻蜓点水一般。

介入陌生的交际圈，大体上有3种方法。其一，是请求主人或圈内人引见。其二，是寻找机会，借机加入。其三，是毛遂自荐，自己介绍自己加入。不管怎么说，加入一个陌生的交际圈，总得先求得圈内人的同意。愣头愣脑地硬闯进去，未必会受到欢迎。

三、茶会礼仪

有客来访，待之以茶，以茶会友，情谊长久。这是我国传统的待客方式。茶会在我国有着悠久的历史。最早的茶会是为了进行交易和买卖。后来，茶会推而广之，成为一种用茶点招待宾客的社交性聚会形式。茶会既属于宴请的一种形式，又属于会议的一种，因而它具有宴请和会议两者的特点，从而在形式上较为自由，在气氛上更为融洽。在公务活动中，茶会主要是为交流思想、联络感情、洽谈业务、开展公务等目的。茶会礼仪，就是指人们在各种茶会活动中应遵守的礼仪。

1. 茶会准备礼仪

茶会准备礼仪，是指茶会组织者在茶会准备阶段应遵守的礼仪。

（1）正确拟定茶会的形式

茶会形式多种多样，有品茶会、茶话会、音乐茶座等。一般庄重、高雅的茶友间相聚多用品茶会；单位集体座谈某种事项用茶话会；娱乐、消遣性聚会宜安排音乐茶座。

（2）选择合适的茶具

在招待客人时，茶具应有所讲究。从卫生健康角度考虑，泡茶要用茶壶，茶杯要用有柄的，不要用无柄茶杯。目的是避免手与杯体、杯口接触。茶具一般应选择陶质或瓷质器皿。陶质器皿以江苏宜兴的紫砂茶具为佳。不要用玻璃杯，也不要用热水瓶代替茶壶。如用高杯（盖杯）时，则可以不用茶壶。有破损或裂纹的茶具是不能用来待客的。

（3）选择合适的茶叶

由于是茶会，客人对茶叶的要求可能较高。不同的地区，饮茶的习惯不同，应准备的茶叶也就不尽相同。广东、福建、广西、云南一带习惯饮红茶，近几年受港澳地区影响，饮乌龙茶的人也多了起来。江南一带饮绿茶比较普遍。北方人一般习惯饮花茶，少数民族地区大多习惯饮浓郁的紧压茶。就年龄来讲，一般地说，青年人多喜欢饮淡茶、绿茶，老年人多喜欢饮浓茶、红茶。不同情况下，应准备不同的茶叶，但都应该有特色。

（4）布置要得当

品茶会布置要有地方特色，对茶叶和茶具的准备和摆布都有讲究，茶话会则比较随便一些，可加摆糖果、瓜子等。音乐茶座更加自由、活泼，乐曲准备比茶更重要，有时可以用饮料代茶。

2. 茶会进行礼仪

（1）茶会开始

主持人应热情致辞欢迎应邀者光临，并讲明举办茶会的目的和内容。一般来说，茶会就座比较自由，讲话也不要求有严格的顺序，可随感而发，即席发言。当比较生疏的客人发言时，主持者应介绍发言人的身份，以便大家有所了解。

（2）奉茶的时机

奉茶，通常是在客人就座后，开始洽谈工作之前。如果宾主已经开始洽谈工作，这时才端茶上来，免不了要打断谈话或为了放茶而移动桌上的文件，这是失礼的。值得注意的是，喝茶要趁热，凉茶伤胃，茶浸泡过久会泛碱味，不好喝，故一般应在客人坐好后再沏茶。

（3）奉茶的顺序

上茶时一般由主人向客人献茶，或由接待人员给客人上茶。上茶时最好用托盘，手不可触碗面。奉茶时，按先主宾后主人，先女宾后男宾，先主要客人后其他客人的礼遇顺序进行。不要从正面端茶，因为这样既妨碍宾主思考，又遮挡视线。得体的做法是：应从每人的右后侧递送。

（4）斟茶的礼仪

在斟茶时要注意每杯茶水不宜斟得过满，以免溢出洒在桌子上或客人衣服上。一般斟七分满即可，应遵循"满杯酒、半杯茶"之古训。

（5）续茶的礼仪

茶会中陪伴客人品茶要随时注意客人杯中茶水存量，随时续水。应安排专人给客人续茶，续茶时服务人员走路要轻，动作要稳，说话声音要小，举止要落落大方。在往高杯倒水、续水时，如果不便或没有把握一并将杯子和杯盖拿在左手上，可把杯盖翻放在桌上或茶几上，只是端起高杯来倒水。服务员在倒、续完水后要把杯盖盖上。注意，切不可把杯盖扣放在桌面或茶几上，这样既不卫生，也不礼貌。续茶时要一视同仁，应注意按礼宾顺序和顺时针方向为宾客服务。不能只给一小部分人续，而冷落了其他客人。如用茶壶泡茶，则应随时观察是否添满开水，但注意放茶壶时壶嘴不要冲着客人方向。

（6）我国的饮茶礼仪

茶叶的原产地在中国。饮茶在中国，不仅是一种生活习惯，也是一种源远流长的文化传统。中国人习惯以茶待客，并形成了相应的饮茶礼仪。比如，请客人喝茶，要将茶杯放在托盘上端出，并用双手奉上。茶杯应放在客人右手的前方。在边谈边饮时，要及时给客人添水。客人则需善"品"，小口啜饮，满口生香，而不是作牛饮。

茶艺已经成为中国文化的一个组成部分。比如中国的"功夫茶"，便是茶道的一种，有严格的操作程序。

① 嗅茶。主客坐定以后，主人取出茶叶，主动介绍该品种的特点、风味，客人则依次传递嗅赏。

② 温壶。先将开水冲入空壶，使壶体温热，然后将水倒入"茶船"——一种紫砂茶盘。

③ 装茶。用茶匙向空壶中装入茶叶，通常装满大半壶。切忌用手抓茶叶，以免手气或杂味混入。

④ 润茶。用沸水冲入壶中，待壶满时，用竹筷刮去壶面条沫；随即将茶水倾入"茶船"。

⑤ 冲泡。至此，才可正式泡茶。要用开水，但不宜用沸水。

⑥ 浇壶。盖上壶盖之后，在壶身外浇开水，使壶内、壶外温度一致。

⑦ 温杯。泡茶的间隙，在"茶船"中利用原来温壶、润茶的水，浸洗一下小茶盅。

⑧ 运壶。第一泡茶泡好后，提壶在条船边沿巡行数周，以免壶底的水滴滴入茶盅串味。

⑨ 倒茶。将小茶盅一字排开，提起茶壶来回冲注，俗称"巡河"。切忌一杯倒满后再倒第二杯，以免浓淡不均。

⑩ 敬茶。双手捧上第一杯茶，敬奉在座的客人；如客人不止一位时，第一杯茶应奉给德高望重的长者。

⑪ 品茶。客人捏着小茶盅，观茶色，嗅茶味，闻茶香，然后腾挪于鼻唇之间，或嗅或啜，如醉如痴，物我两忘。

不论是客人还是主人，饮茶要边饮边谈，轻啜慢咽。不宜一次将茶水饮干，不应大口吞咽茶水，喝得咕咚作响。应当慢慢地一小口、一小口地仔细品尝。如遇漂浮在水面上的茶叶，可用茶杯盖拂去，或轻轻吹开，切不可从杯里捞出来扔在地上，更不要吃茶叶。

（7）其他注意礼仪

我国旧时有以再三请茶作为提醒客人应当告辞的做法，即端茶送客。因此，在招待老年人或海外华人时要注意，不要一而再、再而三地劝其饮茶。

3. 茶会结束时的礼仪

茶会进行到一定程度后，主人要适时地宣布茶会到此结束。茶会结束时的礼仪类同于前面所讲宴会结束时所应注意的礼仪。主人应站在门口恭送客人离去，并说些道别的客气话。

【相关链接】

品茶礼中的叩指礼

在我国南方和港澳台地区，至今广泛流传着一种茶礼：主人敬茶或给茶杯中续水时，客人以中指和食指在桌上轻轻点几下，以示谢意，这就是叩指礼，也叫叩谢礼。

相传这源于清代乾隆下江南的故事：乾隆帝在苏州时，某日与几位侍从微服私访，行至一茶馆时，他茶瘾大发，也不等茶士照料，拿起茶壶为自己，也为侍从斟起茶来。侍从见状不知所措，下跪接茶怕暴露了皇上身份，不跪吧又违反了宫中礼节。这时，一位侍从灵机一动，伸出手来弯曲中指和食指，朝皇上轻叩三下，形似双膝下跪，叩谢圣恩，有"三跪九叩"的意思。乾隆一见龙颜大悦，轻轻嘉许。这一茶礼从此便逐渐流传起来，至今不废。

正规的"叩指礼"是这样的：右手握拳，大拇指的指尖对食指的第二指节，屈起食指和中指，握拳立起来，用食指和中指的第二节指面，轻轻叩击桌面三下。

现今叩指礼，在日常茶事中已经相当简化了。通常茶客在主人添茶续杯时，用食指或者中指轻轻敲桌面两次，作为感谢之意。

四、观看演出礼仪

1. 专场演出的组织

在接待外国贵宾和代表团时，为其专门组织一场文艺晚会，既是一种娱乐活动，也是给予对方的一种礼遇。

（1）选定节目

首先要选好演出的形式，是戏剧、舞蹈、音乐，还是曲艺、杂技或是综合性演出。确定演出形式后，再确定具体的节目。选定节目，要根据访问的性质和活动的目的，也要尊重外宾的风俗习惯和兴趣爱好。演出的节目中，一般应以反映本国特点和民族风格的音乐、歌舞、戏剧为主，同时，可加演一两个来宾所在国的知名节目或来宾本人喜爱的节目，以示对客人的尊重。为保证质量，避免出现问题，正式演出前应组织专人审看；还应专门印制节目单和说明书，让客人更好地了解节目内容，同时还可将其作为一种纪念品。

（2）发出邀请

活动和节目确定后，要正式向来宾发出邀请。邀请分口头邀请和书面邀请，邀请时将活动的目的、名义、时间、地点及有无附加要求清楚地告诉对方。

应邀者接到邀请后，不论参加与否，都应及时礼貌地给予答复，以便邀请方及时做好准备。参加活动前，应邀者务必认真核对相关信息，以免出现差错。

（3）座位安排

为保证外宾欣赏好节目，要为外宾安排好观看演出时的座位。选择座位时，重点应当兼顾四个方面。其一，要便于安全保卫。此乃头等重要之事。其二，座位应当位置最佳。在正规的剧场内观看文艺演出，通常最好的座位在第7排至第9排，并以其中间的座位为佳。其三，应当使宾主集中就座。分散就座或者仅请外宾自己观看，而无人作陪,是不合礼仪的。其四,外宾的进场与退场应比较方便。

(4) 专场演出的主要程序

在一般情况下,为外宾安排的专场文艺晚会,大致应当包括下列程序。一是在外宾抵达时,礼宾人员与陪同人员应在剧场门口迎候。二是宾主一起进入休息厅,稍事休息与交谈。三是主人陪同外宾步入剧场就座,其他观众起立鼓掌欢迎。四是文艺演出正式开始。五是演出结束,主人陪同外宾一起走上舞台,向演员致谢献花,并且与主要演职人员见面、合影。六是主人陪同外宾退场,演职人员与其他观众一起欢送。

2. 观看演出礼仪

(1) 注意仪容和服饰

观看演出是社会上公认的几种层次最高的社交形式之一,故此参加者要注意自己的仪容仪表。参加者应进行适当的服饰、化妆、整理发型,且在观看演出时必须自觉地穿着正装。在观看演出时,对着装的基本要求是:干净、整洁、端庄、文明、大方,绝对不准许穿背心、短裤、拖鞋,更不能打赤膊。

具体而言,由于演出的内容不同,在观看不同内容的演出时,要求又有所不同。一般对观看戏剧、舞蹈、音乐或综合性文艺晚会时的着装要求较高。若观看曲艺、杂技,或是观看与演出相类似的电影,则只要遵守观看演出的着装基本要求就行了。

如果前往场面隆重的剧场观赏高雅的演出,如观看京剧、舞剧、歌剧、文艺晚会或欣赏古典音乐会时,特别是陪同他人前往或者应邀前往时,不仅要穿正装,而且要穿具有礼服性质的正装。即男士应穿深色的中山服或西服套装,配深色袜子与黑色皮鞋;若打领带,则宜选黑色,并着白衬衫。女士应着单色的旗袍、连衣裙或色深的西服套裙,下装尽量不要穿长裤。假如演出规定参加者要穿礼服的话,这样做才不为失礼。在国外,这种场合穿的礼服其实是有一定规格的。它是指男士着黑色燕尾服、白色翼领衬衫,配同色的蝴蝶结与腰封,穿黑色系带皮鞋;女士则须着夜礼服,配面纱、长袖手套,穿长筒丝袜和高跟皮鞋。在我国,中山服与旗袍,均可作为礼服用。此时若着牛仔服、运动服、沙滩服之类的过于随便的便装入场绝对不行。

特别提示

　　观看正式演出时携带家人同往,不仅要在着装上合乎规范,还要注意本人与家人的着装相协调,切勿"泾渭分明",对比太大。

(2) 提前进场、对号入座

尽早进场观看演出,有一项基本的规定,即演出一旦正式开始,观众便不宜再陆续入场,而应候至演出中场休息时方可再度入场,否则不仅会直接影响演出,而且也会妨碍其他观众欣赏演出。

许多高档演出场所为了方便观众,都设有专门的衣帽厅。若与他人一同寄存衣帽，则职位低者、主人、晚辈、年轻者、男士、未婚者，要主动协助与自己相约而来的职位高者、客人、长辈、年长者、女士、已婚者。在演出结束，领取衣帽时，亦是如此。

演出的预备铃一响，即应立刻进入演出厅，在自己的座位上对号就座。

进出演出厅时，应不慌不忙，依次而行。走得可以稍许快一些，免得挡道，但是不要奔跑。倘若演出厅门口人员一时过多，应当稍候片刻，不要争先恐后地上前拥挤。

 特别提示

若拟邀请他人与自己一同观看演出，应于至少一周以前通知对方。

在一般情况下，请人观看演出时，入场券可由本人保管，而不必一一发至被邀请者之手。

（3）保持绝对安静

演出开始后，就要安静下来，绝对不能在演出场所内吸烟、吃零食、嗑瓜子，也不要让你手中拿的节目单、门票、食品包装纸等发出声音。

在音乐厅，咳嗽也是不允许的。如果你喉咙不好，试试尽量吞口水。如果真的有很多痰，就应吐在纸巾上，然后放在包里，不要随便扔在地上，等离开音乐厅之后处理掉。如果要打哈欠，用手挡在嘴上；如果要打喷嚏，一定要用手遮挡。

（4）看节目时不聊天

在交响音乐会、歌剧或其他正式的演出中，不能与旁人说话，即便轻声也不行。对一个真正喜欢音乐的人来说，当他正在仔细聆听台上的演奏时，不能容忍一点点细微的声音。尽管可能是压低了嗓子在说话，但是这一点点声音，照样会影响到旁边的人。有些音乐会的老听众，他们在演奏时翻看节目单，都尽量小心翼翼，不发出一点声音。即使是最小的声音，最短暂的声音，也可能影响别人。连续不断、絮絮叨叨的谈话更不允许，有话看完节目再聊。

 特别提示

入场前手机一定要处于关机或震动状态。

 案例分析

周小姐有一次代表公司出席一家外国商社的周年庆典活动。正式的庆典活动结束后，那家外国商社为全体来宾安排了丰盛的自助餐。尽管在此之前周小姐并未用过正式的自助餐，但是她在用餐开始之后发现其他用餐者的表现非常随意，便也就"照葫芦画瓢"，像别人一样放松自己。

让周小姐开心的是,她在餐台上排队取菜时,竟然见到自己平时最爱吃的北极甜虾,于是,她毫不客气地替自己满满地盛了一大盘。当时她的主要想法是:这东西虽然好吃,可也不便再三再四地来取,否则旁人就会嘲笑自己没见过什么世面了。再说,它这么好吃,这会儿不多盛一些,保不准一会儿就没有了。

然而令周小姐脸红的是,它端着盛满了北极甜虾的盘子从餐台边上离去时,周围的人居然个个都用异样的眼神盯着她。有一位同伴还用鄙夷的语气小声说道:"真给中国人丢脸呀!"事后一经打听,周小姐才知道,自己当时的行为是有违自助餐礼仪的。

思考:请问周小姐错在哪里?

实战演练

茶礼仪实训

实训项目:茶礼仪。

实训目标:通过该项目的训练,使学生掌握泡茶、敬茶的基本步骤和上茶的先后顺序,并能够在职场合理运用,彰显礼仪风范。

实训学时:1学时。

实训方法:情景模拟。

① 依次冲泡绿茶、红茶等各类茶。

② 学生5人一组,1人敬茶,其余4人作为不同身份的客人,进行敬茶训练。

思考与练习

一、判断题

1. 自助餐要自行多次取用。（   ）
2. 自助餐取菜时,要遵循循环取菜的原则。（   ）
3. 自助餐是招待会常见的一种,可以是早餐、午餐、晚餐。（   ）
4. 我国江苏省的人大多喜欢喝红茶。（   ）
5. 招待好客人,是自助餐主办者的责任和义务。（   ）

二、选择题

1. 以下不符合自助餐礼仪的是（   ）。
   A. 自由取食　　B. 避免外带　　C. 送回餐具　　D. 量力而行
2. 以下不属于茶艺程序的是（   ）。
   A. 嗅茶　　　　B. 装茶　　　　C. 润茶　　　　D. 喝茶
3. "满杯酒、半杯茶"之古训是指茶要斟至（   ）分满。
   A. 五分　　　　B. 六分　　　　C. 七分　　　　D. 八分

不打无把握的仗，不开无准备的会。

项目六
商务会议礼仪

◎ **知识目标**

1. 了解有关会议礼仪的相关知识。
2. 掌握大型会议、公司董事会等会议礼仪。
3. 掌握谈判、商务签约礼仪。

◎ **技能目标**

1. 学会规范组织、接待大型会议。
2. 能熟练对大型会议、公司会议谈判、签约仪式进行会场布置。

◎ **实战目标**

通过练习，让学生学会大型会议和公司会议的座次安排及服务流程，掌握各类会议的接待规范，培养学生的组织与协调能力，使学生具备策划和组织各类会议的能力。

学习任务一　大型会议礼仪

【参考案例】

中东和会中的座位安排

1991年10月30日,中东和平会议在西班牙首都马德里开幕。这次会议由美国和苏联两国联合发起,中东和会中座位的安排既体现微妙的心态又符合谈判礼仪。会议的开幕式在西班牙老王宫的圆柱大厅举行。会议采用"T"形会议桌,这是主办者绞尽脑汁想出来的。

在"T"形会议桌顶部就座的是以美国前总统布什为首的美国代表团、以苏联总统戈尔巴乔夫为首的苏联代表团以及东道主西班牙前首相冈萨雷斯等。左边为欧共体、约旦和叙利亚。以色列坐在对面,即"T"形会议桌右侧。

(资料来源:http://www.todayonhistory.com110130/d5713.html)

【知识储备】

会议,又称集会或聚会。会议的概念有狭义和广义之分,狭义的会议是指为实现一定目的,由主办或主持单位组织的,由不同层次和不同数量的人们参加的一种事务性活动;广义的会议泛指一切集会。

狭义的会议接待服务,专指为各类会议,如党的代表会议、政府工作会议、总结会、研讨会、现场会、报告会、座谈会、经验交流会、洽谈会等提供服务;广义的会议接待服务,是指为各种聚会或大型活动,如各种类型的展览会、博览会、运动会、联欢会、文艺演出等提供全方位服务。

一、大型会议工作流程

大型会议,一般是指与会者众多、规模较大的会议。如企业职工代表大会、报告会、经验交流会、庆祝会等。它的最大特点是会场上分设主席台与群众席。前者必须认真排座,后者的座次则可排可不排。

会议类型不同,其礼仪也有所不同。会议要圆满成功,达到预期目的,很重要的环节就是会前的准备工作做得如何。

1. 确定会议主题与名称

(1)确定会议主题

所谓会议主题,就是会议的指导思想,它是拟定会议的内容、任务、形式、议程、期限、出席人员等的前提。在通常情况下,会议的主题可以直接通过会议名称体现。成功的会议应该是始终坚持会议既定主题的。会议主题的确定要注意以下几点:

① 要有切实的依据；
② 要结合组织实际；
③ 要有明确的目的。

（2）确定会议名称

会议名称要拟得妥当，名副其实。会议名称不宜太长，但也不能随便简化。会议名称应根据会议的主题来确定。会议名称一般由"内容＋类型"或"单位＋内容＋类型"、"单位＋年度＋内容"构成。例如："全国'五一'劳模颁奖大会"、"宏泰公司职工代表大会"、"豪迪公司 2022 年度总结表彰大会"等。

2. 确定会议规格、会议时间

确定会议规格的主要依据是会议的内容和主题来确定会议的档次。档次可分为高档次、中档次或低档次。

会议的时间一般依会议性质而定，如职工代表大会一般于每年年初召开；"五一"劳模颁奖大会都在当年的四月底召开。

3. 会议组织机构

（1）会议组织机构的概念

一般大型会议，如企业职工代表大会、年终总结会等，由大会秘书处负责整个会议的组织协调工作。大会秘书处下设以下 2 个部门。

① 秘书组：负责会议的日程和人员安排及文件、简报等文字性工作。

② 总务组：负责会场、接待、食宿、交通、卫生、文娱和其他后勤工作。该组成员对会议所涉及的上述方面的具体细节问题，要做好充分的准备工作。

（2）确定与会人员名单

根据会议的性质、议题、任务来确定出席和列席会议的有关人员。

4. 制订会议预算方案

（1）会议经费的内容

① 文件资料费。包括文件资料的制作、印刷费、文件袋，证件票卡的制作、印刷费用等开支。

② 邮电通信费用。如寄发会议通知、电报、传真、电话联络等费用。

③ 会议设备和用品费。如各种会议设备的购置和租用费，会议所需办公用品的支出费用，会场布置等所需要的费用。若召开电视、电话等远程会议，需使用的有关会议设备系统费用也应计算在内。

④ 会议场所租用费。如会议室、大会会场的租金以及其他会议活动场所的租金。

⑤ 会议宣传费。如现场录像的费用，与媒体等有关方面协作的费用。

⑥ 会议交通及食宿补贴费。会议期间各项活动所需车辆的费用。通常会议主办单位会对会议伙食或住宿补贴一部分。

⑦ 其他开支。包括各种不可预见的临时性开支。

（2）会议经费审核

会议费用的细目表做好后要交主审人员审核。对经费的把关，不可太松，否则会造成浪费；也不可太紧，否则影响会议质量。

【相关链接】

常见的大型会议礼仪

1. 代表大会的礼仪

代表大会包括人民代表大会、党员代表大会、共青团代表大会、职工代表大会、妇女代表大会等各种类型。代表大会的礼仪，应注意以下4点。

① 代表的产生主要符合各种会议本身的规定。

② 代表会议可以设主席团。会议正式开幕时，主持人（或主席）要向全体代表宣布整个会议议事日程，并分发文件（会议报告等）。在会议过程中，还可以印发简报。

③ 代表们对会议报告所提出的意见，会议应该认真听取。

④ 代表会议一般都要进行选举，选举要按程序进行。

2. 报告会的礼仪

报告会是请专家学者、先进人物或领导干部以及其他有关人士进行专门报告的会议。常见的有学术报告会、劳模报告会或先进事迹报告会。其礼仪规则如下。

① 选准的报告人一定要既有名望，又对报告内容有真知灼见的人。会前会后应派专车迎送，还应有对等的人员陪同，要妥善安排其衣食住行。

② 报告会要设主席台。报告人作报告时，主持人要在场作陪，而且必须同所有与会者一起认真倾听，不能分心去看书刊杂志等，也不能显露出疲惫、焦灼等神情。

③ 报告会如要录音，必须事先征得报告人同意。

④ 报告会的参加人数不限，但不能太少，座位排列成"教室形"。

⑤ 有的报告会，听报告的人可以递"条子"发问，由报告人作答，形成对话的形式。口头提问亦可。

⑥ 报告结束后，主持人可以作扼要、简明的讲话，并向报告人致谢。请报告人先退场。

3. 经验交流会礼仪

经验交流会是请在某一方面有突出成绩的单位代表或个人介绍其成功经验的会议，其礼仪主要有如下几点。

① 安排发言的人数至少要有两人或两人以上，人数太少，会变成"报告会"。

② 选择经验交流的角度，最后每一个发言者各侧重一方面。

③ 会场形式安排为"教室形"，主持者应与发言人并肩坐在主席台上。每一发言人发言前，主持人均应将其介绍给全体听众，并带头鼓掌表示尊敬。每一发言人发言完毕，主持人要微笑起立，带头鼓掌表示感谢。听众应尊重发言人，不能在下面交头

接耳，不要随便退场。

二、大型会议主席台座次

1. 国内惯例主席台的座位安排礼仪

① 除大型商务会议外，我国政府、人民代表大会及党政机关召开的大型会议，主席台的位置安排，都使用中国传统做法——"以左为尊"，即将客人安排在主人的左侧。在会议结束合影留念时，也通常用这种排法。其他企事业单位的大型会议基本参照这一做法执行。

目前国内排定主席团位次的3项基本原则为：前排高于后排；中央高于两侧；左侧高于右侧。

② 身份最高的领导人（有时可以是声望较高的来宾）安排在主席台前排中央就座。

③ 其他人员按先左后右（以主席台的朝向为准）、一左一右的顺序排列。

④ 当领导人数为奇数时，1号首长居中，2号首长排在1号首长左边，3号首长排右边，其他依次排列，如图6-1所示。

图6-1 国内惯例主席台的排座

2. 国际惯例主席台的座位安排礼仪

按照国际惯例，排定主席团位次的3项基本原则为：

① 前排高于后排；

② 中央高于两侧；

③ 右侧高于左侧。如图6-2所示。

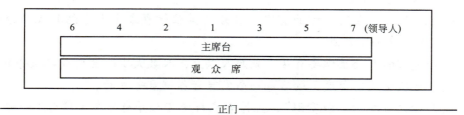

图6-2 国际惯例主席台的排座

3. 主持人坐席

会议主持人，又称大会主席。其具体位置有 3 种方式可供选择：一是居于前排正中央；二是居于前排的两侧；三是按其具体身份排座，但不宜令其就座于后排。

4. 发言者席位

发言者席位，又叫发言席。在正式会议上，发言者发言时不宜于原处发言。发言席的常规位置有两种：一是主席台的正前方（图 6-3）；二是主席台的右前方（图 6-4）。

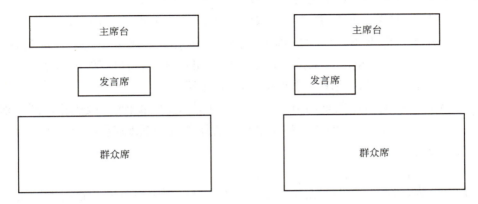

图 6-3　发言席位于主席台正前方　　　图 6-4　发言席位于主席台右前方

5. 群众席排座

在大型会议上，主席台之下的一切座位均称为群众席。群众席的具体排座方式有二。

① 自由式择座：即不进行统一安排，而由大家各自择位而坐。

② 按单位就座：它指的是与会者在群众席上按单位、部门或者地位、行业就座。它的具体依据，既可以是与会单位、部门的汉字笔画的多少、汉语拼音字母的前后，也可以是其平时约定俗成序列。按单位就座时，若分为前排后排，一般以前排为高，以后排为低；若分为不同楼层，则楼层越高，排序便越低。在同一楼层排座时，又有两种普遍通行的方式：一是以面对主席台为基准，自前往后进行横排（图 6-5）；二是以面对主席台为基准，自左而右进行竖排（图 6-6）。

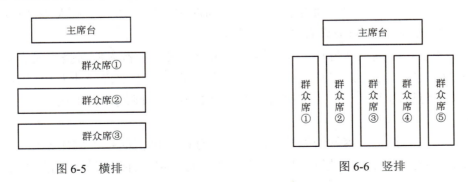

图 6-5　横排　　　　　　　　　　　图 6-6　竖排

三、会议与会人员礼仪

1. 主持人礼仪

会议的主持人是整个会议的中心。一般由具有一定职位的人员来担任,主持人应能控制会议的气氛和进程,并促使与会者齐心协力,使会议达到预期的目的。

(1) 主持人的基本礼仪规范

① 主持人应衣着整洁,大方庄重,精神饱满,切忌不修边幅。

② 入席后,如果是站立主持,应双腿并拢,腰背挺直。持稿时,一手持稿的底中部,一手并拢自然下垂。双手持稿时,稿应与胸齐高。坐姿主持时,应身体挺直,双臂前伸,两手轻按于桌沿。主持过程中,切忌出现搔头、揉眼等不雅动作。

③ 主持人言谈应口齿清晰,思维敏捷,简明扼要。

④ 主持人应根据会议性质调节会议气氛,或庄重,或幽默,或沉稳,或活泼。

⑤ 主持人不能对会场上的熟人打招呼,更不能与其寒暄闲谈,会议开始前,可点头、微笑致意。

(2) 会议主持程序

作为主持人应时刻牢记自己的职责,并在会议进程中自觉履行自己的职责。会议程序如图 6-7 所示。

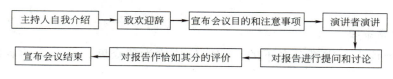

图 6-7 会议主持的程序

① 主持人自我介绍　通常,在很多场合主持人不用介绍自己。但如果觉得在场有很多人不一定认识自己,可以对自己作简单介绍,如说:"请允许我作一下自我介绍,我是……能主持今天的会议我感到十分荣幸。"介绍的关键是要向大家讲清主持人的姓名和身份。

② 主持人致欢迎辞。

③ 宣布会议目的和注意事项。

④ 请演讲者开始演讲　如果演讲者有很高的知名度,那么主持人不必费时对演讲者作特别介绍,只需对演讲者热情邀请即可。

⑤ 对报告进行提问和讨论　在演讲者结束报告时,主持人应对报告人表示感谢,并宣布进行提问和讨论。主持人应尽量让所有人都能自由地提问或发表意见。如果有人偏离了会议的主题,主持人应给予礼貌地提醒。提问或讨论也应控制在规定的时间内。

⑥ 主持人对报告内容做恰如其分的评价　对很有价值的报告应用恭敬、诚恳的语气进行赞美;对一般性的报告也应给予礼节性的肯定,并对报告人再次表示感谢。

如果接下去还有其他演讲者，就继续为大家介绍下一位演讲者，并请演讲人作报告。

⑦ 主持人应在规定的时间内宣布会议结束　在会议结束之前，主持人应对会议作简要的总结。如果就某些问题，大家达成了一致的意见，在结束前就应予以重申。会议结束时，主持人应对前来出席会议并提供帮助的人表示感谢，另外还要对协助组织会议的工作人员表示感谢。

2. 会议演讲者的礼仪

演讲者或发言人是会场的中心人物，演讲者礼仪即指演讲者在演讲前后和演讲时对听众的礼节。主要有以下几个方面。

（1）进入会场时的礼仪

① 有人陪同时：听众可能已经坐好，几位演讲者同时进入会场，不可在门口推托谦让，而应以原有的顺序进入会场；听众如果起立、鼓掌欢迎，演讲者应边走边举手表示谢意，不可东张西望，更不要止步与熟人打招呼、握手。

② 没人陪同时：听众可能没有完全入场，演讲者要寻找靠近讲台的边座坐好，不要在门口观望或等听众坐好后进场。

（2）坐下前后的礼仪

有人陪同时，要等陪同人指示座位，并应等待与其他演讲者同时落座，如果先坐下会有失礼节。

如果先进入会场，被会议主持人发现时给安排座位，应马上服从，按指定座位坐好，并表示谢意。坐好后不要左顾右盼找熟人，更不要主动与别人打招呼，那样会显得轻浮。

（3）介绍时的礼仪

演讲前主持人常常要向听众介绍演讲者。主持人提到名字，演讲者应主动站起来，立直身体、面向听众，并微笑致意，估计听众可以认清自己后再转身坐下，如果主持人介绍词中介绍了演讲者的成绩或事迹，听众反响强烈，演讲者应再次起身，向听众致谢，并向主持人表示"不敢当"、"谢谢"之意。如果反响一般就不必再次起身致意。

（4）走上讲台时的礼仪

当主持人提到名字时，演讲者应站起身来，首先向主持人点头致意，然后走向讲台。走路时，目视前方，虚光看路。头要正，不偏不摇，双手自然摆动。走上讲台后要慢步，自然转弯，面向听众站好，正面扫视全场，与听众进行目光交流，然后以诚恳、恭敬的态度向听众致鞠躬礼或点头礼致意，稍稍稳定一下之后再开始演讲。

（5）站立和目光

站位不但要考虑演讲时活动的方便，更要考虑听众观察演讲者的方便。要使听众不论在什么地方都能看到演讲者的演示，方便情感的双向交流。目光要散到全场，落到每位听众的脸上，使听众仿佛觉得光顾到他，仿佛与每位听众都进行过目光交流。

【相关链接】

演讲时间的控制

有经验的演讲者发现，每经过一定的时间，听众就会产生一种注意力危机，一般发生在演讲（发言）开始后的 15~20 分钟，第二次发生在演讲（发言）开始后的 30~35 分钟，为了克服这些"危机"，演讲者（发言人）应善于根据规定的发言时间来安排演讲的内容。

大多数国际会议的发言时间是 10 分钟，如果演讲时间安排在会议临近结束时，听众的注意力也会有所减弱。

各种仪式上不得不安排的演讲，时间最好不要超过 5 分钟。

为欢迎国宾、公事团体举行的正式晚宴上，无论是主人还是客人的演讲，一般都安排 15 分钟左右。

（6）走下台时的礼仪

演讲完毕后，要向听众敬礼，向主持人致意，如果听到掌声，应再次向听众表示谢意，然后下台回原座位。走路姿态要和上台时一样。

3. 与会者的礼仪

与会者应注意的礼仪包括以下 3 个方面。

（1）合适的着装

大多数会议，特别是参加大型会议时，在着装上，男士一般穿西服套装，女士除了可以穿套裙，还可以穿裤装和长裙。

（2）遵守会议纪律

遵守会议纪律是每个与会者应做到的，这既是对会议组织者的尊重，也是对其他与会者的尊重。会议纪律通常包括以下几个方面。

① 按时到会和离会，中途不随意进出。

② 听报告时集中注意力，不交头接耳、不打瞌睡、不翻阅资料。

③ 保持会场安静，不大声喧哗。

④ 会议发言时观众禁止打手机，同时手机处于关闭或静音状态。

⑤ 一般不应离席，确实必须离席时，应当向有关人员讲明原因，离席时要弯腰、侧身、尽量不影响他人，并表示歉意。

（3）尊重主持人、发言人及其他与会者

与会者作为客人，应服从会议组织者的安排。在会场，与会者应听从主持人的安排，并对主持人的提议作出积极的回应。发言结束时，与会者应报以热烈的掌声，以此向发言人表示赞赏和感谢。

【相关链接】

出席国际会议时的礼仪常识

常识一：准时抵达会场，按照会场的指定座位或区域落座。

常识二：正式会议开始以后，尽量避免频繁进出会场。
常识三：进出会场或上下电梯时要遵循女士优先的原则。
常识四：不在会场和餐厅里大声喧哗，不在客人面前大声接听电话。
常识五：无论在主席台，还是在台下，坐姿要端正。
常识六：出席正式会议和宴请，要穿正装，男士穿深色西服，女士穿中长裙和长裤均可。男士要贴身穿衬衣，衬衣和领带要及时更换，袜子应是深色的。女士的衣服最好每天换一套。
常识七：集体行动时，相互之间保持距离，尤其同性之间不能太亲密，不能勾肩搭背。领导不要戴墨镜，否则像黑社会老大。

四、会议服务人员礼仪

负责会议具体工作的服务人员，其工作程序如图 6-8 所示。

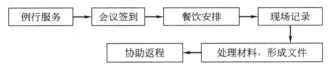

图 6-8　服务人员的工作程序

现代会议礼仪应该是全方位、立体化的服务，应该将礼仪服务贯穿会议始终。

1. 例行服务

① 安排专人负责接待与会者，为其办理登记和入住手续，并热情做好引导、介绍服务。对远道而来的客人，需要接站的，应派人到车站、码头、机场等地按相应接待规格迎接，接站牌要醒目。

② 服务人员提前 1 小时到达会场，反复检查会场准备情况，做好迎接准备。并主动为与会者引座，指路时右手抬起，四指并拢，拇指与其余四指自然分开，手心向着客人，示意所指方向时说："请这边走"或"请那边走"。

③ 落实主席台领导、发言人是否到齐。

④ 按预定方案组织与会人员由前向后依次就座。

⑤ 维持好会场秩序。会议开始前 5 分钟，关闭会场大门，与会人员入座就绪，无关人员离开会场；开会期间关闭手机，一般不允许找人，无关人员不准进入会场。

⑥ 会议开始后，应根据会议规模配备适当数目的服务人员。服务人员应站在适当的位置观察会场内的情况。会场内有人招呼要及时应答。若会场上因工作不当发生差错，工作人员应不动声色，尽快处理，不能惊动其他人，更不能慌慌张张、来回奔跑，以免影响会议气氛和正常秩序。

⑦ 当与会人员落座后，服务人员应及时倒茶递茶。递茶要用双手，茶杯把儿要

放在与会者的右手处。倒茶要轻而规范，杯盖的内口不能接触桌面，手指不能按住杯口，可左手拿开杯盖，右手持水壶，将开水准确倒入杯中。茶水倒至八分满为宜，然后将杯盖盖上。有条件的可先递上热毛巾，等待客人用毕后适时收回。

在会议期间，服务人员一般应每30分钟给宾客续水一次。续水时应带小暖瓶并带小毛巾一块，准备用来擦干洒在杯子外的水。会议结束后，服务人员及时打开门并检查活动现场。发现未灭的烟头要及时熄灭，发现与会人员遗忘的物品要立即送归原主。如物主已离开，可上交主办负责人处理。

会议厅中的温度，夏天一般控制在24~25℃，冬天在20~22℃为宜。

⑧ 会议如有颁奖内容，服务人员应迅速组织受奖人按顺序列好，礼仪人员及时送上奖状或荣誉证书，由领导颁发给受奖者。

⑨ 如果有电话或有事相告，服务人员应走到身边，轻声转告。如果要通知主席台上的领导，最好用字条传递通知，避免服务人员在台上频繁走动或用耳语，分散他人注意力，影响会议效果。服务人员在会场不要随意走动，不要使用手机。

2. 会议签到

为了掌握到会人数，严肃会议纪律，凡大型会议或重要会议，通常要求与会者在入场时签名报到。负责此项工作的人员，应及时向会议的负责人进行通报。会议签到的方式一般有以下3种。

（1）簿式签到

与会人员在会议工作人员预先备好的签到簿上按要求签名，表示到会。签到簿上的内容一般有姓名、职务、所代表的单位等。簿式签到的优点是利于保存，便于查找；缺点是这种方式只适用于小型会议。一些大型会议，参加会议的人数很多，采用簿式签到就不太方便。

（2）证卡签到

会议工作人员将印好的签证卡事先发给每位与会人员，签证卡上一般印有会议的名称、日期、座次号、编号等，与会人员在签证卡上写好自己的姓名，进入会场时，将签证卡交给会议工作人员，表示到会。证卡签到的优点是比较方便，避免临开会时签到造成拥挤，缺点是不便保存查找。证卡签到多用于大中型会议。

（3）电脑签到

电脑签到快速、准确、简便，参加会议的人员进入会场时，只要把特制的签到卡放入签到机内，签到机就将与会人员的姓名、号码传到中心，与会者的签到手续在几秒钟内即可完成，然后将签到卡退还本人，参加会议人员的到会结果由计算机准确、迅速地统计并显示出来。电脑签到是先进的签到手段，一些大型会议都是采用电脑签到。

3. 餐饮安排

举行较长时间的会议安排时，一般会为与会者安排会间的工作餐。与此同时，还应为与会者提供卫生可口的饮料。会场提供的饮料，最好便于与会者自助饮用，不提倡为其频频斟茶续水。那样做既不卫生、不安全，又有可能妨碍对方。如果必要，还应为外来的与会者在住宿、交通等方面提供力所能及、符合规定的方便服务。

4．现场记录

凡重要的会议，均应进行现场记录，其具体方式有笔记、打印、录入、录音、录像等。可单用某一种，也可交叉使用。用手写笔记进行会议记录时，对会议名称、出席人数、时间地点、发言内容、讨论事项、临时动议、表决选举等基本内容要力求做到完整、准确、清晰。

5．处理材料，形成文件

在会议结束后一般应对与其有关的一切图文、声像等材料进行细致的收集、整理。收集、整理会议材料时，应遵守规定与惯例，应该汇总的材料，一定要认真汇总；应该存档的材料，要一律归档；应该回收的材料，一定要如数收回；应该销毁的材料，则一定要仔细销毁。

为了给会后工作提供借鉴和依据，每次会议的全部文件，诸如通知、报告、简报、决议、纪要、记录、群众来信、新闻报道等，都应立卷归档，妥善保存。

6．协助返程

会议结束后，其主办单位一般应为外来的与会者提供一切返程便利服务。若有必要，应主动为对方联络，提供交通工具，或是替对方订购、确认返程机票、船票、车票。当团队与会者或与会的特殊人士离开本地时，还应安排专人为其送行，并帮助其托运行李。

如果所订返程票不能完全满足与会者的要求，应优先照顾年老体弱者、女士，并对其他人耐心解释，取得谅解。对个别因故在结束后暂时滞留的与会者，也要一如既往地关照，并尽可能地为其解决实际困难，不能一推了之。

案例分析

小刘的公司应邀参加一个大型研讨会，该次研讨会邀请了很多商界知名人士以及新闻界人士参加。老板特别安排小刘和他一道去参加，同时也让小刘见识见识大场面。

小刘早上睡过了头，等他赶到，会议已经进行了20分钟。他急急忙忙地推开了会议室的门，"吱"的一声脆响，他一下子成了会场上的焦点。刚坐下不到5分钟，肃静的会场上又响起了摇篮曲，是谁在播放音乐？原来是小刘的手机响了！这下子，小刘可成了全会场的明星……

没过多久，听说小刘已经另谋高就了。

思考：请问小刘参加会议有几个地方做得不对？试问应该怎样遵守会议礼仪？

实战演练 1

某公司准备召开年度表彰大会,并交由你亲自组织,请拟定一份大会的计划书。计划书要求包括以下要点。

① 开列与会者资格及名单。
② 拟订议程。
③ 选择地点、布置会场。
④ 制订初级会务预算。

实战演练 2

某企业迅速的扩张造成资金链的高度紧绷,供应商货款不能及时支付,出现了断货现象,零售企业各大卖场陈列断货,为了扭转这种恶性循环状况,该企业决定召开一次大规模的供应商大会,让更多的供应商对企业的发展坚定信念,告知企业的现状只是暂时的,让供应商和企业一起发展。

请以此为背景模拟主席台的座次安排。

思考与练习

判断题

1. 公司召开大型会议发言席一般位于主席台右侧。   （   ）
2. 大型商务会议的主席台座次,基本原则之一是右侧高于左侧。   （   ）
3. 会议期间,服务人员为宾客的续水时间没有讲究。   （   ）
4. 参加大型会议,手机应处于关闭或静音状态。   （   ）
5. 会议的服务人员应提前半小时到岗。   （   ）

学习任务二　公司会议礼仪

一、公司会议座次安排

一般会议,可以把会场布置成圆桌形或方桌形,领导和会议成员可以互相看得见,大家可以无拘无束的自由交谈。如工作周例会、月例会、技术会议、董事会。它的主要特征,是全体与会者均应排座,不设立专用的主席台。小型会议的排座,目前主要有以下几种具体形式。

1. 面门设座

一般以面对会议室正门之位为会议主席之座，即尊位。通常会议主席坐在离会议门口最远的桌子末端。主席两边是为参加公司会议的客人和拜访者的座位，或是给高级管理人员、助理坐的，以便能帮助主席分发有关材料、接受指示或完成主席在会议中需要做的事情，如图6-9所示。

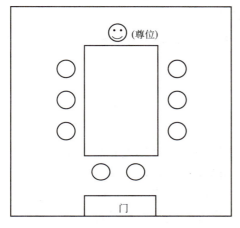

图6-9　面门设座

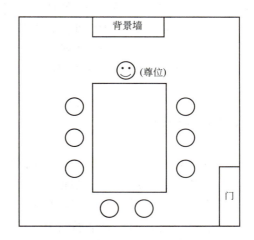

图6-10　依景设座

2. 依景设座

依景设座，是指会议主席的具体位置，不必面对会议室正门，而是应当背依会议室之内的主要景致，如字画、背景墙等，如图6-10所示。

3. 以右为上

有时，宾主双方在正式会见时，为了显示彼此之间的亲密无间，常采用"平起平坐式"就座，即宾主双方并排就座，以右为上。这种座次安排又称"并列式"。"并列式"排位法，有分宾主各坐一方，也有一位客人与一位陪客穿插坐在一起的。但通常的安排是主宾、主人席安排在面对正门位置，主宾在主人的右边一侧，其他客人按礼宾顺序在主宾一侧就座，主方陪同人在主人一侧按身份高低就座。

4. 以远为上

由于主客观条件的限制，有时宾主双方并排就座时，并未面对房间的正门，而是居于室内左右两侧之中的某一侧。在此时，一般以距离室门较远的座位为上座，应邀来宾就座，而以距离室门较近的座位为下座，应由主人自己就座。离室门近者易受打扰，远者则受打扰较少，故以远为上。

5. 居中为上

"对面式"、"并列式"都是"居中为上"的局势。"居中为上"的排位方法，指的是来宾较少，东道主一方参见者较多时，东道主一方的人员以一定的方式围坐在来宾的两侧或四周，呈现出"众星捧月"之势，居于中央之处的乃是上座，应邀主宾就座。

【相关链接】

会议时间安排

据心理学家测定，成年人能集中精力的平均时间为 45~60 分钟，超过 45 分钟，人就容易精神分散，超过 90 分钟，普遍感到疲倦。因此，每次会议时间最好不超过 1 小时，如果需要更长的时间，应该安排中间休息。

会议时间的安排要考虑到人们的生理规律。一般上午 9：00~11：00、下午 14：30~16：30，人们办事的效率较高。

二、董事会会议

董事会会议是指董事会在职责范围内研究决策公司重大事项和紧急事项而召开的会议，由董事长主持召开，根据议题可请有关部门及相关人员列席。不包括部分董事聚会商议相关工作或董事会仅以传阅方式形成书面决议的情况。

董事会会议是现代企业管理和公司治理中一个非常具体而又关键的商务会议。有效的董事会会议需要会前做好充分的准备，会中遵循必要的程序，会后确保董事会的决议能够得到切实的贯彻执行。

1. 董事会会议种类

董事会会议可分为 4 种类型：首次会议、例行会议、临时会议和特别会议。

（1）首次会议

首次会议就是每年年度股东大会开完之后的第一次董事会会议。国际规范做法是每年股东大会上要重新选举一次董事，即使实际并没有撤换，也要履行一下这个程序。这样每年年度的首次会议就具有一种"新一届"董事会亮相的象征性意义。国内的公司普遍实行三年一届的董事会选举制度，会议按第几届第几次会议的顺序，淡化了每年年度的首次会议的意义。

（2）例行会议

例会会议就是董事会按照事先确定好的时间按时举行的会议。在首次会议上应确定下来董事会例行会议的时间，比如每个月第几个星期的星期几。这样做不但能有效地提高董事会的董事出席率，也能确保董事会对公司事务的持续关注和监控。

国外的优秀公司一般每年召开 10 次左右的董事会会议。我国《公司法》规定，为了加强董事会的监督和决策作用，作为一个规则，公司每年至少要召开 4 次董事会会议，即每个季度召开一次。召开董事会会议，可以充分利用各种现代化的通信手段，提高董事会的效率，加强董事之间、董事与公司之间的联系。

在每次董事例会结束时，董事长或董事会秘书，要确定下次董事会例行会议的时间和地点。

（3）临时会议

临时会议是指在例行会议之间，出现紧急和重大的情况，需要董事会作出有关决策时召开的董事会会议。

（4）特别会议

董事会的特别会议又称为"非正式会议"、"战略沟通与研讨会"等，与前三种董事会会议不同，它的目的不是要做出具体的决策，也不是对公司的运营保持持续监控，而是提高董事会的战略能力，加强董事会与管理层的联系等。很多公司治理专家都用不同的名称提出过这种会议，一年或者两年一次，一定不能在公司总部等正式场合召开，可以扩大范围，邀请一些非董事会成员的公司高层管理人员参加，也可以请外部专家作为会议引导者，提升这类会议的"沟通"和"研讨"水准。

2. 董事会会议召开程序

（1）会议议题的准备

确定议题，明确召开董事会会议的目的。

董事会会议议题的来源：一般是根据有关形势进行发展的分析，并结合本公司工作实际所确定的议题。

（2）会议材料的准备

会议材料主要是需要在会议讨论、议定的材料。这些基本文件如下。

① 会议议程表。一般由董事长准备或批准。

② 董事长讲话。一般由董事长的秘书负责，有时也由筹备处专门的秘书人员准备。

③ 待议文件。主要是需在会上讨论、议定的材料。

④ 参阅资料。是指董事会会议的参考性文件。金融工作与国民经济其他各个方面的工作，特别是生产、流通、计划、财政、投资等方面都有密切的联系。

⑤ 交流材料。确定交流材料，要围绕会议的主要议题，既要选择成功的，有推广、借鉴价值的材料，又要尽可能地兼顾不同的方面，从不同侧面进行选择，使其具有更大的代表性。

⑥ 会议总结。对会议评估；决议与解释；贯彻会议精神的要求。

在董事会会议召开之前，要尽可能地将有关会议事项和有关公司业务的一些重要信息和数据资料以书面形式发给董事。这样可以通知和提醒董事会成员，保证他们能够参会并且有足够的时间为会议做准备工作，使董事们对讨论的问题有所准备。

（3）会议范围和出席人员确定

会议范围要控制，确定与会人员的数目要准确，文秘部门要掌握此类情况。

（4）董事会会议议程与时间、地点的安排

一般董事会会议都在公司内部的会议室召开，或者在董事长办公室召开。开会时间，冬季一般安排上午、下午都可以，夏季一般安排在上午召开为宜。

（5）董事会会议的会场布置

一般布置成圆桌会议形式。

① 董事会的主席背对窗、面向门，副主席或首席独立董事背对门、面向窗，相对而坐。这样安排的好处包括：两位董事会的重要人物视野开阔、能够看到整个会场，互相可以方便地交换眼神，董事会主席可以随时注意到进出会场的人。

② 首席执行官应该坐在董事会主席的旁边，可以对外表示他们的团结；董事会秘书应该坐在董事会主席和财务总监之间，方便及时提供资料。

③ 其他的执行董事和非执行董事交叉就座，尽量避免执行董事和非执行董事们各自分开、单独就座，形成一种两个帮派的感觉。

④ 每次董事会的会议，应该保持董事会主席、副主席或首席独立董事、首席执行官和董事会秘书的位置座次不变，其他人员的座次可以调整。

⑤ 会议前或会议后的用餐就座可以用完全与此不同的模式。

（6）发出召开董事会的通知

通常设计独特、印制精美的请柬具有很大的吸引力，能使人对大规模的契约签订和会议发生兴趣。在准备请柬过程中，秘书要反复地核对会议和会议期间所进行的各种活动所涉及的日期、时间、地点及会议的主持人、来宾及其他人员的姓名等。所有的细节都要准确地反映在请柬上。

实战演练

某建筑公司要迎接上级部门的检查、指导。检查指导团一行 5 人。公司总经理让你布置会议室，主要做挂横幅、摆放指导团和公司列会人员名卡等工作。

请画出出席会议人员的座次安排。

思考与练习

选择题

1. 我国《公司法》规定，公司每年至少要召开（　　）次董事会会议。
   A. 2　　　　　　B. 3　　　　　　C. 4　　　　　　D. 5

2. 公司会议，一位来宾坐在中间，左右都是东道主方人员，这叫（　　）。
   A. 面门为上　　B. 以右为上　　C. 以远为上　　D. 居中为上

3. 被称为"并列式"的座次安排，又叫（　　）。
   A. 面门为上　　B. 以右为上　　C. 以远为上　　D. 居中为上

学习任务三　谈判礼仪

一、谈判中主客方礼仪

【知识储备】

谈判的分类

所谓谈判，指的是有关各方为了各自的利益，进行有组织、有准备的正式协商及讨论，以便互让互谅，求同存异，以求最终达成某种协议的整个过程。

按照谈判地点不同来进行划分，可分为以下 4 类。

① 主座谈判：所谓主座谈判，指的是在东道主单位所在地所举行的谈判，通常认为，此种谈判往往使东道主一方拥有较大的主动性。

② 客座谈判：所谓客座谈判，指的是在谈判对象单位所在地所举行的谈判。一般来说，这种谈判显然会使谈判对象占尽地主之利。

③ 主客座谈判：所谓主客座谈判，指的是在谈判双方单位所在地轮流举行的谈判。这种谈判，对谈判双方都比较公正。

④ 第三地谈判：所谓第三地谈判，指的是谈判在不属于谈判双方所在单位或所在地，是在双方之外的第三地点进行。这种谈判，较主客座谈判更为公平，更少干扰。

显而易见，上述 4 类谈判对谈判的双方的利与弊往往不尽相同，因此各方均会主动争取有利于己方的选择。主座谈判因在我方所在地进行，为确保谈判顺利进行，我方（主方）通常需做一系列准备和接待工作；客座谈判因到对方所在地谈判，我方（客方）则需入乡随俗，入境问禁。

谈判地点的选择往往涉及一个谈判的环境心理因素问题，它对谈判效果具有一定的影响，谈判者应当很好地加以利用。有利的地点、场所能够增强己方谈判地位和谈判力量。

谈判是最重要的商务活动之一。商务谈判人员遵守谈判过程中的礼仪规范是极为必要的，尤其是在涉外谈判中，参与人员的价值观念、宗教信仰、风俗习惯等不同，会直接影响到谈判活动能否顺利进行。所以，我们必须了解谈判对手的文化差异，对待不同文化背景的谈判对手要有正确的态度，恪守谈判礼仪。

1. 主座谈判接待礼仪

主座谈判，作为东道主一方出面安排各项谈判事宜时，一定要在迎送、款待、场地布置、座次安排等各方面精心周密地准备，尽量做到主随客便、主应客求，以获得客方的理解、信赖和尊重。

(1) 主座谈判的接待准备

① 成立接待小组：成员由后勤保障（食宿方面）、交通、通信、医疗等各环节的相关成员组成，涉外谈判时还应备有翻译。

② 了解客方基本情况，收集有关信息：主方可向客方索要谈判代表团成员的名单，了解其姓名、性别、职务、级别及一行人数等，以此作为确定接待规格和食宿安排的依据。并了解客方对谈判的目的要求、食宿标准、参观访问、观光游览等愿望。掌握客方抵达、离开的具体时间、地点、交通方式，安排迎送的人员和车辆及预订、预购返程车、船票或飞机票。

③ 拟订接待方案：根据客方的意图、情况和主方的实际，拟订出接待计划和日程安排表。日程安排要注意时间上的紧凑合理。日程安排表拟出后，可传真给客方征询意见，待客方无异议后，即可确定并打印。

在涉外谈判时，要将日程安排表译成客方文字，以便于双方沟通。日程安排表可在客方抵达后交由客方分发，也可将其放在客方或成员住房的桌上。

主座谈判时，东道主可根据实际情况举行接风、送行、庆祝签约等相关的宴会或招待会，客方谈判代表在谈判期间的费用通常都由其自理，如果主方主动邀请并事先说明承担费用的情况例外。

重大谈判，还应做好客方谈判代表团的安全保卫和文件资料保密的准备工作，以及安排好新闻报道工作，并要根据实际情况做好礼品、纪念品的准备。

(2) 主座谈判的迎送工作

根据对等接待的原则，主方应确定与客方谈判代表团的身份与职位对等、人数相等的接待陪同人员，并通知他们准时迎送。

准确掌握对方抵达、离开时间，主方所有迎送人员都应先于客方到达指定地点（通常为车站、码头、机场、宾馆、公司门口等）迎候。迎送人员一般要在飞机、火车、轮船到达前15分钟赶到。商务接待时，为方便双方确认，接站最好举个小牌子，牌子上可以写"××公司欢迎你们"的字样。

对客方身份特殊或尊贵的领导，可以安排献花。献花必须用鲜花，可扎成花束、花环，但不能用客方所在国或所在地区有禁忌的花卉。献花通常由年轻女职员在参加迎接的主要领导与客方主要领导握手后，将鲜花献上。

如果是涉外谈判接待，接待人员还要考虑到客方所在国对服饰颜色上的接受习惯，选择颜色合适的服装去参加接待活动。例如，欧美大部分国家都将黑色视为丧葬象征，接待人员若穿着黑色套裙或连衣裙去接待，就会引起不愉快；在中国人眼里喜庆的红色，在泰国人看来是不吉利；还有日本人忌绿色衣服，摩洛哥人忌穿白色，比利时人忌黄色，伊朗人、伊拉克人则讨厌蓝色等。

迎接的客人较多的时候，主方迎接人员可以按身份职位的高低顺序列队迎接，并由主方领导先将前来迎接的人员介绍给客方人员，再由客方领导介绍其随行人员，双方人员互相握手致意，问候寒暄。

客方抵达，由机场（车站、码头）前往下榻宾馆时，或由宾馆前往机场（车站、码头）时，主方应有迎送人员陪同乘车，关照好客方的人员和行李安全。

2. 客座谈判的礼仪

客座谈判是在对方所在地进行的，通常谈判程序、日程安排等均由主方确定，因此，客方在选择性方面受限制较大。但客座谈判时，有一点需谨记的是"入乡随俗、客随主便"，主动配合对方接待，对一些非原则性问题采取宽容的态度，以保证谈判的顺利进行。在客座谈判时客方应该做的工作主要如下。

（1）告知信息

要把自己代表团的来意目的、成员人数、成员组成、抵达和离开的具体时间、航班车次、食宿标准等提前告知主方，以方便主方的接待安排。其间若有人员变动、时间更改等，也应及时通知主方。可与主方协商提出自己的参观访问、游览观光等活动要求，但应尊重主方安排。

（2）服从安排

谈判期间，对主方安排的各项活动要准时参加，通常应在约定时间的5分钟之前到达约定地点，到主方公司做公务拜访或有私人访问时要提前预约，不做不速之客。

客座谈判有时也可视双方的情况，除谈判的日程外，客方可自行安排食宿、交通、访问、游览等活动。

（3）表示感谢

对主方的接待，客方应在适当的时间以适当的方式表示感谢。

【相关链接】

谈判氛围的营造

1972年2月，美国前总统尼克松访华，中美双方将要展开一场具有重大历史意义的国际谈判。为了创造一种融洽和谐的谈判环境和气氛，中国方面在周恩来总理的亲自领导下，对谈判过程中的各种环境都做了精心而又周密的准备和安排，甚至对宴会上要演奏的中美两国民间乐曲都进行了精心地挑选。在欢迎尼克松一行的国宴上，当军乐队熟练地演奏起由周总理亲自选定的《美丽的亚美利加》时，尼克松总统简直听呆了，他绝没有想到能在北京听到他如此熟悉的乐曲，因为，这是他平生最喜爱的并且指定在他的就职典礼上演奏的家乡乐曲。敬酒时，他特地到乐队前表示感谢，此时，国宴达到了高潮，而一种融洽而热烈的气氛也同时感染了美国客人。一个小小的精心安排，赢得了和谐融洽的谈判气氛，这不能不说是一种高超的谈判艺术。

美国前总统杰弗逊曾经针对谈判环境说过这样一句意味深长的话："在不舒适的环境下，人们可能会违背本意，言不由衷。"

英国政界领袖欧内斯特·贝文则说，根据他平生参加的各种会谈的经验，他发现，在舒适明朗、色彩悦目的房间内举行的会谈，大多比较成功。

二、谈判场所布置及座次安排

【相关链接】

谈判环境的影响

在一场有关谈判的研讨会中，一名发言人提到了谈判环境的问题。他主张不论任何谈判都应该在干净整洁的场所中进行。谈判的场所若凌乱不堪，如墙上有一幅挂歪了的画，谈判的人注意力则容易分散，无法全心放在谈判上。

【分析提示】

心理学家告诉管理者，除了习惯性的动作外，人的注意力在一时之间，只能集中于某一个动作上，也就是所谓的"一心不能二用"。因此在谈判进行中，对方的注意力如果突然被墙上一幅挂歪了的图画所吸引的话，谈判结果将会如何呢？情况可能对你有利，也可能对你不利。假设对方的谈判实力在你之上，但却是有整洁癖的人，那么，挂歪了的图画、塞满了烟蒂的烟灰缸，以及满桌子乱七八糟的文件资料，都会搞得他不能专心，这么一来，原有的谈判实力便难以完全发挥了……不错，如果凭由一幅挂歪了的图画，使谈判对手的注意力无法集中，那么，就谈判技术而言，这一幅图画可以说扮演了一个非常重要的角色。但是，谈判对手的注意力如果完全被那幅挂歪了的图画所吸引，而根本不知道你到底在说些什么时，那幅画对整个谈判的"破坏性"便远大于"建设性"了。总之，在谈判双方的实力不相上下、难分胜负的情况下，如果能运用技巧，如故意把墙上的图画挂歪，使对方难以发挥原有的实力，但谈判又不至于因此中断，就等于给自己增添了一份力量、一个机会，敌消我长，谈判的结果自然有利于你。

1. 谈判场所的选择

（1）谈判场所的选择总原则

① 谈判室所在地交通、通信方便，便于有关人员来往，满足双方通信要求。

② 环境优美安静，避免外界干扰。

③ 生活设施良好，使双方在谈判中不会感觉到不方便、不舒服。

④ 医疗卫生、保安条件良好，使双方能精力充沛、安心地参加谈判。

⑤ 若是主座谈判，作为东道主应当尽量征求客方人员的意见，达到客方的满意。

（2）谈判场所选择的具体实施

① 谈判场所可以在主方会议室或客方下榻宾馆的会议室。要注意不同的场合要用不同的谈判方式。比如，在参观现场等场合较适宜交流、沟通，而在会议室则更适合相互讨价还价的方式。

② 若客方来到主方所在城市，则一定要尽量安排在主方单位举行至少一次谈判。对合作伙伴来说，这是对合作方的一次综合性感受。虽然这种感受是表面的，但同样可以通过诸多细节对其实力、组织、管理、员工素质等作出一个初步判断。这时，主

方还可安排其他参观活动。

③ 在涉外谈判中，若因各种原因，外方不方便前往中方所在城市，需要中方前往外方下榻的城市时，谈判场所一般可安排在外方下榻的宾馆。一般情况下，应安排在比较安静的场所，但无论如何不适宜提出在外方下榻客房举行正式谈判。中方也可以请外方在下榻宾馆安排合适的谈判场所，但可以提出由中方承担相关费用。

④ 除了精心安排的正式谈判外，还有许多让人容易忽略的非正式谈判。例如，在接机后前往宾馆的途中，可以借机向客人介绍当地的基本情况；在展览会上，可以适时地和客人探讨有关技术和市场方面的问题；在用餐时，则不宜讨论太多的严肃话题，而主要是和外方"拉家常"，增进双方在文化、习俗甚至价值观方面的沟通和了解。只要经过精心安排和策划，这样一些非正式谈判也可以起到很好的沟通效果。非正式场合的语言交流是最容易"交朋友"的时候。一旦成为朋友，可以比较清楚地了解对方的想法，使谈判进程向有利于我们的方向进展。

2. 谈判场所的布置

谈判场景布置的目的是为了创造出一种有利于达成协议和取得谈判成功的环境和气氛。因此，创造谈判和谐，氛围必须适宜，要综合各方面因素周密考虑，不可脱离具体情况妄加渲染，否则，矫枉过正，过犹不及，反而起不到好效果。

在绝大多数正式场合，布置谈判场应遵循实用、多用的原则，一定要使之和客方的身份、谈判规格以及谈判项目的重要程度相一致。

（1）正式谈判场所的布置

正式谈判场所的布置要庄重严肃、舒适简洁、宽敞大气，谈判桌要宽大，座椅、沙发要舒服，必要时可以制作一些简单大方的横幅或标语，准备好各种会议设备和文具。如白板、多媒体设备以及纸张、签字笔、铅笔等。如果接待单位的条件较差，就不可将谈判场所安排得过分豪华，以免和简单的办公、生产环境形成巨大的反差，给人一种华而不实的印象，但保持整洁、布置有条理仍然是十分重要的。

如果在谈判中想通过座位的安排暗示影响力，最好的办法是在座位上摆名牌，指明某人应当就座于某处，这样就可对每个人形成某种影响力。

（2）非正式谈判场所的布置

非正式谈判场所一般不允许有任何事先布置，利用现有的环境进行就行。只要谈判场所能做到整洁卫生、光线明亮、温度适宜、环境安静就基本满足了要求。

3. 谈判座次的安排

谈判时的座次位序，是一个比较突出且敏感的问题。谈判中的座次位序包含两层含义：一是谈判双方的座次位置；二是谈判一方内部的座次位置。一个敏锐的谈判行家，会有意识地安排谈判人员的座次位置，并借以进行对己方最有利的谈判。

如何安排双方人员的谈判座位,对谈判结果颇有影响。恰当的座次安排,能够充分发挥谈判人员最佳的传播功能。

(1)谈判座次安排的基本原则

① 次序原则:安排座次时,按照职位的次序,首先要考虑主人、主宾和翻译的位置。在大多数情况下,主人、主宾的位置确定后,主方、客方的其他人员可以自行入座。双方参加人员确定后,就可准备座位卡。

② 以右为尊:在安排座次时,要遵守"以右为尊"的国际惯例,其含义是并排排列时,以右为尊位。在主宾的位置确定后,其他人员的安排一般是越重要的人员离主人、主宾就越近(翻译一般紧靠主人或主宾,在其旁边或身后就座)。

(2)双边谈判座次安排

比较正式的谈判一般安排在会议室进行。条件允许时,会场的布置可以讲究一些,以营造出一种庄重、专业、正式的气氛。涉外谈判中,会议桌上通常摆放两国国旗。

① 双边谈判长桌横放时座次安排:宾主相对而坐,以正门为准,主方人员在背门一侧就座,客方人员面向正门就座,如图6-11所示。具体位次如图6-12所示。

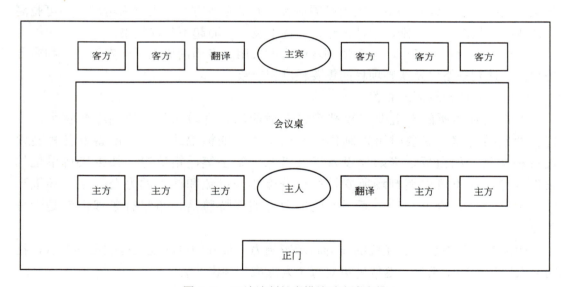

图6-11 双边谈判长桌横放时座次安排

② 双边谈判长桌竖放时座次安排:如果会议桌的摆放位置与会议室的正门平行,则以入门方向为准。右侧为客方,左侧为主方,主要谈判人居中,翻译安排在主要谈判人右侧,记录员安排的后面,如图6-13所示。最好设计座位卡放在桌上,以便与会人员清楚自己应该坐在哪个位置。涉外谈判中,座位卡要用中文、外文两种文字双面书写,以便与会人员相互认识对方。具体位次如图6-14所示。

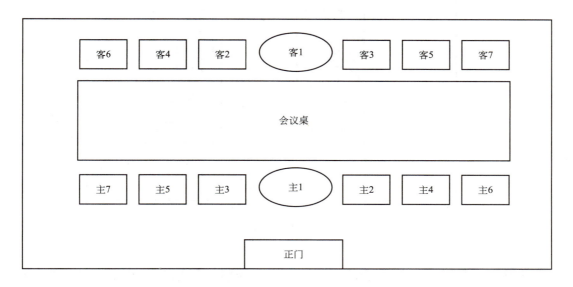

图 6-12 双边谈判长桌横放时的具体位次

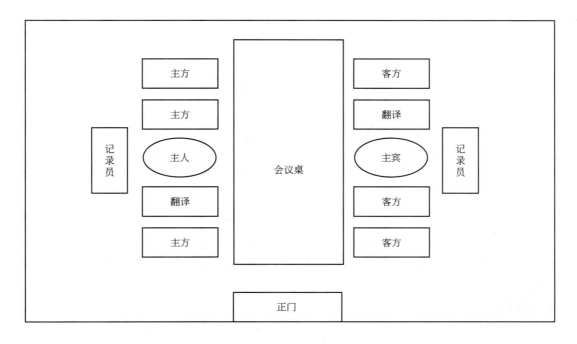

图 6-13 双边谈判长桌竖放时座次安排

在非正式场合或条件不具备时,只要遵循"以右为尊"这个基本原则就可以了。一般是等主人或主宾就座后,其他人就座于主人或主宾两旁。

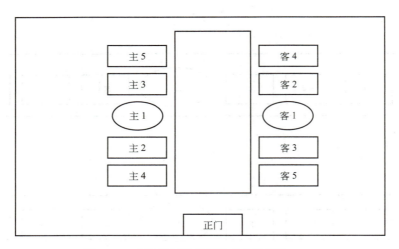

图 6-14　双边谈判长桌竖放时具体座次

（3）多边谈判座次安排

多边谈判是指由三方或三方以上人员举行的谈判。多边谈判的座次排列，主要有以下两种方式。

① 自由式：自由式座次排列，即各方人士在谈判时自由就座，无须事先正式安排座次，如图 6-15 所示。

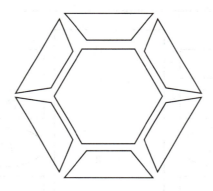

图 6-15　多边谈判（自由式）

② 主席式：主席式座次排列，是指在谈判室内面向正门设置一个主席位，由各方代表发言时使用，其他各方人员一律背对正门、面对主席之位分别就座。各方代表发言后，须在台下就座。

【相关链接】

圆 桌 会 议

所谓"圆桌会议"，是指一种平等对话的协商会议形式，是一个与会者围圆桌而坐的会议。在国际会议的实践中，主席和各国代表的席位不分上下尊卑，可避免出现其他排座方式中，一些代表席位居前、居中，另一些代表席位居后、居侧的矛盾，更好地体现了各国平等原则和协商精神。

据说，这种会议形式来源于英国亚瑟王的传说。公元5世纪，英国国王亚瑟在与他的骑士们共商国是时，大家围坐在一张圆形的桌子周围，骑士和君主之间不排座次。圆桌会议由此得名。至今，在英国的温切斯特堡还保留着一张这样的圆桌。关于亚瑟王和圆桌骑士的传说虽然有着各种各样的版本，但圆桌会议的精神一直延续下来。第一次世界大战之后，这种形式被国际会议广泛采用。

直到今天"圆桌会议"已成为平等交流、意见开放的代名词，也是国家之间以及国家内部的一种重要的协商和讨论形式。

三、谈判人员仪容、仪表、仪态礼仪

出席谈判这样的正式场合，要讲究仪容的整洁、服饰的规范、言谈举止的文明得体。谈判人员提前准备自己的仪容、仪表，是做谈判准备必不可少的一项工作。与技术性准备相比，它是同等重要的。

1. 谈判人员仪容要求

在谈判场合，对出席人员仪容的基本要求是干净整齐，端庄大方。出席谈判人员的具体要求如下。

（1）男士的仪容要求

头发：发型简单大方，长短适当，干净整齐，不留新潮、怪异的发型，不准蓬头乱发，不准染发，最好也不要烫发。

面部：保持面部干净清爽，不留胡子，也不留大鬓角；谈判前，不进食大蒜、葱、韭菜、洋葱等刺激性食物，保持牙齿清洁，没有食品残留物，也没有异味。

手：手被商界称为"第二张名片"，谈判时，握手问候、交换名片和递送文件等都会将手展示于人，因此，及时修剪指甲，保持手的干净十分必要。

（2）女士的仪容要求

出席谈判的女士，应选择端庄大方的发型，修剪得体的短发最好，过肩的长发应该用发卡加以固定，或盘成发髻。过于时髦、怪异的发型，染烫和不加以固定的长发，都不适合出现在这种场合，选用的发卡、发箍也不能过于花哨，以朴实素雅为好。

脸部应化淡妆，保持妆容的和谐清爽，一般不宜纹眉、纹眼线，因为显得呆板，唇膏和眼影也不要过于浓艳，要与服饰协调，保持同一色系为最佳。可适当使用清新的淡香水，但香气不可过于浓烈。

女士手部除保持干净外，若需美饰指甲，可选用无色透明或浅色（浅红色、浅紫色等）的指甲油，不宜涂抹彩色指甲油。

2. 谈判人员着装要求

谈判场合属正式场合，谈判人员着装的基本要求是传统、庄重、高雅，一般要求如下。

（1）男士着装要求

出席谈判的男士应穿深色（蓝色、灰色、棕色）的三件套或两件套西装，穿白色（或与西装同色系）衬衫，打素色或条纹领带，配深色袜子和黑色皮鞋。除结婚戒指外，一般不戴其他首饰，但最好能戴上商务款式的手表，既能掌握时间，又是最好的装饰品。在谈判场合，男士不应穿夹克衫、牛仔裤、T恤衫、旅游鞋、凉鞋等休闲服装出席。

（2）女士着装要求

端庄、典雅的套裙是职业女士出席谈判场合的最佳选择。套裙的颜色以冷色调为主，如藏蓝色、烟灰色、暗红色、炭黑色、雪青色等，以体现着装者的稳重、端庄，配肉色连裤丝袜和黑色的高（中）跟皮鞋。同时，可适当点缀一两件首饰或胸针（花）、丝巾等。出席谈判的女士，切记不可穿太紧、太透、太花、太露、太短的休闲装或牛仔装、运动装等，也不要佩戴太多的首饰，以免与谈判严肃的气氛不吻合。

3. 言谈举止要求

出席谈判的人员，文明的语言和得体的举止，不但能展示出自己良好的修养和风度，而且能赢得对方的尊重、信任和敬意。

（1）言谈的要求

谈判人员要求说话表达准确、口齿清晰、言词有礼，要多用敬语和谦语，尽量采用委婉的表达方式。例如，介绍他人或介绍自己时，应将姓名、单位、职务说清楚，说话速度适当，不宜太快，涉外谈判时，也应照顾到翻译工作的方便。

商务谈判虽说是利益之争，但说话者态度友好、和善，面带微笑时，有助于消除对方的抵触情绪，赢得他们的尊重和好感，促进问题的解决；相反，态度粗暴、言词粗鲁，会伤害或得罪对方，给谈判带来阻力和障碍。

商务谈判时，还要善于倾听对方的意见，准确把握对方的意图，以利于做出适当的反应，切忌中途打断对方的陈述。

（2）举止要求

出席谈判人员的举止要自然大方，优雅得体，具体表现在以下几个方面。

① 站——要身体挺直，双目平视。男士两脚分开不超过肩宽，女士脚跟并拢，双手交叠置前腹或自然垂直。这样的站姿会显得精神焕发，挺拔而庄重。

② 走——要挺胸收腹，步态稳健，步伐适宜，显得持重文雅，敏捷轻松。

③ 坐——谈判时坐在谈判桌前的时间较多，应该注意：一般是从椅子的左侧入座和离座；主方人员不要先于客方人员落座；女士入座时，需抚平裙摆，通常只坐椅面2/3，不要仰靠椅背；坐下后身体挺直，目光注视说话者，双手可十指交叉平放在腿上或桌子上。

④ 握手——握手时要主动、热情、有度、规范，让对方感到友好和尊重。

案例分析

某大公司的总裁带领包括技术、财务等部门的副总裁及其夫人组成了一个高级商务代表团去日本进行一次为期 8 天的谈判。刚下飞机便受到了日方公司的热情接待。在盛情款待中，总裁夫人告诉了对方接待员回程机票的日期。日本人便安排了大量的时间让代表团到处参观、游览，让其领略东方文化并赠送了大量礼品，直到最后两天，方把一大堆问题摆在谈判桌上去讨论。由于时间仓促，某公司商务代表团不知不觉地作出了许多不必要的让步。

思考：

1. 日本人在此次谈判中使用了哪些战略和战术？
2. 如果此次与日本人谈判的主角是你，你将采取什么对策呢？

实战演练

项目 模拟谈判

目的：通过情景模拟掌握谈判基本技巧。

参加者：自愿参加，分成 2 个小组，每组 5~6 人。以小组为单位，分成甲乙双方，进行一次模拟洽谈。

练习时间：10 分钟。

背景：某职业学院与佳泰运输公司关于职工在职培训的合作洽谈。

思考与练习

一、认真阅读谈判场景，选择正确答案

你是一家光缆供应商，想与本地有线电视台负责人约会。对方总是以太忙为由而难以安排。几经延迟，对方叫你在当天晚上去机场，在他等待办理登机手续的时间里与你见面。这对你是一个难得的机会！他边向办票柜台走边与你交谈，可以与你签订一份够你的公司生产半年的光缆供货合同，要你开一个"最好价"。这时你是（　　）。

A．在他进入安检门之前开出你的最低价以便能挤进门里去

B．开出比最低价略高一些的价码

C．开个高价但留下讨价还价的余地

D．祝他旅途愉快

二、填图题

以下是一个小型会议的参加人员名单，请为下列人员安排会议的座次，把代表人员的字母填入图 6-16 中代表座位的圆圈中。

A．董事长（东道主）　　B．公关部经理（东道主）

C．翻译（东道主）　　　D．外联部经理（外方）　　E．外联部工作人员（外方）

F．公关部工作人员（外方）

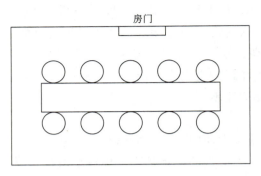

图 6-16　会议座次

学习任务四　商务签约礼仪

一、签约仪式准备

1. 布置好签字厅

签字厅有常设专用的，也有临时以会议厅、会客室来代替的。布置它的总原则，是要庄重、整洁、清净。

一间标准的签字厅，室内应当铺设地毯，除了必要的签字用桌椅外，其他一切陈设都不需要。正规的签字桌应为长桌，其上面最好铺设深绿色台布。按照仪式礼仪的规范，签字桌应当横放。在签字桌上，应事先安放好待签的合同文本，以及签字笔、吸墨器等签字时所用的文具。

2. 预备好待签的合同文本

在正式签署合同之前，应由举行签字仪式的主方负责准备待签合同的正式文本。在决定正式签署合同时，就应当拟定合同的最终文本。它应当是正式的，不再进行任何更改的标准文本。

负责为签字仪式提供待签的合同文本的主方，应会同有关各方一道指定专人，共同负责合同的定稿、校对、印刷与装订。按常规，应为在合同上正式签字的有关各方，均提供一份待签的合同文本。必要时，还可再向各方提供一份副本。

待签的合同文本，应以精美的白纸印制而成，按大 8 开的规格装订成册，并以高档质料，如真皮、金属、软木等，作为其封面。

3. 确定签字仪式的出席人员

在举行签字仪式之前，有关各方应预先确定好参加签字仪式的人员，并向其有关方面通报。客方要将自己一方出席签字仪式的人数提前报给主方，以便主方安排。

一般情况下，出席签字仪式的人员如图 6-17 所示。

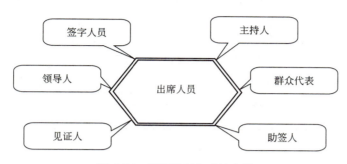

图 6-17　出席签字仪式的人员

4. 规范好签字人员的服饰

按照规定，签字人、助签人以及随员，在出席签字仪式时，应当穿着具有礼服性质的深色西装套装、中山装套装或西装套裙，并且配以白色衬衫与深色皮鞋。男士还必须系上单色领带，以示正规。

在签字仪式上露面的礼仪人员、接待人员，可以穿自己的工作制服，或是旗袍一类的礼仪性服装。

签字仪式是签署合同的高潮，它的时间不长，但程序规范、庄重而热烈。

二、签约仪式座次安排

根据"面门为上"的原则，签字桌前的座位主左客右。桌上摆放的是各自保存的文本，文本前面放有签字文具。桌子中间摆一旗架，悬挂双方国旗，双方助签人员分别站在各自人员的外侧，双方参加仪式的其他人员，按身份顺序排列于各自签字人员的座位之后，如图 6-18 所示。

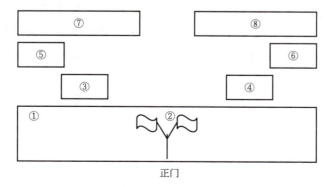

图 6-18　签字仪式座次安排（1）

注：①签字桌；②双方国旗；③客方签字人；④东道国签字人；⑤客方助签人；
⑥东道国助签人；⑦客方参加签字仪式人员；⑧东道国参加签字仪式人员。

有些国家则在签字厅内安放两张方桌为签字桌，双方签字人各坐一桌，双方的小国旗分别悬挂在各自的签字桌上，参加仪式的人员坐在签字桌的对面，如图6-19所示。

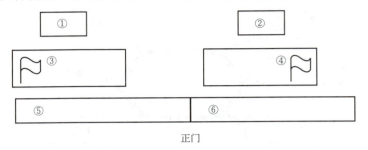

图 6-19　签字仪式座次安排（2）

注：①客方签字人席位；②东道国签字人席位；③客方国旗；④东道国国旗；
⑤客方参加签字仪式人员席位；⑥东道国参加签字仪式人员席位。

还有的国家则是安排一张长方桌为签字桌，签字人分坐左右，国旗分别悬挂在签字人身后，参加签字仪式人员分坐签字桌前方两旁，如图6-20所示。

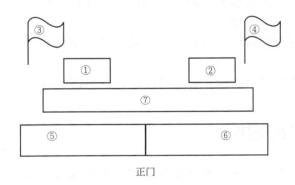

图 6-20　签字仪式座次安排（3）

注：①客方签字人席位；②东道国签字人席位；③客方国旗；④东道国国旗；
⑤客方参加签字仪式人员席位；⑥东道国参加签字仪式人员席位；⑦签字桌。

多边签字仪式与双边签字仪式大体相似，若只有三四个国家，一般只相应地多配备签字人员席位、签字文具、国旗等物。如果签字国家众多，通常只签1份正本，签字人员座次可按国家英文名称当头字母顺序排列，排列最前的国家居中，其余按顺序先右后左排开。

三、签约仪式程序

1. 签字仪式正式开始

有关各方人员进入签字厅，在既定的位次上各就各位。

2. 签字人正式签署合同文本

通常的作法，是首先签署己方保存的合同文本，再接着签署他方保存的合同文本。

> **特别提示**
>
> 每个签字人在由己方保留的合同文本上签字时，按惯例应当名列首位。因此，每个签字人均应首先签署己方保存的合同文本，然后再交由他方签字人签字。这一作法，在礼仪上称为"轮换制"。它的含义，是在位次排列上，轮流使有关各方均有机会居于首位一次，以显示机会均等、各方平等。

3. 签字人正式交换已经有关各方正式签署的合同文本

此时，各方签字人应热情握手，互致祝贺，并相互交换各自一方刚才使用过的签字笔，以示纪念。全场人员热烈鼓掌，表示祝贺。

4. 共饮香槟酒互相道贺

交换已签的合同文本后，有关人员尤其是签字人当场干一杯香槟酒，是国际上通行的用以增添喜庆色彩的做法。

5. 礼毕退场

主持人宣布仪式结束后，应让双方最高领导及宾客先退场，然后东道主再退场。

实战演练

项目　签约时的位次安排礼仪

目的：熟悉掌握签约时的位次礼仪。

要求：

1. 全班 7 人一组进行分组。
2. 每组 7 名同学中的 6 名分别代表中方和外方签约人员，并假定他们的职务。
3. 这组剩余的 1 名同学为这 6 名同学排出双方签约座次。
4. 其他各小组为该小组的模拟进行评议并打分。

思考与练习

判断题

1. 签字仪式上助签人的主要工作是协调翻揭文本以及指明签字处。　　（　　）
2. 参加签约仪式人员应正装出席。　　（　　）
3. 主客方人员保留哪一本签字文本都行。　　（　　）
4. 签字仪式完成后国际通行的做法是共饮葡萄酒。　　（　　）
5. 签字仪式时签字桌前的座位是主左客右。　　（　　）

一个人的成功，只有百分之十五是由于他的专业技术，而百分之八十五则是靠人际关系和他的待人处世能力。

项目七
商务涉外礼仪

◎ **知识目标**
1. 掌握涉外迎送礼仪和礼宾次序。
2. 了解涉外礼仪的原则。
3. 掌握外事接待工作的注意事项。

◎ **技能目标**
1. 学会规范涉外接待礼宾，在涉外交往中懂得国旗礼仪。
2. 掌握在涉外会见和会谈中的有关礼仪。
3. 接待国外商务客人时，能针对其国家的礼节和习俗给予特殊照顾，以避免客人的抱怨和不满。

◎ **实战目标**
1. 通过演练，让学生认识到礼仪在会议和国际接待中的作用。
2. 通过演练，让学生初步接触礼宾次序、国外习俗等方面的实例。
3. 通过演练，让学生在真实的情境中了解涉外会见和会谈的有关注意事项。

学习任务一　涉外迎送礼仪

一、涉外礼仪的原则

随着中国加入世贸组织和改革开放的不断深化，中国人同外国人打交道的机会越来越多。不论是商务接待，还是友好往来，我们都要尊重对方，既要对外宾彬彬有礼，又要维护国家尊严。这就要求我们掌握一定的涉外礼仪原则，它是中国人在接触外国人时，必须遵守的基本原则。

【相关链接】

某饭店一位客房服务人员值班时，碰到一位住在本店略懂中文的外国留学生小姐从房间内出来准备外出。服务员便有礼貌地打招呼道："小姐，您好，您出去吗？"不料这句中国人之间常用的问候语却让那位对中文似懂非懂的留学生小姐误解了，她当即用中文反问道："你刚才说的是什么意思？你说您好我知道是问候，那么'您出去呀'的意思我就不明白啦。"服务员赶紧解释："在中国，朋友之间说'您出去啊'、'您去公园啊'、'您去工作啊'等和'您好'一样，都是问候的意思。"没想到服务人员越解释，那位留学生小姐越不明白，但是听懂了"您去公园、工作啊"几个词，认为这是说她要在公园工作，就是当妓女。留学生当即向客房部主管投诉，认为服务员在侮辱她。

（资料来源：黄海燕，王培英. 旅游服务礼仪. 天津：南开大学出版社，2006.）

所谓涉外礼仪，是对涉外交际礼仪的简称，它是指在对外交往中，从业人员以良好的自身形象，向交往对象表示尊敬与友好的约定俗成的习惯做法。涉外礼仪的基本内容就是国际交往的惯例，它是参与国际交往时必须认真了解，并予以遵守的通行做法。涉外礼仪原则主要包括以下几方面内容。

1. 维护形象

维护形象首先是维护个人形象。一个人的外在形象体现了其的教养和品质。比如，一名男子身穿深色西服套装时，上衣左袖口上的商标必须拆掉；穿黑皮鞋不能穿白色袜子。个人形象也可以表示对他交往对象的重视程度，尤其是服务行业，顾客很重视服务者的形象。其次，是维护所在单位的整体形象。最后，在国际交往中个人形象往往还代表其所属国家、所属民族的形象。所以我们在涉外交往中必须时时刻刻注意维护个人形象，特别是在正式场合留给外国友人的第一印象。

在维护个人形象时，应该注意仪容、表情、举止、服饰、谈吐、待人接物等要素。

2. 不卑不亢

不卑不亢，要求我们在涉外交往中既要维护本国的利益尊严，又要尊重他国的利益和尊严。国家不分贫富与大小，人不分种族与信仰，不分宗教与习俗，应一律平等以礼相待，不能厚此薄彼，不能做任何有损人格、国格的事。而且，在与外宾交往中，要自尊自爱。既要热情坦诚、落落大方、彼此尊重、不卑不亢，又不能低声下气、卑躬屈膝、失去自我。每一个人在参与国际交往时，都必须意识到，自己在外国人的眼里，是代表自己的国家，代表自己的民族，代表自己所在的公司的。

3. 入乡随俗

由于不同民族的文化背景对礼仪有很大影响，因此，在异国他乡就要随俗，避免交往中唯我独尊的失礼行为，使自己或对方尴尬。同时，入乡随俗也表示尊重对方所独有的风俗习惯，做到真正尊重交往对象。要做到"入乡随俗"，必须注意两个问题：一是充分了解对方相关的风俗习惯，知己知彼，可以拉近彼此间的距离。二是充分尊重交往对象所特有的习俗。切记，做客时要"客随主便"，做东道主要"主随客便"。

4. 信守时约

遵守时间，信守约定，是建立良好人际关系的基本前提，也是取信于人的基本要求。交往中必须遵守时间，不能无故迟到，否则是极不礼貌的。严格遵守自己的承诺，说话一定要算数，许诺别人的事要千方百计地兑现。在人际关系中，失信、失约违背礼仪的基本原则，既不尊重对方，也会严重损害自己的形象。不守约的人，永远都是不值得信赖的。要做到信守时约的原则，重要的是要做好以下两点：一是在与他人交往时，许诺必须谨慎。承诺一旦做出，就应认真地加以遵守，不宜随便加以变动或取消。二是万一有特殊情况，致使自己单方面失约，务必要尽早通知对方，诚恳地向对方致歉并说明原因。

在约会方面，与西方人交往时可按以下惯例。

① 集会、约会按时到达。西方国家的会议和演出都是准时开始的，在活动开始前就座才符合礼节。

② 参加宴会提前10分钟到达。西方人的宴会是准时开始的。可在宴会开始前10分钟到达，提前太多到达会打乱主人的计划，而迟到则显得对其他客人很不礼貌。

③ 沙龙、舞会可迟到几分钟。这是被西方人公认的"守时行为"，因为到了预定时间，一切工作已准备就绪，主人这时可以专门恭候客人了。

5. 热情有度

在交往中的热情适度主要体现在4个方面：关心适度、批评适度、距离适度、举止适度。

（1）关心适度

中国人相互之间一向倡导"关心他人比关心自己更重要"，可是西方人大多强调个性独立，自强自爱，反对他人对自己过分关心。在涉外交往中关心过度，人家不仅不领情，弄不好还会嫌我方人员多管闲事。比如，你向外国人建议"今天天气很冷，你为什么不多穿上几件衣服呢?"，对方却认为你是在干涉他的个人自由。如果非提醒不可，也应当尽量采用商量建议的口气，不用祈使句，免得对方听起来有"下命令"之嫌。比如说"如果我是你，我今天一定会多穿几件衣服"，代替"你为什么不多穿上几件衣服呢？"

（2）批评适度

按国际交往原则，只要不触犯我国法律法规，不违背伦理道德，没有辱没我方的国格人格，不危及人身安全，就没有必要去评判是非对错，尤其不宜对对方当面进行批评指正，或是加以干预。

（3）距离适度

按不同场合分几种距离：私人距离在0.5米内，社交距离为0.5~1.5米，礼仪距离为1.5~3米，公共距离为3米之外。

（4）举止适度

要注意两方面：一是不要随便采用某些显示热情的动作，如在国内，朋友见面彼此拍肩膀；长辈抚摸孩子头顶或脸蛋；两名同性在街上携手而行，而西方人绝对接受不了这些动作；二是不要有不文明不礼貌动作，如当众挖鼻、抠耳、抓痒，或交谈时用手指指指点点、高跷着"二郎腿"乱抖不止，都是被公认的不文明不礼貌行为。

6. 尊重隐私

【相关链接】

小李被派到外国专家家中做家政服务员。因为她热情负责，精明强干，专家夫妇对她印象很好，她也把自己当成家庭成员。一个假日的傍晚，专家夫妇外出归来，小李打过招呼后，又随口问到："你们去哪玩了？"专家迟疑一下说："我们去建国门外大街了。"小李又接着问："你们逛了什么商店？"对方答道："友谊商店。"小李热情地建议说："你们怎么不去国贸大厦和赛特购物中心看看，那儿的商品质量最让人放心。秀水街的东西也挺不错的。"谁知话音未落，专家夫妇已转身进房了。几天后小李被辞退，公司转述专家的辞退理由是："李小姐令人讨厌，她对主人的私生活太感兴趣了。不然打听这个打听那个干什么？我们去哪一家商店关她什么事！"

（资料来源：黄海燕，王培英. 旅游服务礼仪. 天津：南开大学出版社，2006.）

个人隐私，泛指一个人不想告知于人或不愿对外公开的个人情况，在许多国家里，它受法律保护。按尊重隐私的原则，我们在跟外国友人交往时，千万不要没话找话，信口开河，穷追猛打探究别人的个人情况，对人家不愿意回答的问题绝不要刨根问底。一旦发现无意提出的问题引起对方反感，应立即表示歉意或转移话题。

在国际交往中，下列8个方面的私人问题，被外国人尤其是西方人视为个人隐私问题：年龄大小、工资收入、恋爱婚姻、健康状况、家庭住址、个人经历、信仰政见、所忙何事。此即"个人隐私八不问"。

（1）年龄大小

西方人视年龄为个人的核心机密，往往对"老"字讳莫如深。中国人听到"老人家"、"老先生"、"老专家"、"老夫人"十分顺耳，认为是尊称。外国人尤其是女性听之如同受诅咒谩骂一样。所以在一线服务的员工必须注意这一点。

（2）工资收入

在国际社会，人们普遍认为，个人收入、个人能力和地位直接联系，故收入多少被看作脸面，十分忌讳他人直接或间接打听。此外，一些可以反映个人经济状况的问题也不宜问，如纳税额、银行存款、股票收益、私宅面积、汽车型号、服饰品牌、娱乐方式、度假地点等。

（3）恋爱婚姻

中国人对亲友、晚辈、年轻伙伴的婚恋家庭生活时时牵挂，一段时间不见必问。对身边到婚嫁年龄而独身的人一定"热情帮忙"，甚至成为单位尤其是工会的工作之一。对他人的婚后家庭也关心不已，诸如"夫妻关系如何、婆媳关系、有无孩子，为什么还不要，要不要上医院看看"，与外国人谈论这些问题，会令人反感。

（4）健康状况

中国人见面打招呼常问："最近身体好吗？"如果对方曾生病，要问："病好了吗？吃的是什么药，上哪家医院看的？有的还要推荐著名的名医偏方。"西方人交谈时反感别人对自己健康状况过多关注。因为在生存竞争条件下，身体健康是每个人的工作资本，向他人坦言身体不好是不安全的。

（5）家庭地址

中国人对家庭住址通常不保密，有问必答，也常主动请人到家做客。西方人则视私宅为私生活领地，忌讳他人无端干扰。除非至交，一般不邀请外人到家做客，也不喜欢将个人住址、宅电等印在常用名片上。

（6）个人经历

中国人初次见面愿打听"哪里人，哪校毕业的，以前在什么单位工作"，像查户口，想了解对方出身背景。西方人视个人经历为个人隐私，也不会随便盘问别人。认为初次交往就大谈自己的出身家庭是别有用心的。

（7）信仰政见

在国际交往中，人们所处国家的社会制度、意识形态多有不同。要真正实现交往顺利合作成功，必须抛弃政治见解和社会制度的界限，超越意识形态差异，处处以友谊为重，以信任为重。千万不要对此评头论足，甚至横加指责干涉，以自己意志强加于人。最明智的做法是避而不谈。

（8）所忙何事

我们见面常问："好久不见了，最近忙什么呢，上哪去了，又要上哪去？"西方人认为这属于个人私事，没有必要曝光。总爱问这类问题的人被视为有"窥视欲"，而被问者通常会"顾左右而言他"，甚至缄口不语。

7. 女士优先

女士优先是国际礼仪的重要原则。就是指在一切社交场合，每一个成年男子都有义务尊重、照顾、关心、保护妇女，尽可能地为妇女排忧解难。在国际交往的各种场合，谁不遵守这一成规，就被看作是失礼。"女士优先"的原则已逐步演化成为一系列具体的、操作性很强的做法，无论何种场合，有风度的男士都尽可能地帮助女士，而男士的风度很大程度上是从帮助女士中体现的。

例如行走时，室内行走，让女士走在右边；人行道上，男士走在靠车道的一边以保护女士。上下电梯、楼梯或进房间时，应请女士先行；进入剧场或电影院，女士在先，男士在后；男士陪女士上车，应先为女士开车门，并且为女士护顶，协助其上车后自己再上车；下雨时，男士要主动撑伞；男女同行，男士要帮助女士拿手包以外的物品；凡重要会见，也都是夫人走在前面，丈夫跟在后面。只有当需要男士去排除故障或有利于照顾女士时，男士才走在前面。

在其他方面，在宴会上，先给女士上菜。西方宴会上一般不雇佣妇女充当服务员，在家宴上女主人是"法定"的第一顺序。在舞会上，男士不能拒绝女士邀请。就座时，男士为身边的女士拉椅子。到私宅拜访时，先向女主人致意，告别时先向女主人道谢。到衣帽间存放衣物，男士要帮女士。做不到这些的男士是贻笑于人的。

 特别提示

女士优先原来主要在西方社会盛行，现在成为国际礼仪通则，但也只是适用于社交场合，在公务场合强调"男女平等"或忽略性别。如果办公室的男同事主动为女同事脱大衣，是让人不能接受的，另外，在今天的阿拉伯国家、东南亚地区以及日本、韩国、印度等东方国家，也依然讲究"男尊女卑"。

8. 以右为尊

所谓以右为尊，意即在涉外交往中，一旦涉及位置的排列，原则上都讲究右尊左卑，右高左低。也就是说，右侧的位置在礼仪上总要比左侧的位置尊贵。在各类国际交往中，大到外交活动、商务往来，小到私人交往、社会应酬，凡是需要确定和排列位次时，都要坚持"以右为尊"的原则。在并排站立、行走和就座时，为了对客人表示尊重和友好，主人应主动居左，而请客人居右。会见场所并排悬挂两国国旗，也是东道主国旗居左，客方国旗居右。这与中国"以左为尊"的礼仪传统完全相反，运用时不可混淆。

二、外事迎送礼仪

迎送外宾是外事交往中最常见的礼仪活动，它既是东道主给予客人的礼遇，体现了东道主的热情、友好之情，同时也是给予客人的第一印象和最后印象。迎送活动的安排必须严格按照国际惯例和外事特有的礼仪进行。

1. 确定迎送规格的一般原则
（1）对等原则

对应邀来访，安排什么样身份的人出面迎送，应有一定的礼仪规格，其迎接规格是由东道主依据来访者的身份及其来访的性质、目的，并适当考虑双方关系，同时注意社交惯例，综合平衡来确定的。一般来说，应遵循对等的原则，其基本要求是主方的主要迎送人员应与来宾的身份大致相当，迎送的主方人员人数应与客方人数相近。迎送在社交实践中，根据对等原则，其具体安排方法有如下几种。

① 由与来宾身份相同或级别相当的人员作为主迎送人，亲自到车站、码头或机场迎送客人。

② 由与来宾身份或级别略低的人员到车站、码头或机场迎送，而与来宾身份相同或略高的人员则在来宾下榻处的门前迎接或送行。

③ 若因种种原因，如国家体制不同，当事人年高不便出面、临时身体不适或不在当地等情况，可以灵活变通，可由职务相当的人士或副职出面作为代表迎送来宾。

 特别提示

人选应尽量对等、对口；在当事人不能亲自出面时，从礼节出发，应向对方做出解释。

对等原则，同样适用国家机关、企事业单位及民间组织对国内宾客的迎送接待。

（2）惯例原则

根据惯例，迎送规格的确定要因人而异，对不同身份、不同国籍、不同单位的不同人应有相应的迎送规格。迎送活动的安排通常分两种不同的档次，即各国接待来访的外国国家元首、政府首脑，往往都要举行隆重的迎送仪式，但对军方领导人的访问一般不举行欢迎仪式。对一般来访者，无论是官方人士、专业代表团，还是民间团体、知名人士，在他们抵离时，均安排身份相应的人员前往机场、码头、车站作一般迎送；对在本国工作的外国人、外交使节、专家等，在他们到任或离任时，各国的有关方面亦安排相应人员前往迎送。迎送一般不宜破格，但有时从发展双边关系或当前政治需要出发，破格组织迎送仪式，安排较大的迎送场面。

 特别提示

为了避免造成厚此薄彼的印象，除非有特殊情况的需要，一般情况应按惯例安排。

2. 迎送礼仪

（1）官方迎送

1）接待准备

迎来送往，它是国际交往中最常见的礼仪。接待准备工作主要由外事部门负责主持、联系和安排。为了做好接待工作，需要通过外交途径事先了解对方的来访目的与要求、前来的路线与交通工具、抵离的具体时间与地点及来访人员的姓名、身份、性别、年龄、生活习惯、宗教信仰、饮食爱好与禁忌等，据此制订具体详尽的接待方案，确定接待规格和主要活动的安排日程。接待规格的高低，通常是根据来访者的身份、愿望、两国关系等因素来决定的。根据外事工作的特点和要求，接待准备工作必须注意以下几点。

① 对参加接待服务的人员进行严格的挑选和必要的培训。

② 根据确定的礼宾规格，备齐接待物品，安排布置好会见、会谈场所。

③ 确定会见、会谈和宴请的地点、时间、人员、座次、程序、菜单等。宴会上使用的食品、饮料等要专人把关、化验，以确保安全、卫生，防止意外事故发生。

④ 落实安全保卫工作，制定周密的警卫方案。严格按照有关规定控制通信设备和出入人员。对使用的车辆、途经路线和道路及会见、会谈和宴请场所要认真仔细地进行安全检查，不能有任何疏忽或差错。

⑤ 安排好来访者的下榻处和迎送车辆。外国国家元首或政府首脑通常是在国宾馆下榻，整个代表团的住房分配可先由东道国根据来访者的身份、地位作一一安排，征求对方意见后实施。有时也可把下榻处的建筑平面图交给对方，由其自行安排。对外国国家元首、政府首脑，通常安排开道车和摩托车队护送，并在所乘车辆的右前方插上该国国旗。随行人员的座次要按礼宾顺序来安排。对大型代表团的随行人员也可安排乘坐大轿车。对有些重要的外国代表团，也可派车开道，以示重视和尊敬。

2）我国迎送仪式的惯例

外国国家元首或政府首脑抵达北京首都国际机场或车站时，由国家指定的陪同团长或外交部的部级领导人及级别相当的官员赴机场或车站迎接，并陪同来访国宾乘车前往宾馆下榻。

国宾抵达北京的当日或次日，在人民大会堂东门外广场举行隆重的欢迎仪式。如天气不适于举行此项仪式，则在人民大会堂东门内的中央大厅举行。欢迎仪式为双边活动，不邀请各国驻华使节出席，中方出席相当的国家领导人和有关部门负责人等。

广场悬挂两国国旗，组织首都少年儿童列队欢迎，少年儿童代表献花，奏两国国歌，检阅三军仪仗队，鸣放礼炮。

国宾离京返国或到外地访问时，我方出面接待的国家领导人到宾馆话别，由陪同团团长或外交部部级领导人陪同客人前往机场、车站送行或陪同赴外地访问。

国宾到外地访问时，由所在省省长或市长迎送；如省长、市长不在时，则由副省长或副市长代表。外国议长率领的议会代表团到地方访问时，应由所在省、市人大常委会主任迎送；如主任不在，则由副主任代表。另外，有些外宾虽无明确职务，但其身份特殊，如有些是王室要员（相当于政府首脑）来访，也应参照上述原则安排。

【相关链接】

我国国宾车队的具体安排

国宾坐车，一般是三排座位的豪华型进口车。国宾座位是车内最后一排的右边，左边是我方陪同团团长座位。陪同团团长座位前一加座是翻译座位。司机右边是我方警卫座位。这辆车称主车。主车前后各有一警卫车，分别称前卫车、后卫车，内乘中、外双方警卫和医护人员。后卫车后，往往还安排一辆同主车车型、设备完全一样的备用车，如主车万一发生故障，马上代替主车启用。备用车后是主宾夫人车，夫人由陪同团团长夫人陪同。前卫车前是礼宾车，内乘双方礼宾负责人。礼宾车前是前导车，车上配有警笛、扩音器、闪光设备，以便肃清道路。不过，国宾行车路线，一般提前15分钟中断交通，采取全封闭方式，待国宾车队通过后开放。国宾夫人车后，按礼宾顺序，安排身份最高的随行人员。部长级以上官员，一般一人一车，副部长级二人一车，司局级及以下人员安排乘小面包车。国宾车队中我方礼宾、安全人员配有必要的通信联络手段，如手机、对讲机等，以便同有关方面保持密切联系。国宾车队还配有9辆摩托车护卫，其中一辆行驶在前卫车前，前卫车至后卫车两侧，各4辆，另有2辆备用摩托车也列入编队之中。所以，人们常常见到的是11辆摩托车。摩托车护卫，我国于1981年恢复。

（资料来源：马保奉. 外交礼仪漫谈. 北京：中国铁道出版社，1996.）

（2）民间团体、一般客人的迎送

① 对民间团体的迎送：迎送民间团体时，不举行官方正式仪式，但需根据客人的身份、地位，安排对口部门、对等身份的人员前往接待。对身份、地位高的客人，事先在机场（车站、码头）安排贵宾休息室，准备茶水饮料。并在客人到达前尽可能将住房和乘车号码提前通知客人。也可印好住房、乘车表，或打好卡片，在客人到达时，及时发到每个人手中，或通过对方的联络秘书转达，以便使客人做到心中有数、主动配合。

② 对一般客人的迎送：迎送一般客人时，主要是做好各项安排。如果客人是熟人，则不必介绍，直接上前握手，互相问候即可；如果客人是首次前来，又不认识，接待人员应主动打听，主动自我介绍；如果是大批客人，也可事先准备特定的标志，如小旗或牌子等，让客人从远处就能看到，以便客人主动前来接洽。

机场迎接程序和主车乘坐图解如图7-1、图7-2所示。

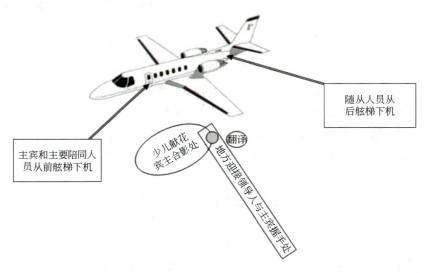

图7-1　机场迎接程序

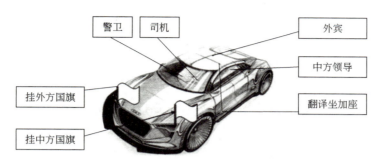

图 7-2　主车的乘坐图解

> **特别提示**
>
> 迎送工作中的注意事项：主人陪同乘车时，应请来宾坐在主人右侧。如是三排座的轿车，翻译坐在主人前面的加座上；如是二排座，翻译坐在司机旁边。上车时，要请客人从右侧先上车，主人从左侧上车。如客人先上车，坐在主人位置上，则不必请客人挪动位置。

> **特别提示**
>
> 指派专人协助办理入（出）境手续及飞机票（车、船票）、行李提取或托运手续等事宜。客人抵达住处后，一般不要马上安排活动。应稍作休息，起码给客人留下更衣、简单盥洗的时间。

案例分析

郑伟是一家大型国有企业的总经理。有一次，他获悉一家著名外国企业的董事长正在本市访问，并有寻求合作伙伴的意向。于是他想尽办法，请有关部门为双方牵线搭桥。让郑伟欣喜若狂的是，对方也有兴趣同他的企业进行合作，而且希望尽快与他见面。到了双方会面的那一天，郑总经理对自己的形象刻意进行了一番修饰。他根据自己对时尚的理解，上穿夹克衫，下穿牛仔裤，头戴棒球帽，足蹬旅游鞋。无疑，他希望自己能给对方留下精明强干、时尚新潮的印象。然而事与愿违，郑总经理自我感觉良好的这一身时髦的"行头"，却偏偏坏了他的大事。

讨论：郑总经理的错误在哪里？他的外国同行对此有何种评价？

实战演练

外宾迎送礼仪实训

实训项目：外宾迎送礼仪。

实训目标：通过该项目的训练，使学生掌握外宾迎送的基本礼仪。

实训学时：1学时。

实训方法：情景模拟。

① 全班五人一组进行分组；

② 分小组自编、自导、自演外宾迎送礼仪情景剧；

③ 教师及其他各小组为该小组的表演进行评议并打分。

思考与练习

一、判断题

1. "女士优先"原则任何场合都适用。（   ）

2. 我国迎送仪式的惯例是广场悬挂两国国旗，组织首都少年儿童列队欢迎，少年儿童代表献花，奏两国国歌，检阅三军仪仗队，鸣放礼炮。（   ）

3. 根据惯例，迎送规格的确定要因人而异，对不同身份、不同国籍、不同单位的不同人应有相应的迎送规格。（   ）

二、选择题

1. 在国际交往中，下列（   ）方面不属于私人问题。

　A．工作单位　　　　B．工资收入　　　C．健康状况　　　D．所忙何事

2. 在交往中的热情适度主要体现在（   ）方面。

　A．关心适度　　　　B．批评适度　　　C．距离适度　　　D．举止适度

3. "入乡随俗"是指（   ）。

　A．按自己的习惯进行　B．自由发挥　　　C．主随客便　　　D．客随主便

学习任务二　涉外会见与会谈礼仪

 特别提示

　　涉外会见、会谈的礼节要求比较正规，因此一定要特别注意，准确掌握会见、会谈的时间、地点以及双方出席人员的人数、名单，都是非常重要的，要慎重对待。

一、会见

　　凡身份高的人会见身份低的人，或主人会见客人，一般称为接见或召见。凡身份低的人会见身份高的人，或客人会见主人，一般称为拜会或拜见。我国一般不作上述

区分，统称会见。接见或拜会后的回访，称回拜。

【知识储备】

会见就其内容来说，有礼节性、政治性和事务性3种。礼节性的会见，时间较短，话题较为广泛。政治性会见一般涉及双边关系、国际局势等重大问题。事务性会见则指一般外交事务安排、业务商谈等。外交交涉一般称为召见。会见形式根据对象不同又分个别约见和大型接见。个别约见是指国家领导人或某部门负责人就其一方面的外交事务或业务问题，与个别人士或使馆人员进行会面商谈的一种礼宾活动。它的特点是会见的范围小、保密性强。大型接见是指国家领导人会见一国或几国群众团体、国际会议代表。它的特点是参加会见的人数多，首长比较集中，场面隆重。

1. 会见的座次

会见在国际上通常安排在会客厅或办公室。有时宾主各坐一边，有时穿插坐在一起。某些国家元首会见还有其独特的礼仪形式。在布置形式上，各国也不一样。有的国家主宾的座位是特制的，有的则是主宾同坐一个三人长沙发。外国领导人来我国访问，会见安排比较简单，无特殊仪式。会见地点安排在人民大会堂或中南海。会见的座位安排一般为客人坐在主人的右边（个别情况例外），翻译、记录员安排在主人和主宾的后面，其他客人按礼宾顺序在主宾一侧就坐，主方陪同人在主人一侧就坐，座位不够时可在后排加座。座位多采用单人沙发、扶手椅进行布置。人数在十几至几十人的会见，里圈用沙发，外围可用扶手椅或靠背椅围置，如图7-3所示。

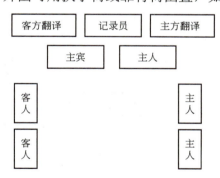

图7-3 会见的座次安排

2. 会见的接待规程

当宾客到达时，接待人员要利用主人到门口迎接的间隙，迅速整理好茶几上的物品和沙发上的花垫。然后，用茶杯上茶，杯把一律朝客人的右手一侧。

宾主入座后，一般由两名接待人员从主要的外宾和主人处开始递毛巾。递毛巾时要热情地道一声"请"。如果是一名接待人员负责递毛巾，要先从外宾处开始，然后再递给主人。如果有两名接待人员，则递给外宾的服务人员动作要先于另一名服务人员。宾客用完毛巾，要及时收回，以保持台面整洁。如果会见中招待冷饮，上完毛巾后，接着上冷饮，其礼宾程序与上毛巾程序相同。上冷饮时，托盘中的冷饮品种要齐全，摆放要整齐，请宾客自选。

会见期间的续水一般在 30 分钟左右一次。续水用小暖瓶，并带块小毛巾。续水的礼宾程序与上毛巾的程序相同。

会见厅内的光线和温度应根据实际情况和主要宾客的要求而定。一般夏季在 24～25℃；冬季在 20～22℃为宜。

会见结束后，要及时把厅室门打开，并对活动现场进行检查。会见室布置如图 7-4 所示。在主人送走客人返回时，应及时给主要首长上一块热毛巾，并送主要首长和年老及行动不便的首长上车。

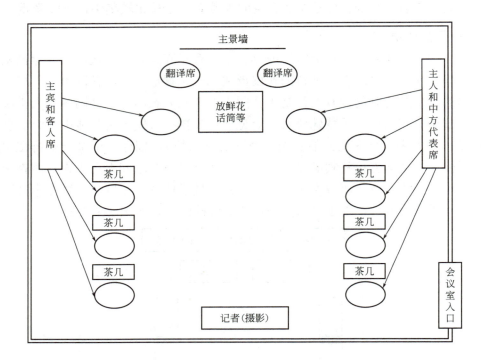

图 7-4　会见室布置图

二、会谈

特别提示

参加会谈的双方或多方主要领导人的级别、身份原则上是对等的，所负责的事务和业务也是对口的。如外国由总统、总理率领的代表团参加会谈，我方则由国家主席、总理出面；如外方是外交部长出席，则我方也是外交部长出席。

会谈一般来说内容较为正式，政治性和业务性都较强，要特别注意保密。代表团身份和规格很高的国事会谈还要悬挂双方国旗。

1. 会谈的服务规程

（1）会谈用品的配置

在每个座位前桌面的正中摆放一本供记事的便笺，便笺的下端距桌面的边沿约5厘米。紧靠便笺的右侧摆红、黑铅笔各一支，便笺的右上角摆一个茶杯垫盘，盘内垫小方巾。主要宾客处每人放一个烟缸和烟盘，其他每两个人放一套（摆在两个座位之间处）。

（2）会谈的服务程序

当主人提前到达活动现场时，要迎至厅内周围的沙发上就坐，用小茶杯上茶。在主办单位通知外宾从住地出发时，服务人员在工作间内将茶杯沏上茶。当主人到门口迎接外宾时，服务人员应把茶杯端上，放在每人的茶杯垫盘上。宾主来到会谈桌前，服务人员要上前拉椅让座。当记者采访和摄影完毕，服务人员分别从两边为宾主双方递上毛巾。宾主用完后，应立即将毛巾收回。

会谈中间如果上牛奶、咖啡、干果等，应先把牙签、小毛巾（叠成长方形，每盘两块）、奶罐垫盘、咖啡杯垫盘上桌。然后把已装好的糖罐、奶罐（加勺）、咖啡（加勺）、干果盘依次上桌。

会谈活动一般时间较长，可视宾客的具体情况及时续水、续换铅笔等。如会谈中间休息，服务人员要及时整理好座椅、桌面用品等。在整理时，注意不要弄乱和翻阅桌上的文件、本册等。

会谈结束时，要照顾宾客退席，然后按善后工作程序做好收尾工作。

2. 会谈的座次安排

会谈，一般说来内容较为正式，政治性或专业性较强。双边会谈通常用长方形或椭圆形桌子，宾主相对而坐，以正门为准，主人在背门一侧，客人面向正门。主谈人居中。我国习惯把翻译安排在主谈人右侧，但有的国家也让翻译坐在后面，一般应尊重主人的安排。其他人按礼宾顺序左右排列。记录员可安排在后面，如参加会谈人数少，也可安排在会谈桌就座。

（1）会谈桌会谈座次

① 横桌式：面门为上，居中为上，以右为上（静态的右），如图7-5所示。

② 竖桌式：以右为上（动态的右），居中为上，如图7-6所示。

（2）小范围的会谈

也有不用长桌，只设沙发，双方座位按会见座位安排，如图7-7所示。

（3）双边会谈座次

① 双边会谈长桌横放时座次安排：宾主相对而坐，以正门为准，主方人员在背门一侧就座，客方人员面向正门就座（图7-8）具体位次如图7-9所示。

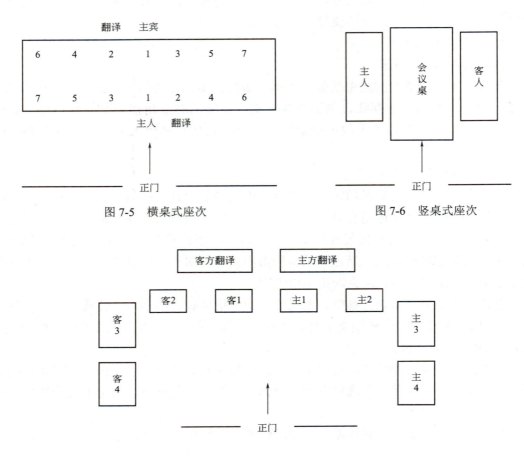

图 7-5 横桌式座次　　　　　图 7-6 竖桌式座次

图 7-7 小范围会谈座次

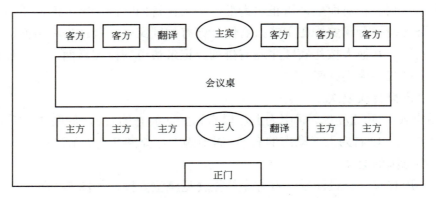

图 7-8 双边会谈长桌横放时座次安排

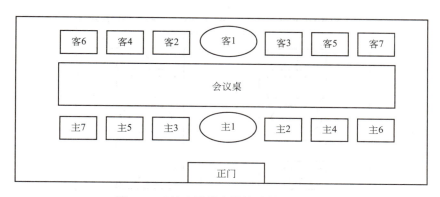

图 7-9　双边会谈长桌横放时的具体位次

② 双边会谈长桌竖放时座次安排：如果会议桌的摆放位置与会议室的正门平行，则以入门方向为准。右侧为客方，左侧为主方，主要会谈人居中，翻译安排在主要会谈人右侧，记录员安排的后面，如图 7-10 所示。最好设计座位卡放在桌上，以便与会人员清楚自己应该坐在哪个位置。涉外会谈中，座位卡要用中文、与会国文字两种文字双面书写，以便与会人员相互认识对方，具体位次如图 7-11 所示。

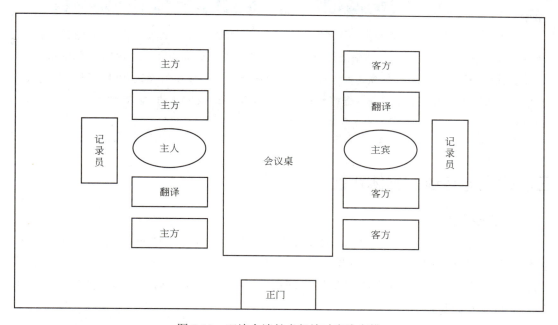

图 7-10　双边会谈长桌竖放时座次安排

在非正式场合或条件不具备时，只要遵循"以右为尊"这个基本原则就可以了。一般是等主人或主宾就座后，其他人就座于主人或主宾两旁。

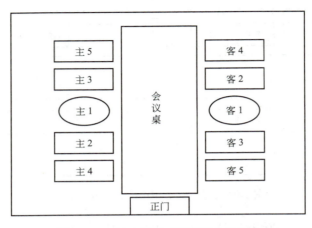

图 7-11　双边会谈长桌竖放时具体座次

（4）多边会谈座次安排

多边会谈，座位可摆成圆形、方形等。小范围会谈，有时只设沙发，座位按会见座次安排。

> **特别提示**
>
> 会谈场所应安排足够的座位，若客厅面积大，应安装扩音器。还应事先安排好座位图，现场放置中外文座位卡。如有合影事先要安排好合影位置图。重要的会谈是智慧、策略的较量，会谈过程中有时谈笑风生，气氛怡然；有时"硝烟弥漫"，一触即发；有时对峙僵局，只好暂时休会。因此，根据会谈进展情况，最好穿插安排一些游览或娱乐活动，以有利于缓和气氛，增进理解。

三、会见与会谈的具体礼仪

1. 迎接客人

客人到达前，主人应提前到达会见（会谈）场所。客人到达时，主人在门口迎候。主人的穿着要和自己的职务、身份相称。如果主人不到大楼门口迎接，则可由工作人员迎接并引入会客厅。迎接者应在门口迎接，与客人握手、致意。主人在主宾左侧，陪伴客人步入会见厅。

2. 会见、会谈期间的服务礼仪

会见时所招待的饮料，各国不一。我国一般只备茶水，夏天加冷饮，如会见时间过长，可适当加上咖啡（红茶）和点心。

3. 会见、会谈涉及的人员

重要的会见、会谈，除陪见人和必要的翻译员、记录员外，其他工作人员安排就绪后均应退出。如允许记者采访，也只是在正式谈话开始前采访几分钟，然后全部离开。谈话过程中，旁人不要随意进出。

4. 会见与会谈合影留念位次排序

会见与会谈的程序中，一般都安排合影留念，因此主方要事先安排好椅凳（人数不多时可站立拍照）。位次的安排，按礼宾常规，宾主双方的领导居中间位置，主人右方为上，主客双方穿插排列。如果是多边会见，应注意各方代表的人员比例和其代表性。代表人数众多时，要分成多排，注意每排人数应大体相等，主方人员一般尽量压边站立，如图7-12所示。

主方人员……来宾……来宾……来宾……主方人员

主方人员	来宾	副来宾	副主人	主宾	主人	副主宾	副主人	来宾	主方人员

图 7-12　会见与会谈合影位次排序

5. 会见会谈结束

主人应将客人送至门前或车前，握手话别。客人应当表示感谢，还可以趁机发出邀请。主人目送客人离去后方可转身离开，整个会见会谈程序及接待工作宣告结束。

【相关链接】

礼节性的会见须知

礼节性的会见一般不宜逗留过久，半小时左右即可告辞，除非主人特意挽留，客人来访，一般应予回访。如果客人为祝贺生日、节日等喜庆日来访则不必专门回访，一般可在对方节日、生日时前往，表示祝贺。

（资料来源：马保奉. 外交礼仪漫谈. 北京：中国铁道出版社，1996.）

思考与练习

一、画图题

法国某学院来国内某学院交流，法国派来的主要领导有：副校长1位、商学院院长1位、翻译1名、商学院办公室领导1位；该学院高规格接待，请排出双方在该院标志性建筑物下合影的位次图。

二、判断题

1. 迎送中，乘车时应请客人坐在主人的右侧，翻译人员坐在司机旁边。（　　）
2. 在涉外交往中首先要坚持相互尊重的原则。（　　）

3. 与外国人初次见面交谈时，可以唠家常。　　　　　　　　　　（　　）

学习任务三　礼宾次序与国旗悬挂礼仪

【知识储备】

礼宾次序排列中应注意的问题

在实际操作时，礼宾次序是一个政策性较强、较敏感的问题，若礼宾次序不符合国际惯例及安排不当，就会引起不必要的误解，甚至损害到两国之间的关系。

席位安排的忌讳。安排宴会的席位时，有些国家忌讳以背向人，特别是安排长桌席位时，主宾席背向群众的一边和正面第一排桌背后主宾的座位，均不宜安排坐人。许多国家，陪同、翻译一般不上席，为便于交谈，翻译坐在主人和主宾的背后。

外事、礼宾部门的指导。为了做到礼宾次序排列的准确无误，重大的、涉外的礼宾次序一定要在外事、礼宾部门的指导下，慎重地、细致地加以安排。

选择礼宾次序的最佳方案。礼宾次序的安排应慎之又慎，我们在安排时应尽量避免因礼宾次序安排不周而产生矛盾，这就要求多拟出几种方案，从中选择最佳或最满意的方案。

努力做好善后工作。由于安排、考虑不周或其他原因而引起礼宾次序上的风波，组织单位、部门和主管人员对这种已出现的波折要努力做好善后工作，主人应作解释，尽量缓解"一人向隅，举桌不欢"的气氛，并使这种情形的影响减少到最小的范围和最低的程度。

一、礼宾次序

> **特别提示**
>
> **影响礼宾次序的某些因素**
>
> （1）政治因素　在多边活动中，礼宾次序的排列需要尽可能考虑客人之间的政治关系。若双方政见分歧大，两国关系紧张，就要尽量避免安排在一起。
>
> （2）身份、语言、专业的因素　席位安排主要依据礼宾次序来排，在排席位前，要将经落实能出席的主、宾双方名单分别按礼宾次序开列出来，并考虑语言习惯、专业对口等因素，以便于在宴席上交谈与沟通。

所谓礼宾次序礼仪，指的是在国际交往中，为了体现出席活动者的身份、地位、年龄等的差别，给予其必要的尊重，或者为了体现所有参与者一律平等，而将出席活动的国家、团体、各国人士的位次按一定的惯例和规则进行排列的礼仪规范。

一般来说，礼宾次序虽然形式上只是一个先后问题，但在内容上却是一个既关系到各方人员素质、社会组织的修养、形象问题，又体现了东道主对各国礼宾所给予的礼遇；在一些国际性的集会上则表示各国主权平等的地位。如安排不当或不符合国际惯例，则会引起不必要的争执与交涉，甚至影响国家关系。因此在组织涉外活动时，商务人员对礼宾次序应给予高度的重视。礼宾次序的排列虽然在国际上已有一定惯例，但各国做法不尽相同。常用的排列方法有以下 3 种。

1. 按身份与职务高低排列

这是礼宾次序排列的主要根据。在官方活动中，通常是按身份与职务的高低安排礼宾次序。如：按国家元首、副元首、政府首相、副首相、部长、副部长等顺序排列。各国提出的正式名单或正式通知是确定职务高低的依据，由于各国的国家体制不同，部门之间的职务高低也不尽一致，要根据各国的规定，按相应的级别和官衔进行安排。在多边活动中有时按其他方法排列。无论按何种方法排列，都应考虑身份或职务高低的问题。

2. 按国家名字的字母顺序排列

在多边活动中的礼宾次序也常采用按参加国国名字母顺序排列，一般以英文字母排列居多，如国际会议、体育比赛等。对第一个字母相同的国家则按第二个字母排列，以此类推。联合国大会的席位次序也按英文字母排列。但是，为了避免一些国家总是占据前排席位，每年抽签一次，决定本年度大会席位以哪一个字母打头，以便让各国都有排在前列的机会。在国际体育比赛中，体育代表团（队）名称的排列和开幕式出场的顺序一般也按国名字母顺序排列，东道国一般排列在最后。体育代表团观礼或召开理事会、委员会等，则按出席代表团团长的身份高低排列。

3. 按通知代表团组成的日期先后排列

在一些国家举行的多边活动中，按通知代表团组成的日期先后排列礼宾次序，也是国际上经常采用的一种方法。东道国对同等身份的外国代表团，按派遣国通知代表团组成的日期排列，或按代表团抵达活动地点的时间先后排列，或按派遣国决定应邀派遣代表团参加该活动的答复时间先后排列。究竟采用何种方法，东道国在致各国的邀请书中都应加以说明。

在实际工作中，礼宾次序的排列常常不能按一种方法进行，而是几种方法交叉使用，并考虑其他因素，包括国家间的关系、地区所在地、活动的性质与内容和对活动的贡献大小以及参加活动者在国际事务中的威望、资历等。例如：通常把同一国家集团的、同一地区的、同一宗教信仰的或关系特殊的国家的代表团排在前面或排在一起。对同一级别的人员，常把威望高、资历深、年龄大者排在前面。有时还考虑业务性质、相互关系、语言交流等因素。例如：在观礼、观看演出或比赛，特别是在大型宴请时，除考虑身份、职务之外，还应将业务性质对口的、语言相通、宗教信仰一致的、风俗习惯相近的安排在一起。

总之，在礼宾次序安排工作中，要全面、周到、细微、耐心、慎重地考虑，设想多种方案，以避免因礼宾次序方面的问题引起不必要的外交误解或麻烦。

【相关链接】

礼宾次序的排列要求

1. 社交场合的一般要求

在一般社交场合，约定俗成的做法是：凡涉及位次顺序时，国际上都讲究右贵左贱。即一般以右为大、为长、为尊；以左为小、为次、为偏。行走时，应请外宾走在内侧即右侧，而我方人士则走在外侧即左侧；进餐时，主人应请客人坐在自己的右边。

2. 不同场合的特殊要求

同行时，两人同行，以前者、右者为尊；三人行，并行以中者为尊，前后行，以前者为尊。

进门、上车时，应让尊者先行。下车时，低位者应让尊者由右边下车，然后再从车后绕到左边上车。

迎宾引路时，迎宾，主人走在前；送客，主人走在后。

上楼时，尊者、妇女在前；下楼时则相反，位低者在前，尊者、妇女在后。

在室内，以朝南或对门的座位为尊位。

重大宴会上的礼宾次序，按礼宾次序规则，主要体现在桌次、席位的安排上。国际上的一般习惯，桌次高低以离主桌位置远近而定，主宾或主宾夫人坐在主人右侧。我国习惯按客人职务、社会地位来排次序；外国习惯男女穿插安排，以女主人为准，主宾在女主人右上方，主宾夫人在男主人右上方。如果是两桌以上的宴会，其他各桌第一主人的位置可以跟主桌主人的位置同向，亦可面对主桌的位置为主位。

（资料来源：http : //www.bast.net.cn/kjhd/yhwl/jwzs/2003/8/19/7701.shtml）

二、国旗悬挂法

国旗，是一个国家的标志和象征。在正式活动中，人们往往通过升挂本国国旗来表达自己的民族自尊心、自豪感以及对本国的热爱。在对外交往中，恰如其分地升挂本国国旗或外国国旗，不仅有助于维护本国的尊严和荣誉，而且也有助于对别国表示应有的尊重与友好。

 特别提示

侮辱国旗，如撕毁或其他类似行为，在世界各个国家内都被认为是一种严重的犯罪行为。

悬挂国旗不可随意而行，在国际交往中形成了悬挂国旗的一些惯例，为各国所公认并执行。

特别提示

按照国际法规定和国际惯例，在某块领土上悬挂某国国旗，就是确认该国在此领土上行使权力的标志之一；无权悬挂而悬挂他国国旗的责任者要受到惩罚。

在实际操作中，国旗排序指的是我国国旗与其他旗帜或外国国旗同时升挂时的具体顺序的排列，排列的总原则是居前为上、以右为上、居中为上、以大为上、以高为上。具体而言，它应被分为中国国旗与其他旗帜的排序，中国国旗与外国国旗的排序这两个具体问题。

1. 国内排序

国旗与其他旗帜排序，具体是指国旗与其他组织、单位的专用旗帜或彩旗同时升挂时的顺序排列。在国内活动中，此种情景时有所见。我国国旗法专门规定，升挂国旗，应当将国旗置于显著的位置。在一般情况下，我国国旗与其他旗帜的排序具体有下列常见情况。

（1）前后排列

当我国国旗与其他旗帜呈前后列队状态进行排列时，一般必须使我国国旗排于前列。

（2）并排排列

国旗与其他旗帜并排升挂，存在两种具体情况。

① 一面国旗与另外一面其他旗帜并列。其标准做法，是应使国旗位居右侧，如图 7-13 所示。

② 一面国旗与另外多面其他旗帜并列。在此情况下，通常必须令国旗居于中心的位置，如图 7-14 所示。

图 7-13　我国国旗与另一旗帜并排升挂位次　　图 7-14　我国国旗与多面其他旗帜并列升挂位次

（3）高低排列

国旗与其他旗帜呈高低不同状态排列时，按惯例应当使国旗处于较高的位置，如图 7-15 所示。

2. 涉外排序

在某些特殊情况下，我国境内有可能升挂外国国旗。正式场合升挂国旗时，应以其正面面向观众，即旗套应居于国旗的右方。悬挂双方国旗时，按国际惯例，以旗身面向为准，右高左低。汽车上挂旗则以汽车前进方向为准，驾驶员左手为主方，右手为客方。所谓主客，不以活动举行所在国为依据，而以举办活动的主人为依据，也有个别例外国家，总把本国国旗挂在上手方向。

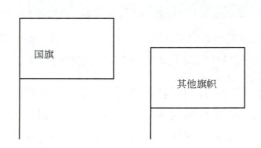

图7-15 我国国旗在有高低之别时与其他旗帜并排升挂位次

具体处理中外国旗的排序问题时，一定要遵守有关的国际惯例与外交部的明文规定。

（1）升挂外国国旗的规定

只有在下述情况下，外国国旗才有可能在中华人民共和国境内升挂使用。

① 外国驻我国的使领馆和其他外交代表机构，及其主要负责人的寓邸与乘用的交通工具。

② 外国的国家元首、政府首脑、副首脑、议长、副议长、外交部长、国防部长、总司令或总参谋长，率领政府代表团的正部长，国家元首或政府首脑派遣的特使，以其公职身份正式来华访问之际所举行的重要活动。

③ 国际条约和重要协定的签字仪式。

④ 国际会议，文化、体育活动，展览会，博览会等的举行场所。

⑤ 民间团体所举行的双边和多边交往中的重大庆祝活动。

⑥ 外国政府经援项目以及大型三资企业的重要仪式，重大庆祝活动。

⑦ 外商投资企业，外国其他的常驻中国机构。

此外，在一般情况下，只有与我国正式建立外交关系国家的国旗，方能在我国境内的室外或公共场所按规定升挂。若有特殊原因需要升挂未建交国国旗，须事先经过省、市、自治区人民政府外事办公室批准。

（2）升挂外国国旗的限制

为维护我国的国家主权，外国国旗即使在我国境内合法升挂，也应受到一定的限制。

① 在我国升挂的外国国旗，必须规格标准，图案正确，色彩鲜艳，完好无损，为正确而合法的外国国旗。

② 除外国驻华的使领馆和其他外交代表机构之外，在我国境内凡升挂外国国旗时，一律应同时升挂中国国旗。

③ 在中国境内，凡同时升挂多国国旗时，必须同时升挂中国国旗。

④ 外国公民在中国境内平日不得在室外和公共场所升挂国籍国国旗。唯有其国籍国国庆日可以例外，但届时必须同时升挂中国国旗。

⑤ 在中国境内，中国国旗与多国国旗并列升挂时，中国国旗应处于荣誉地位。外国驻华机构、外商投资企业、外国公民在同时升挂中国和外国国旗时，必须将中国国旗置于上首或中心位置。外商投资企业同时升挂中国国旗和企业旗时，必须把中国国旗置于中心、较高或者突出的位置。

⑥ 中国国旗与外国国旗并挂时，各国国旗均应按本国规定的比例制作，尽量做到其面积大体相等。

⑦ 多国国旗并列升挂时，旗杆高度应该统一。在同一旗杆上，不能升挂两国的国旗。

（3）中外国旗并列时的排序

中国国旗与外国国旗并列时的排序，主要分为双边排列与多边排列这两种具体情况。

① 双边排列：我国规定：在中国境内举行双边活动需要悬挂中外国旗时，凡中方所主办的活动，外国国旗应置于上首；凡外方所主办的活动，则中方国旗应置于上首。以下，以中方主办活动为例，说明三种常用的排列方式。

一是并列升挂。中外两国国旗不论是在地上升挂，还是在墙上悬挂，皆应以国旗自身面向为准，以右侧为上位，如图7-16所示。

| 客方国旗 | 中国国旗 |

图7-16 并列升挂中外两国国旗

二是交叉悬挂。在正式场合，中外两国国旗既可以交叉摆放于桌面上，又可以悬空交叉升挂。此时，仍应以国旗自身面向为准，以右侧为上位，如图7-17所示。

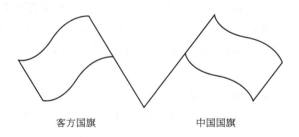

图7-17 交叉摆放中外两国国旗

三是竖式悬挂。有时，中外两国国旗还可以进行竖式悬挂。此刻，也应以国旗自身面向为准，以右侧为上位。竖挂中外两国国旗又有两种具体方式，即或二者皆以正面朝外，或以客方国旗反面朝外而以主方国旗正面朝外。应当指出：某些国家的国旗因图案、文字等原因，既不能竖挂，也不能反挂。有的国家则规定，其国旗若竖挂需另外制旗。

② 多边排列：当中国国旗在中国境内与其他两个或两个以上国家的国旗并列升挂时，按规定应使我国国旗处于以下荣誉位置：一是一列并排时，以旗面面向观众为准，中国国旗应处于最右方；二是单行排列时，中国国旗应处于最前面；三是弧形或从中间往两旁排列时，中国国旗应处于中心；四是圆形排列时，中国国旗应处于主席台（或主入口）对面的中心位置。

3. 升降旗仪式

具体操作升旗仪式时，要认真遵守相应的操作规范。

（1）升旗的程序

举行正式的升旗仪式时，通常应包括以下5项基本程序。

① 全场肃立。

② 宣布仪式正式开始。

③ 出旗。出旗，是指国旗正式出场。出旗应由专人负责，其负责操作者通常由一名旗手和双数的护旗手组成，出旗时，通常为旗手居中，护旗手在其身后分列两侧随行，大家一起齐步走向旗杆。

④ 正式升挂国旗。升旗者可以是旗手，亦可由事先正式指定的各界代表担任。

⑤ 奏国歌或唱国歌。升旗时，若演奏国歌，宜与升旗同步进行，一般讲究旗升乐起，旗停乐止。若演唱国歌，则也可以升旗之后进行。

（2）降旗的要求

作为升旗仪式最重要的后续环节之一，降旗也须重视。此处的降旗，特指降下升旗仪式中所升挂的国旗。做好此点，升旗仪式才谈得上有始有终。正式的降旗活动，往往称为降旗仪式。

一般而言，降旗的具体形式不限，并非需要组织专门仪式，但仍须由训练有素的旗手、护旗手负责操作。届时，所有在场者均应肃立。无论有无他人在场，降旗时其具体操作者均应态度认真，对国旗毕恭毕敬。降旗完毕，旗手、护旗手应手捧国旗，列队齐步退场，然后将其交由专人保管，切不可将其乱折、乱叠、乱揉、乱拿、乱塞、乱放。

（3）升降旗时在场人员临场表现

出席升旗仪式时，所有在场人员均应有意识地对个人表现严加约束。以下3点，尤应重视。

① 肃立致敬：当国旗升降之时，任何在场者均应停止走动、交谈，并且停下手中的一切事情，然后面向国旗立正，并向其行注目礼。戴帽者通常应届时脱下自己的帽子，唯有身着制服者可例外。

② 神态庄严：参加升旗仪式时，每一名在场人员均应以自己庄重、严肃的态度与表情，来认真表达对国旗的敬意。此时此刻，绝对不应当态度漠然，或者嬉皮笑脸。

特别提示

在建筑物上或在室外悬挂国旗，一般应日出升旗，日落降旗。遇需悬旗志哀，通常的做法是降半旗，即先将旗升至杆顶，再下降至离杆顶相当于杆长三分之一的地方。降旗时，先将旗升至杆顶，然后再下降。也有的国家不降半旗，而是在国旗上方挂黑纱志哀。升降国旗时，服装要整齐，要立正脱帽行注目礼，不能使用破损和污损的国旗。国旗一定要升至杆顶。

（4）保持安静

在升旗的仪式上，在场人员应自觉保持绝对安静。不许在此过程中交头接耳，打打闹闹，更不许接打手机，或者令自己的手机鸣叫不止。

 特别提示

各国国旗图案、式样、颜色、比例均由本国宪法规定。不同国家的国旗，如果比例不同，用同样尺寸制作，两面旗帜放在一起，就会显得大小不一。例如，同样六尺宽的旗，3∶2的就显得较2∶1的大。因此，并排悬挂不同比例的国旗，应将其中一面略放大或缩小，以使旗的面积大致相同。

【相关链接】

国旗的通用尺寸

国旗之通用尺度定为如下5种，各国酌情选用。

① 长288厘米，高192厘米。
② 长240厘米，高160厘米。
③ 长192厘米，高128厘米。
④ 长144厘米，高96厘米。
⑤ 长96厘米，高64厘米。

（资料来源：http://news.sina.com.cn/c/2009-12-03/174816712974s.shtml）

思考与练习

一、判断题

1. 在交往中，礼宾次序的总原则是"以右为尊"。　　　　　　　　　　（　　）
2. 在室内不得戴墨镜，在室外隆重仪式、礼节性场合可以戴墨镜。　（　　）
3. 中国国旗与外国国旗并列时的排序中，有竖式排列。　　　　　　（　　）

二、选择题

1. 升降旗时在场人员临场表现应该是（　　）。

A．行注目礼　　　B．肃立致敬　　　C．神态庄严　　　D．可以走动

2．只有在下述（　　）情况下，外国国旗才有可能在中华人民共和国境内升挂使用。

A．外国元首　　　B．国际会议　　　C．外商投资企业　　D．重要签字仪式

3．我国国旗与其他旗帜的排序具体有（　　）三种常见的情况。

A．前后排列　　　B．错落排列　　　C．并排排列　　　D．高低排列

参 考 文 献

[1] 吴新红．实用职场礼仪与实训．北京：化学工业出版社，2018．
[2] 吴新红．旅游服务礼仪．北京：清华大学出版社，2013．
[3] 金正昆．涉外礼仪教程．北京：中国人民大学出版社，2005．
[4] 张弘，刘成刚．礼仪大全．呼和浩特：远方出版社，2004．
[5] 杨丽．商务礼仪与职业形象．大连：大连理工大学出版社，2008．
[6] 朱燕．现代礼仪学概论．北京：清华大学出版社，2006．
[7] 张然．现代礼仪规范读本．北京：中国致公出版社，2009．
[8] 蒋璟萍．现代礼仪．北京：清华大学出版社，2009．
[9] 路纯梅，范莉莎．现代礼仪实训教程．北京：清华大学出版社，2008．
[10] 憨氏．礼仪培训课．呼伦贝尔：内蒙古文化出版社，2006．
[11] 左慧．新编现代礼仪．呼伦贝尔：内蒙古文化出版社，2005．
[12] 黄海燕，王培英．旅游服务礼仪．天津：南开大学出版社，2006．
[13] 鄢向荣．旅游服务礼仪．北京：清华大学出版社，2008．
[14] 马保奉．外交礼仪漫谈．北京：中国铁道出版社，1996．